信息素养
与信息检索实战基础

XINXI SUYANG YU XINXI JIANSUO SHIZHAN JICHU

主 编 梁国华 河南测绘职业学院
　　　 吕润宏 漯河医学高等专科学校

编 者（按姓氏笔画排序）
　　　 王嘉歌 郑州财税金融职业学院
　　　 牛小菲 濮阳职业技术学院
　　　 李　昭 河南测绘职业学院
　　　 杨佳鸣 漯河医学高等专科学校
　　　 杨雅歌 河南工业贸易职业学院
　　　 范亚南 河南经贸职业学院
　　　 赵吉文 河南机电职业学院
　　　 鲁荣荣 河南职业技术学院

辽宁大学出版社 | 沈阳

图书在版编目（CIP）数据

信息素养与信息检索实战基础/梁国华，吕润宏主编． --沈阳：辽宁大学出版社，2024.12. --ISBN 978-7-5698-1897-0

Ⅰ．G254.9

中国国家版本馆 CIP 数据核字第 20242D0F64 号

信息素养与信息检索实战基础
XINXI SUYANG YU XINXI JIANSUO SHIZHAN JICHU

出 版 者：	辽宁大学出版社有限责任公司
	（地址：沈阳市皇姑区崇山中路 66 号　邮政编码：110036）
印 刷 者：	沈阳文彩印务有限公司
发 行 者：	辽宁大学出版社有限责任公司
幅面尺寸：	185mm×260mm
印　　张：	16
字　　数：	410 千字
出版时间：	2024 年 12 月第 1 版
印刷时间：	2024 年 12 月第 1 次印刷
责任编辑：	冯　蕾
封面设计：	韩　实
责任校对：	任　伟

书　　号：	ISBN 978-7-5698-1897-0
定　　价：	58.00 元

联系电话：024-86864613
邮购热线：024-86830665
网　　址：http://press.lnu.edu.cn

前　言

为解决河南省高职高专信息素养大赛师生在比赛期间的困惑，提高师生大赛成绩，增强师生参加大赛的信心，我们组织编写了《信息素养与信息检索实战基础》培训教材。本教材主要供河南省高职高专院校参加信息素养大赛学生学习和老师教学使用，也可作为外省兄弟院校参加全国高职高专信息素养大赛的参考资料。

本教材紧扣《国家职业教育改革实施方案》《教育信息化2.0行动计划》《关于加强新时代高技能人才队伍建设的意见》等有关文件精神，根据高等职业院校信息素养人才培养目标和学生特点，结合大赛实际，严格把握教材的广度和深度，力争用通俗的语言，讲清内容，厘清重点，讲透难点，提升高职高专院校开展信息素养教学的实践能力和师生参与大赛的成绩，从而促进高职高专院校信息素养教育全面健康发展。

本教材共分为八个章节，从大赛的发展到信息检索基础知识，再到各类网络信息和专项信息源的了解与利用，进而到信息表达与传播、信息伦理，最后结合真题与知识点，全方位介绍大赛所涉及的考核题型以及解答方法。各章编者均由具有多年带赛、出题经验的指导教师或参赛教师担任，各章节的内容是各位编者的经验凝练。希望读者通过学习本教材，能全面地了解信息素养大赛的"前世今生"，熟知常用的信息源与检索工具，掌握各类大赛题型及答题技巧，提升解决实际问题的能力。全书由梁国华、吕润宏统稿定稿。

在编写前期，我们征求和收集了多所院校参与大赛的建议与经验，确定了编写的指导思想和教材特色。同时在编写过程中，我们依据大赛的指导精神、通知文件、工作手册、历年真题、会议成果与共享经验，在信息素养教育通识知识的基础上，结合高职高专院校实际，并参阅了高等院校的培训教材及相关学术研究成果，特向参考文献作者表示衷心的感谢。同时，感谢河南职业技术学院、河南测绘职业学院、河南机电职业学院、河南经贸职业学院、漯河医学高等专科学校、濮阳职业技术学院、河南工业贸易职业学院、郑州财税金融职业学院等参编单位领导在教材编写过程中给予的大力支持和帮助，感谢出版社责任编辑在教材编写过程中的精心组织和指导。由于编者水平有限，本教材涉及的工具、技巧也可能会存在问题与不足，需要各位读者及参赛学生独立思考、积极探究，构建自己的能力体系和解题思路；带赛教师创新思维，形成具有自身特色的培训体系和带赛风格。让我们共同成长，共同助力大赛健康发展、师生素养全面提升。

梁国华　　吕润宏

目 录

第一章　绪论 ·· 1

　　第一节　信息素养竞赛发展历程 ··· 1
　　第二节　竞赛目标与价值 ··· 6
　　第三节　竞赛发展趋势 ·· 8

第二章　信息检索基础 ·· 10

　　第一节　信息资源的类型及特点 ··· 10
　　第二节　信息检索概述 ·· 17
　　第三节　信息检索技术 ·· 21
　　第四节　信息检索策略 ·· 26

第三章　网络信息筛选与使用 ·· 36

　　第一节　网络信息资源概论 ··· 36
　　第二节　网络信息质量评价标准 ··· 38
　　第三节　网络免费信息资源 ··· 41
　　第四节　网络信息搜索引擎 ··· 54

第四章　专项信息检索与利用 ·· 61

　　第一节　学术论文信息检索 ··· 61
　　第二节　特种文献、专利、标准、数据信息检索 ························· 70
　　第三节　行业信息检索 ·· 82

第五章　信息表达与传播 …… 97

第一节　信息阅读与理解技巧 …… 97

第二节　信息整合与创新思维 …… 103

第三节　信息表达的方法和技巧 …… 108

第四节　信息传播的方式和渠道 …… 126

第六章　信息伦理与法律法规 …… 143

第一节　信息伦理原则与案例分析 …… 143

第二节　网络版权与侵权行为界定 …… 151

第三节　个人信息保护与网络安全意识培养 …… 158

第七章　信息素养竞赛实战模拟与解析 …… 168

第一节　竞赛题型介绍与解析 …… 168

第二节　往届客观题演练与解答 …… 174

第三节　文献调研报告的撰写 …… 192

第四节　实操演练与技巧总结 …… 197

第八章　原文传递 …… 208

第一节　竞赛介绍 …… 208

第二节　NSTL 与 CALIS 的文献检索与获取 …… 212

第三节　实战模拟 …… 219

第一章 绪 论

学习目标：
1. 了解信息素养大赛的背景、发展历程及历年成绩。
2. 掌握信息素养大赛学生赛、教师赛的考查内容及备赛方法。
3. 具有信息素养大赛参赛、备赛能力。
4. 能够全面理解、合理使用本教材。

导入情景：
李老师是河南省某高职院校图书馆的一名馆员，初次带领本校代表队参加信息素养大赛，她想了解信息素养大赛的相关情况，并且让参赛学生知晓大赛具体的考查内容，以及如何备赛。

请思考：
信息素养大赛是什么？大赛都考查哪些内容？如何备赛？

第一节 信息素养竞赛发展历程

一、信息素养竞赛的产生与发展

（一）信息素养教育及国内政策发展

自 1974 年美国信息产业协会主席保罗·泽考斯基（Paul Zurkowski）提出信息素养的概念之后，信息素养就开始不断地发展与演变。1997 年，我国的学者马海群将信息素养定义为："在信息化社会中个体成员具有的各种信息品质，包括信息智慧（涉及信息知识与技能）、信息道德、信息意识、信息觉悟、信息观念、信息潜能、信息心理等等。"这是国内对信息素养以及信息素养教育讨论较早的一篇文献，文章提出的定义被广泛引用，它基本确定了国内信息素养概念的框架。

1984 年 2 月，我国教育部发布了《关于在高等学校开设"文献检索与利用"课的意见的通知》，指出"鉴于教学中必须使用各类文献资料，最好以图书馆作为基地来组织教学"。1985 年 9 月，教育部印发了《关于改进和发展文献课教学的几点意见》。1992 年 5 月，原国家教委印发了《文献检索课教学基本要求》。1993 年，全国文献检索课教学指导小组成立。这些指导文件为我国组织实施以文献检索课为核心的信息素养教育实践提供了政策依据和规范准则，有力推动了我国信息素养教育的普及与发展。

2015 年 12 月，教育部发布了《普通高等学校图书馆规程》，明确了"图书馆应重视开展信息素质教育，采用现代教育技术，加强信息素质课程体系建设，完善和创新新生培训、专题讲座的形式和内容"。该规程为我国高等学校信息素质教育的进一步发展提供了政策依据。

2017年8月，教育部发布了《关于进一步推进职业教育信息化发展的指导意见》，强调要"提升师生和管理者信息素养"，"提高各专业学生信息化职业能力、数字化学习能力和综合信息素养"。

2018年4月，教育部发布了《教育信息化2.0行动计划》，提出"三全两高一大"的发展目标，其中"两高"就是指"信息化应用水平和师生信息素养普遍提高"，任务是"全面提升师生信息素养，推动从技术应用向能力素质拓展，使之具备良好的信息思维，适应信息社会发展的要求，应用信息技术解决教学、学习、生活中问题的能力成为必备的基本素质"。该计划也提出了"八大实施行动"，其中第八条即"信息素养全面提升行动"，明确了提升师生信息素养的行动路径。

（二）信息素养竞赛的产生背景

基于国家对于高校图书馆信息素养教育的任务要求，为充分发挥图书馆在信息素养教育领域的主力军作用，2019年，教育部高等学校图书情报工作指导委员会高职高专院校分委员会和高等教育文献保障系统（CALIS）管理中心决定联合举办全国高职高专院校信息素养大赛（以下简称"大赛"）。截至2024年，大赛已成功举办六届。

高校图书馆开展信息素养教育的形式多样，而信息素养大赛是直观展示信息素养教育成果和学生信息素养水平的一种重要形式。师生在参赛过程中，以赛促学、以赛促练、以赛促教，通过比赛的形式推动信息素养相关技能与能力的提升。除全国高职高专院校信息素养大赛之外，国内各省市也举办各种形式和范围的信息素养竞赛，如西部大学生信息素养大赛、全国财经高校大学生信息素养大赛、"智信杯"高校信息素养挑战赛、川渝大学生信息素养大赛，等等。

本培训教材所指大赛，均指教育部高等学校图书情报工作指导委员会高职高专院校分委员会和CALIS所主办的全国高职高专院校信息素养大赛。

（三）大赛宗旨与特点

大赛旨在全力推动全国高职高专院校开展信息素养教育教学，展示先进教学成果，提升师生数字素养与技能，交流信息化教学经验，促进全国高职高专院校信息素养教育全面健康发展。

通过六届大赛的发展，大赛的考查范围越来越广，考查内容越来越丰富，题型变化多样。另外，大赛于每年的6—8月启动，12月结束，赛程较长。大赛的参与省份最多达30个，全国参与院校最多达741所，赛事规模较大。

（四）大赛赛程赛项与考查内容

大赛由校级选拔赛、各省（区、市）选拔赛和全国赛组成，比赛时间是每年6月至12月前后。大赛启动后，由各省组委会提出参赛申请，并组织本省参赛的各院校按时完成各校选拔赛，对进入省赛的选手进行全省选拔。各省按比例推选出国赛选手，按国赛组委会要求参加全国赛。

大赛赛项分为学生个人赛和教师微课赛，另外还有与大赛并行的独立赛事——原文传递赛。学生个人赛的考查内容主要以客观题（单选题、多选题和判断题）和主观题（检索报告）为主，以新时代高职院校学生应当具备的信息意识、信息道德、信息知识与信息技能等作为考查范围，考查学生运用信息素养知识与技能分析问题、解决问题的能力，并能体现独立工作能力。

学生个人赛最初主要考查信息素养的基础定义、相关知识，题目考查层次较浅。而随着大赛的发展，题目的考查角度开始多元化，考查层次深入化、考查手段复杂化，但万变不离其宗，归根结底，大赛考查的就是参赛者利用自身信息素养解决实际问题的能力。

教师微课赛主要分为各省选拔赛和全国终评阶段。比赛要求教师提交符合要求的微课视频作品，视频内容可以包含高职院校信息素养教学内容、创新内容、创新教学方法或与信息素养大赛相关内容等，应是针对一节课程或一个知识点的教学设计，还可以包含与该教学主题相关的素材课件、教学反思、练习测试及学生反馈、教师点评等辅助性教学资源。作品要体现明确的教学目标、清晰合理的教学步骤，能够展现恰当的信息化教学手段和教师个人素质。

二、历届大赛情况

（一）历届大赛参赛规模

表 1-1　　　　2019－2024 年全国高职高专院校信息素养大赛参赛情况表

年份（年）	参与省份（个）	院校（所）	全国参赛人数（人）	参与微课赛省份（个）	参赛教师数（人）
2019	21	481	50,000	20	439
2020	27	715	—	26	119
2021	28	741	—	28	143
2022	30	714	76,000	—	139
2023	27	712	73,000	26	145
2024	28	679	—	26	161

* 数据来源于大赛主办方、承办方公布信息。

2019 年举办第一届大赛，全国共计 21 个省、自治区、直辖市（以下简称"各省份"）组织本区域院校参加了大赛。首届大赛就吸引了全国 481 所高职高专院校参与，竞赛平台注册人数超 66 万，超过 5 万名学生完成了各省市的选拔赛，来自全国 20 个省份的 439 名教师参加了教师赛。

2020 年第二届大赛，参赛省份达到 27 个，竞赛平台注册院校共计 715 所，注册人数合计 104 万余人。大赛组委会收到 26 个省份共计 119 个微课作品。

2021 年，大赛参赛省份为 28 个，注册院校数跃升至 741 所，竞赛平台有 158 万余人注册，最终参赛院校 653 所。依据教育部公布的 2021 年全国高校名单，截至 2021 年 9 月 30 日，全国高职（专科）院校共计 1,486 所，本届大赛参与竞赛的高职院校全国占比达 43.9％。来自 28 个省份 107 所院校的 143 个微课作品进入全国赛阶段。

2022 年，大赛的参赛规模趋于稳定，全国 30 个省份共计 714 所院校的 7.6 万余名学生参与了各省选拔赛，大赛组委会收到各个省份推送的共计 139 个微课作品。

2023 年，大赛开展至第五届，全国共计 27 个省份的 712 所院校，共计 7.3 万余名学生参加了本省组织的选拔赛，26 个省份通过选拔向大赛组委会推荐了 145 个微课作品。

2024年第六届大赛，全国共计28个省份的679所院校、1146人参与了全国决赛，大赛组委会收到来自26个省、自治区、直辖市共计161个微课作品。

（二）大赛考查内容的更新与完善

随着大赛历年的发展，大赛赛制、考核内容等细节都在逐步完善。根据2024年的大赛手册，学生组竞赛主要考查新时代高职高专院校学生应当具备的信息意识、信息道德、信息知识与信息技能；竞赛内容主要考核学生的信息意识、信息伦理、信息获取能力、信息评价能力，以及信息管理与利用等能力。考核所涉及的信息检索或处理工具以中文常用工具为主，包括搜索引擎、数据库及网站等（含OA资源）。

而在2019年大赛手册中，学生个人赛仅考核新时代高职院校学生应当具备的信息意识、信息道德、信息知识与信息技能。2020年，考核内容又增加了"运用网络化的手段获取信息的能力、进行信息甄别的能力，以及加工处理信息的能力"。并且该考核内容一直沿用至2022年大赛，直到2023年第五届时才进行了更新。

2019年，教师组比赛要求教师提交说课视频，内容为高职院校信息素养教学内容、创新内容、创新教学方法或本次信息素养大赛有关内容等，应是针对一节课程或一个知识点的教学设计，需介绍教学目的、教学内容、教学设计、教学重难点、教学过程等，以概括说明自己的教学构想。通过全国赛盲审后入围全国赛现场决赛，进行全国现场说课比赛。

从2023年开始，教师组的考核内容已经转变为"考核教师信息素养教学和创新能力，融合创新理念和现代信息技术，以视频为主要载体设计和制作信息素养相关主题的微课教学课程，可包含与该教学主题相关的教学设计、素材课件、教学反思、练习测试及学生反馈、教师点评等辅助性教学资源"。全国赛阶段，大赛组委会组织专家对入围全国赛的教师微课视频进行盲审后即公布名单。

（三）大赛获奖省份分布

2019年至2024年共六届大赛，2019年和2023年教师微课赛及学生个人赛的获奖省份分布见图1-1至图1-4。

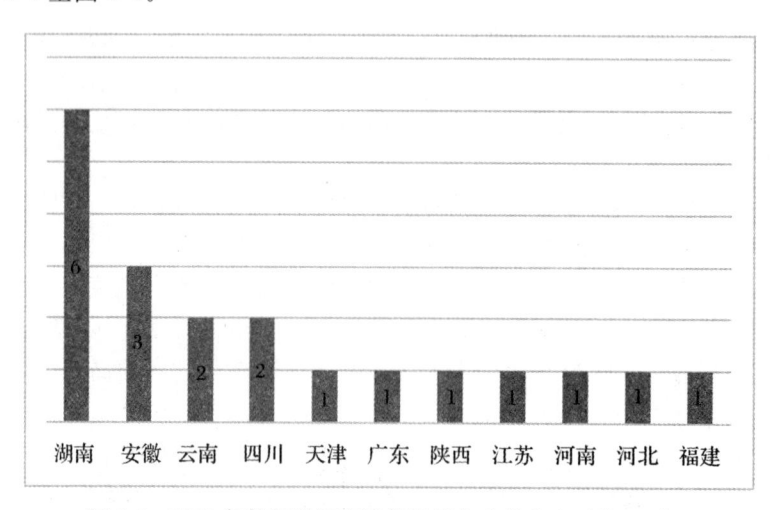

图1-1 2019年教师微课赛获奖数量各省份分布（共20名）

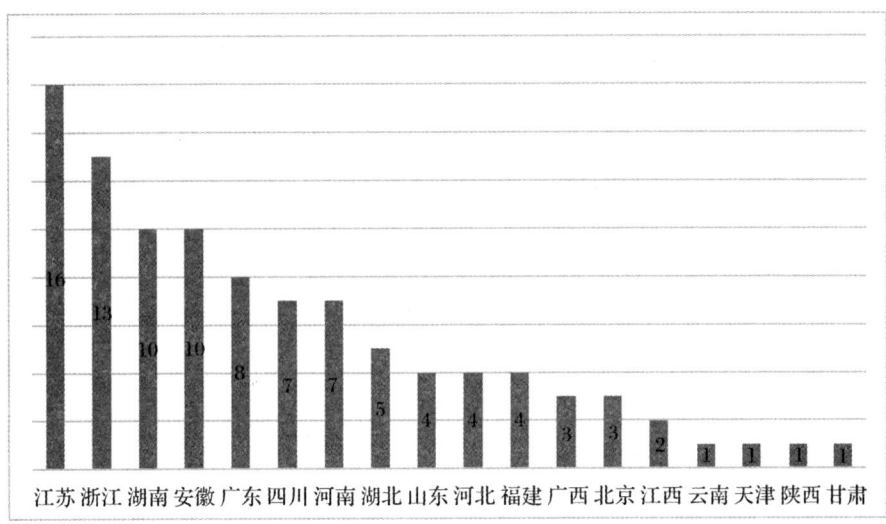

图 1-2 2019 年学生个人赛获奖数量各省份分布（共 100 名）

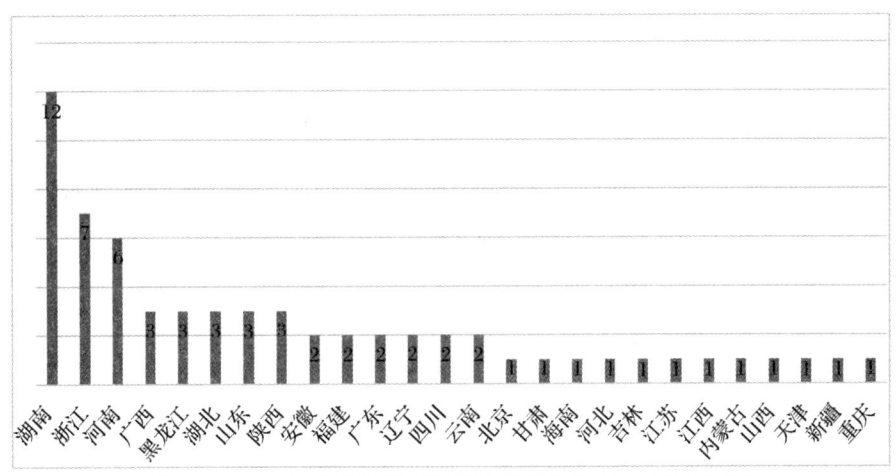

图 1-3 2024 年教师微课赛获奖数量各省份分布（共 64 名）

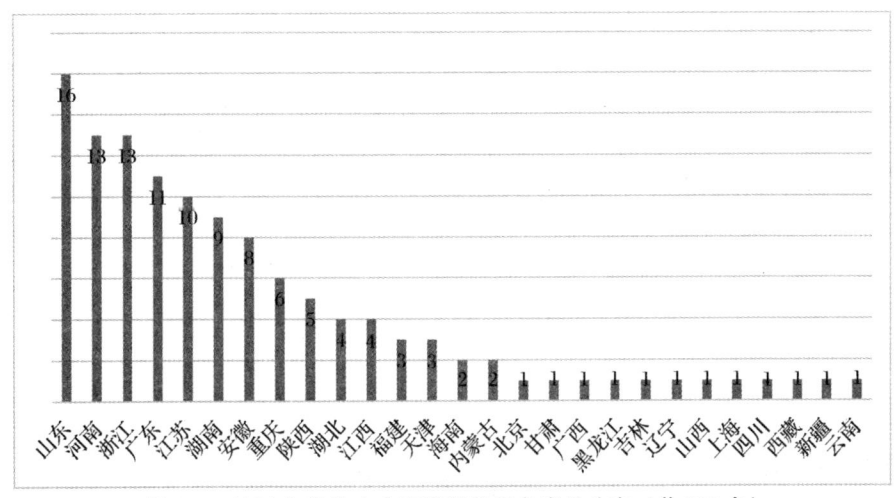

图 1-4 2024 年学生个人赛获奖数量各省份分布（共 121 名）

2019年，大赛设置教师赛奖项20个（一等奖2名，二等奖3名，三等奖5名，优秀奖10名）。20个奖项中，湖南省占据6席，河南省获得优秀奖1个。学生赛设置奖项100个（一等奖3名，二等奖6名，三等奖21名，优秀奖70名）。江苏省、浙江省、湖南省及安徽省均获得10个奖项及以上，河南省获得三等奖1个、优秀奖6个。

2020年，大赛设置教师赛奖项50个（一等奖10名，二等奖16名，三等奖24名）。50个奖项中，湖南省获奖数位列第一，河南省获得3个（二等奖1个，三等奖2个）。学生赛设置奖项124个（特等奖10名，一等奖20名，二等奖30名，三等奖40名，优胜奖24名）。江苏省获得奖项多达23个，湖南省及山东省也获得奖项近20个，河南省获得二等奖1个、三等奖2个。

2021年，大赛设置教师赛奖项81个（一等奖10名，二等奖15名，三等奖25名，优胜奖31名）。81个奖项中，湖南省获奖数位列第一，江苏省获奖数紧随其后，河南省获奖数排名第三，获得一等奖1个、三等奖2个、优胜奖3个。学生赛设置奖项109个（特等奖10名，一等奖20名，二等奖30名，三等奖40名，优胜奖9名）。山东省获得奖项多达32个，囊括了29.3%的学生赛奖项。湖南省获得27个奖项，排名第二，获奖数占比24.8%。河南省获得三等奖1个。

2022年，大赛设置教师赛奖项51个（一等奖10名，二等奖15名，三等奖26名）。湖南省获奖数位列第一。河南省获奖数排名第三，获得一等奖1个、二等奖2个、三等奖1个。学生赛设置奖项127个（特等奖10名，一等奖20名，二等奖30名，三等奖37名，个人辩手一等奖5名，个人辩手二等奖10名，个人辩手三等奖15名）。山东省和湖南省的获奖数均在20个以上。河南省获奖数排名第五，获得特等奖1个、二等奖2个、三等奖5个、个人辩手一等奖1个。

2023年，大赛设置教师赛奖项52个（一等奖8名，二等奖16名，三等奖28名）。浙江省获奖数位列第一。河南省获得二等奖2个、三等奖1个。学生赛设置奖项107个（特等奖11名，一等奖21名，二等奖33名，三等奖42名）。江苏省获奖数超河南省1个位列第一。河南省获奖数紧随其后，获得12个奖项，包括特等奖2个、二等奖6个、三等奖4个。

2024年，大赛设置教师赛奖项64个（一等奖9名，二等奖18名，三等奖37名）。湖南省获奖数位列第一，浙江省与河南省获奖数量位列第二、三名。河南省共计获得一等奖1个、二等奖4个、三等奖1个。学生赛设置奖项121个（特等奖13名，一等奖25名，二等奖39名，三等奖44名）。山东省获奖数量为16个，位列第一，河南省与浙江省以13个的获奖数量并列第二。河南省获得特等奖2个、一等奖2个、二等奖4个、三等奖5个。

第二节　竞赛目标与价值

一、信息素养竞赛的目标

2019年的大赛开幕式上，教育部职成司高职发展处杨剑静指出，信息素养是新时代大学生核心竞争力的重要组成部分，信息素养教育是信息化时代发展的必然需求。教育部支持高职院校信息素养教育的普及，希望以大赛为契机，强化图书馆在信息时代人才培养工作的能力，采取多种形式提高学生信息素养等综合素质，加强信息素养教育体系建设，不断创新信息素养教育的内容、形式、方法。

也正如大赛每一年的通知文件所述，大赛是为了贯彻落实《国家职业教育改革实施方案》《教育信息化2.0行动计划》《关于加强新时代高技能人才队伍建设的意见》等有关文件精神，进一步推动全国高职高专院校信息素养教育工作，以竞赛来推动信息素养教育在全国高职院校的普及与发展。

根据《普通高等学校图书馆规程》，"图书馆应全面参与学校人才培养工作，充分发挥第二课堂的作用，采取多种形式提高学生综合素质。图书馆应重视开展信息素质教育，采用现代教育技术，加强信息素质课程体系建设，完善和创新新生培训、专题讲座的形式和内容"。

因此，自2019年大赛举办第一届以来，各高校图书馆逐步重视信息素养教育的发展及学生信息素养能力的培养，越来越多的高职高专院校为了提升各自院校师生的信息素养水平以及开展信息素养教学的实践能力，互相交流信息化教学经验，以赛促建、以赛促学、以赛促教，共同参与到这个全国性的信息素养竞赛中来。

在推动全国高职院校信息素养教育进程的同时，大赛还力求使院校图书馆突出主力军作用，帮助各自院校构建完整的、常态化的信息素养教育体系，使师生在赛事期间之外也能接受信息素养的日常培训、学习、训练与考核，让师生能够识别信息需求、高效获取信息、正确分析信息、充分利用信息，最终能够较为圆满地解决生活、学习与工作中遇到的实际问题，从而更好地适应信息社会的高速发展，成为终身学习者。

二、信息素养竞赛的价值

（一）信息素养竞赛推动全国高职院校信息素养教育的发展

信息素养大赛的产生，切实推动了全国高职院校广泛开展信息素养教育教学的进程，普遍提升了参赛师生的信息素养，为各院校展示教学成果、交流教学经验提供了一个平台，为落实立德树人目标、培养创新人才做出了积极探索，促进了全国高职院校信息素养教育的全面健康发展。

（二）信息素养竞赛为全国高职院校育人模式注入新活力

对各高职院校来说，信息素养教育也是各院校图书馆评价指标体系的重要组成部分。在"双高"计划的施行下，培养和提升师生的信息素质也是一项重要任务。大赛的荣誉也能够扩大院校的影响力，提升院校的软实力。大赛的参与过程，能让各院校看到本校在信息素养教育方面的提升点，对于构建更加健全的信息素养教育体系大有裨益。

（三）信息素养竞赛提升图书馆信息素养教育工作的影响力

对各院校图书馆来说，大赛的备赛、参赛全过程，充分发挥了图书馆在信息素养教育领域的主力军作用。图书馆以大赛为契机，宣传图书馆重点数字资源，推动信息素养教育在学校的普及，多途径提高师生全方位素养，将信息素养教育融入学校育人体系，充分发挥图书馆在学校建设发展、人才培养中的重要作用，积极助力学校信息素养教育的全面发展。

（四）信息素养竞赛为师生终身成长提供保障

对参与比赛的师生来说，良好的信息素养是完成学业、适应社会、成就事业、完成理想必不可少的能力，是终身学习的保障。参赛学生在拥有了一定的信息素养能力后，有助于提高其他专业课程学习的主动性、积极性和针对性。教师在辅导学生参赛、亲身参加大赛的过程中，也能反思自身教学水平的不足，利用"实战"提升教学能力和课堂效果。在日常的工作、生活中，我们无时不刻不被海量的信息所包围，对于信息的甄别、筛选、组织、分析、评价、利用的全方位能力，需要有较高的信息素养水平来支撑。参与大赛的过程，促使师生学习信息素养相关知识、技术、技巧及工具，这些素养可以让师生受益终生。

第三节 竞赛发展趋势

一、竞赛的参与规模趋于稳定

信息素养大赛的举办，在全国高职院校中掀起了信息素养教学的热潮，并成为目前高校领域规模最大、参赛学校最多、参赛学生最多的赛事，开创了全国高职高专院校信息素养教育的新局面。

从大赛的参与院校、参与师生数量来看，大赛已具有一定的影响力。但目前大赛仍未被列入全国高职院校技能大赛序列，大赛的规范性、吸引力、含金量仍有待提高。用什么留住积极参赛的院校们？怎样通过大赛的影响趁热打铁，将大赛的辐射能力和引领作用进一步放大，引导各院校重视师生信息素养能力的提高？这是大赛主办方以及各位参与者需要共同思考的问题。

二、竞赛考查范围逐步扩大

大赛设立伊始，考查的内容偏向于师生的信息技术应用能力，而近几年的大赛则从落实"信息素养全面提升行动"处下功夫，着力推动从提升师生信息技术应用能力向全面提升其信息素养转变。

从全国高职院校所提交的教师微课赛作品不难看出，从最初的单纯体现现代信息技术的课件视频，到如今结合多种前沿工具、多样化教学手段、多维度教学表现的微课作品，展现的不仅仅是单纯的信息技术，而是教师全方位的信息素养。

大赛考查的内容不仅包括计算机基础与信息素养的相关知识，还考查结合实际解决问题的能力，其中涉及不同学科、不同专业、不同领域以及不同场景的知识、工具、政策及问题，考查范围越来越广泛，竞赛的难度逐年加大。

三、竞赛与职业教育密切衔接

信息素养竞赛仅是信息素养教育的一种形式，但却是促进信息素养教育发展的重要部分。竞赛是课堂知识学习的延伸，参赛师生通过比赛，用所学的基础理论指导实践，反过来实践也促进了基本理论的掌握。全国各高职院校之间同台竞技、互相交流，也促进了全国信息素养教育水平的提升。

随着竞赛的发展，竞赛的赛程和题目会逐步紧贴职业发展真实情况、切实贴合国家现代职业教育的发展形势，推动大赛培养解决实际问题的高素质人才，为职业教育服务。

推动大赛列入全国高职院校技能竞赛体系也是大势所趋，需要大赛主办方与参与者着力解决制约大赛高质量发展的瓶颈问题，让校内课堂和校外赛事更好地相辅相成，助力培养"新质生产力"时代的专业人才。

课后习题

1. 关于信息素养，以下说法错误的是（　　）。
   A. 信息素养的概念是由美国信息产业协会主席 Paul Zurkowski 提出的
   B. 信息素养包括信息意识、信息知识、信息能力、信息道德等方面的内容
   C. 信息素养是人们天生的一种能力
   D. 信息检索能力是信息素养的重要组成部分
2. 关于全国高职高专信息素养大赛，以下说法正确的是（　　）。
   A. 该大赛设置有学生团体赛和教师微课赛
   B. 学生赛的过程中，参赛选手不得使用电脑、网络等设备
   C. 学生赛主要通过客观题、主观题、答辩等形式进行
   D. 大赛国赛一般在每年的上半年举行
3. 关于全国高职高专信息素养大赛，以下说法错误的是（　　）。
   A. 信息素养大赛是信息素养教育的重要形式
   B. 大赛学生赛主要考核学生的信息检索能力与计算机应用水平
   C. 教师微课赛是要求教师提交符合要求的微课视频作品，并进行全省选拔与全国终评
   D. 大赛学生赛的参赛对象是全国各高职高专院校在校学生

课后习题参考答案

1. C　2. C　3. B

第二章　信息检索基础

学习目标：
1. 了解信息、知识、文献的概念、分类和特点。
2. 掌握信息检索的基本原理、常用检索工具和必备的检索技术。
3. 具有信息收集、分析、判断和利用的综合能力。
4. 能够运用信息解决日常学习和生活等情景中的问题。

导入情景：

李老师布置了一项作业，要求学生通过查找信息资源，获取有关"我国高职院校信息素养教育"方面的相关资料，学生们纷纷表示现在信息量那么大、获取方式那么多，都无从下手了。为了解决这一难题，我们需要逐步捋清思路，一起思考以下几个问题。

1. 信息资源有哪些？它们各具什么特征？
2. 如何获取信息资源？有什么检索工具、技术、方法和步骤？
3. 信息检索的原理是什么？怎样才能有效获取该主题的信息资源呢？

本章将带领大家一一解答这些问题。

第一节　信息资源的类型及特点

一、信息

在了解信息之前，先认识一下自然界的三要素：物质、能量和信息。其中，物质是自然界的基础，能量是自然界的推动力，信息是自然界的表达和交流方式。这三个要素相互作用和影响，共同构成了我们所处的多样性和复杂性的环境。目前，关于信息的概念，有着广泛的认识和描述。

信息奠基人香农（Shannon）认为，"信息是用来消除随机不确定性的东西"。这一定义明确了信息的有用性，即信息是能够提供价值的。

在图书馆、情报与文献学领域，信息（Information）的定义有广义和狭义之分。广义的信息指"客观事物存在、运动和变化的方式、特征、规律及其表现形式"。狭义的信息指"用来消除随机不确定性的东西"。这一定义，可理解为是对以上两位学者就信息概念的综合。

信息是人们对客观存在的事物的反映。然而，信息因其存在领域的不同，具有不同的内涵。但通过对不同信息概念的分析发现，信息具有其根本性的特征，这些特征使信息存在并服务于人类社会的方方面面。

二、知识

（一）知识的概念

知识是人类认识和理解并经头脑重新组织、提升总结和系统化的信息，是人们经验和技能的总结，用以解决某个问题或创造新的知识。

知识来源于信息，是信息中最有价值的一部分，是人类的第二资源，具有指导和推动人们开发和利用第一资源（物质资源）的作用。信息是创造知识的原材料，知识是信息加工的抽象产物。随着人类对主观世界认识的加深，人类逐渐形成完整的知识体系，这是人类创造的宝贵的精神财富，对社会生产力的发展起着巨大的推动作用。

（二）知识的特征

1. 实践性。知识是确信的认知，即经过大量实践检验后形成的共识；任何知识都离不开人类的实践活动，书本知识也是人类社会实践的总结。

2. 科学性。知识的本质就是对客观事物运动规律的科学概括。离开对事物运动规律认识的科学是一种伪科学，不能称为知识；对事物运动规律掌握得不够的认识过程，是知识不断完善、不断更新的过程。只有对客观事物有了完全科学的认识，才算是真正的知识。

3. 继承性。任何知识，既是实践经验的总结，又是对前人知识的继承和发展。知识是在实践—认识—再实践—再认识的循环中得到发展的。

三、情报

情报通常理解为，人们在特定时间内为一定目的而传递的有特殊效用的知识或信息。

"情报"一词在我国最初的含义多与战事相关。其典型的定义是："战时关于敌情之报告，即情报。"随着科学技术的发展，现代情报的概念得到拓展，已经延伸至"特定性"情报、"决策性"情报和"竞争性"情报等，进入了社会各阶层、各领域。

目前，学术界关于情报的共同性认识有两个方面：一是情报来自知识，来自对知识的加工处理；二是情报不等同于广义的知识，而只是"作为交流对象的有用知识"。现代情报具有的目的性和特定性的观点已为人们所普遍接受。

信息、知识要称为情报，必须是被社会所需求，这种需求被情报系统接收后，由专门的情报人员进行分析、研究，进而产生情报，再由社会情报系统传递出去，为社会所利用，并产生一定的社会效果。

社会在利用情报的过程中，可能产生新的需求，也可能产生新的信息。可见，情报的本质是知识，它是为了解决一个特定的问题所需要的激活了、活化了的特殊知识或信息。

四、文献

（一）文献的概念

文献是用文字、图形、符号、声频、视频等技术手段，记录有知识和信息的一切载体。它由四个要素组成：记录知识的具体内容；记录知识的手段，如文字、图像、视频等；记录知识的载体，如纸张、光盘、计算机存储介质等；记录知识的表现形态，如图书、期刊、专利说明书、电子期刊等。

"文献"一词在不同的历史时期有着不同的内涵。有关"文献"概念的描述最早见于《论语·八佾》。朱熹将"文献"解释为:"文,典籍也;献,贤也。"元代历史学家、文献学家马端临首次以"文献"一词命名他自己的专著《文献通考》。他把"文献"的内涵表述为"可作叙事、论事佐证的古今典籍及圣贤的言论",即文献兼指书和人。后来,文献概念的内涵偏指著述或专指"具有历史价值的图书文物资料"。

传统意义上,我们所理解的文献是指图书、期刊、报纸等印刷型出版物的总称。而随着信息技术的发展和应用,除了图书、期刊、报纸等传统纸质载体之外,以计算机为存储介质、以网络为传播渠道的各类数字出版物也已成为信息社会重要的文献资源。

(二)文献的分类

1. 按文献的出版形式可将文献分为图书、期刊、报纸、学位论文、会议文献、专利文献和其他文献。下面详细介绍几种常用文献。

(1)图书:用文字或图画、符号等记录知识于纸张等载体上,并具有相当篇幅的非连续出版物。

图书内容系统、全面、成熟、可靠。一本正式出版的图书一般由封面、书名页、目次、正文和封底组成,具有特定的书名和著者名,编有国际标准书号(简称ISBN号),有定价并受到版权保护。

传统印刷型图书出版周期长、体积大、更新速度慢,近年来蓬勃发展的电子图书市场弥补了这一不足。

识别图书的主要字段有书名、著者名、出版项(出版地、出版社、出版时间)、ISBN号、分类号等。

1) ISBN号是专门为识别图书等文献而设计的国际编号,新版ISBN号由13位数字组成,是在原来的10位数字前加上3位图书产品代码"978",ISBN号以连接号加以分割,每组数字都有固定的含义。如ISBN 987-7-307-19914-9,各组数字含义如图2-1所示。

```
         地区代码(中国)    出版社代码(武汉大学出版社)
                ↑              ↑
         ISBN 987-7-307-19914-9
                    ↓        ↓      ↓
              产品代码(图书) 书序码 校验码
```

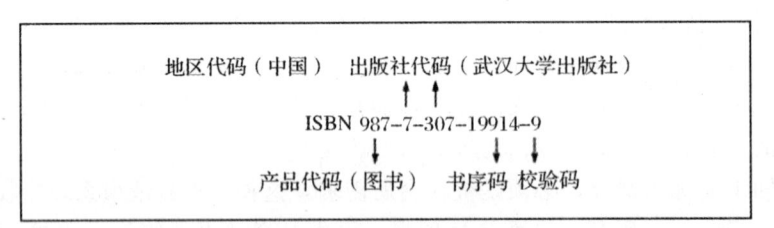

图2-1 ISBN号含义图解

在联机书目检索中,ISBN可以作为一个检索字段,提高检索准确度。一般情况下,一个ISBN号对应一种图书,但需要注意两种特殊情况:一是同一个ISBN号对应多种图书的情况,如丛书;二是一种图书对应多个ISBN号的情况,如多卷书。

2)图书分类号是依据《中国图书馆分类法》(简称《中图法》)著录的。《中图法》是目前国内使用最广泛的分类标准,已先后出版发行五版。它采用字母与数字相结合的方式编制,一个字母代表一个大类,以字母顺序反映大类的次序,大类下细分的学科门类由数字组成。为适应工业技术发展及该类文献的分类,对工业技术二级类目一般采用双字母。《中图法》共分为22个大类,每一个类都有唯一的分类号和名称,分类号是由字母和数字构成。例如,"G206"表示"传播理论",它属于"G 文化、科学、教育、体育"这个大类。

我们可以看到一本加工过的图书，其书脊位置粘贴有一枚书标，书标通常由上、下两排号组成，上排为图书的分类号，下排为书次号/著者号/四角号码取号［书次号，顾名思义指某图书馆收藏的同一类图书下的图书序号；著者号，指按照图书著者名称的字顺（音序或形序）编制的区别同类不同种图书的号码。四角号码取号，即每字根据"四角号码检字法"按左上角、右上角、左下角、右下角的次序取四个角的号码］。

下面就现在常用的书次号和著者号举例。例如，二排号为书次号的某本图书的分类号为 G250.7/128，指的是该图书馆收藏的关于图书馆自动化、网络化类别下的第 128 种入库图书。二排号为著者号的某本图书的分类号为 Z228/J210，Z228 指的是该图书为综合性普及读物，J210 中的 J 指的是作者姓氏首字母，后面数字是根据作者姓名从"著者号码表"中对应查出来的。

```
G250.7        Z228
 128          J210
```

书标设置成两排号是一种常见情况，但也有图书馆根据自身的实际需求，把书标设置成三排号或四排号，它们是在前两种情况的基础上，增加了年份或者条码号等信息，方便查找和管理。

【真题】

1. 李同学去图书馆阅览室看书，需要通过索书号来查找书架上的图书。以下四本图书在书架上的顺序是（　　）。
   1\G633.8-7；2\G812.2-49；3\G811.01；4\G212.2/1
   A. 2341　　　　B. 4321　　　　C. 4132　　　　D. 1423
   答案：C

2. 在《中国图书馆分类法》的学科分类体系结构中，TP8 代表遥动技术。
   A. 正确　　　　　　　　　　　　B. 错误
   答案：A

（2）期刊：又称杂志，指有固定名称，用卷、期或者年、季、月顺序编号，按照一定周期出版的成册连续出版物。

与图书相比，期刊具有出版周期短、报道速度快、内容新颖、学科面广、数量大、种类多等特点。期刊文献多数为一次文献，是我们主要的知识获取来源，也是科研工作者获取学术信息的最主要渠道。

期刊按学术地位，可分为核心期刊和普通期刊。

1) 核心期刊是指在某一学科领域（或若干领域）中最能反映该学科的学术水平，信息量大且利用率高，受到普遍重视的权威性期刊，是我国学术评价体系中重要的组成部分。不同的评价体系对核心期刊的评选标准有所差异。国内比较常见的核心期刊包括《中文核心期刊要目总览》（简称"北大核心"或"北核"）、《中文社会科学引文索引》（CSSCI）（简称"南大核心""南核"或"C刊"）、《社会科学引文索引》（SSCI）、《中国科学引文数据库》（CSCD）等，国外常见的核心期刊包括 SCI（科学引文索引）、EI（工程索引)、ISTP(科技会议录索引)等。

2) 普通期刊是相对于核心期刊的概念，没有被核心数据库收录的，全都是普通期刊。期刊按出版周期，可分为周刊(出版周期为一周)、旬刊(出版周期为10天)、半月刊(出版周期为15天)、月刊(出版周期为30天)、双月刊(出版周期为2个月)、季刊(出版周期为一个季度，即3个月)、半年刊(出版周期为6个月)、年刊(出版周期为1年)。

关于期刊的几个知识：①ISSN号和CN号。正规期刊都配有ISSN号和CN号。ISSN号，即国际标准连续出版物编号，一般由八位数字和连接号组成，是期刊文献的一个检索项，如1002-1027；CN号，即国内统一刊号，它是经过申报国家新闻出版总署核批后分配给连续出版物的代号(它实际是出版许可证)，如CN11-2952/G2。两种刊号通常都印在期刊的封面页或版权页上。②期号和卷号。由于期刊每次出版时名称都是一样的(除非变更期刊名称)，为了区别不同版本，每个期刊一般都会按照一定的规则进行编号以便于统计。卷号一般是以年为单位，创刊年为第1卷，如某期刊2020年创刊，那2020年发行的期刊就是第1卷，2021年发行的为第2卷。期号是以发行周期为单位的，常见的如双月刊每年发行6期，月刊每年发行12期，半月刊每年发行24期。例如，某种期刊于2020年1月份创刊，为月刊，那么于2020年3月发行的那本期刊，可排序为第1卷第3期。如果该刊为双月刊，那么2021年4月发行的那本期刊排序为第2卷第2期。我们在引用期刊中某篇文章的时候，一般列出卷、期和文章的页码或者起始页码，期号一般是跟在卷后面的括号里的，如果卷号未显示出来，则期号直接跟在年份后面的括号里。③影响因子。影响因子是期刊评价里的一个重要指标，是通过一定的规律计算出来的量化标准，它说明了这个期刊在其研究领域的影响力，在一定程度上能说明一个期刊的质量水平。

【真题】

1. 根据参考文献"徐悟. 六边形钢管混凝土柱及其外包式柱脚工作机理研究[D]. 清华大学，2016."可以判断《六边形钢管混凝土柱及其外包式柱脚工作机理研究》是一篇(　　)。

   A. 会议论文　　　B. 期刊论文　　　C. 学位论文　　　D. 标准文献

   答案：C

2. 请检索《新民周刊》的ISSN为(　　)。

   A. 1009-4407　　B. 1008-5017　　C. 1005-4804　　D. 1004-0641

   答案：B

(3) 报纸：以刊载新闻和时事评论为主的，有稳定的编辑部和固定的题名，按年、月、日或卷期顺序无限期连续刊行下去的连续出版物。报纸的出版周期短、内容新颖、涉及面广，是重要的社会舆论工具和大众传播工具。报纸拥有丰富的类型，也具有不同的划分方式：按出版周期，分为日报、周报、双周报或更长时间的报纸；按出刊时间，分为日报、晨报、早报、晚报；按出版形态，分为纸质报纸、电子报纸/数字报纸；按刊载内容，分为综合性报纸(如《新华日报》《东方早报》《大河报》等)和专业性报纸(如《中国教育报》《解放军报》《中国旅游周刊》等)。

随着信息技术不断发展，依托互联网和计算机终端的电子报作为一种新型信息载体，与传统纸介报纸相比有着不可替代的优越性,越来越多的报纸发行单位也在适应新媒体环境的发展,走数字化发展道路,创建了报纸的电子版数据库,其内容和版式与纸质报纸一致,并提供了时间查询、内容检索和下载等功能,为读者在报纸资源的查找和利用方面提供了极大便利。

【真题】

1. 刊登在某报纸上的连载文章《竞争政策助力长三角区域一体化高质量发展》一共有几篇?

　　A. 4　　　　　　B. 2　　　　　　C. 3　　　　　　D. 5

答案:B

2. 根据中国知网,关于《享受体育的这个夏天》这篇文章,以下说法正确的是(　　)。

　　A. 关键词:奥运会

　　B. 报纸日期:2021—9—30

　　C. 发表在《人民日报海外版》

　　D. DOI:10.28656/n.cnki.nrmrh.2021.003020

答案:CD

【真题】

1. 在检索论文时,有一类论文的检索项包括"导师",这类论文是(　　)。

　　A. 期刊论文　　　B. 学位论文　　　C. 焦点论文　　　D. 会议论文

答案:B

2. 王同学在万方平台上查到一批学位论文,想作为自己论文的参考文献。在该平台的批量引用自定义格式中,学位论文的引文格式可以选择6个字段。

　　A. 正确　　　　　　　　　　　　　B. 错误

答案:B

2. 文献按载体形式可分为纸质型文献、微缩型文献、声像型文献、电子型文献和网络型文献。

(1) 纸质型文献:以传统手写或印刷技术为手段,将信息记录在纸张载体上的形式。

优点:载体容易获得,所需技术简单,易于携带和使用,在数字化发展的今天,印刷型文献依然是最常用的文献获取方式。

缺点:存储信息密度小,占用收藏空间大,难以长期保存,检索查找不够方便。

(2) 缩微型文献:主要指以感光材料记录文字及其相关信息的载体。常见的有缩微胶卷和缩微胶片。

优点:便于保存和传递,占用收藏空间小。

缺点:必须借助一定的读取设备才能使用,具有设备依赖性。

(3) 声像型文献:采用录音、录像、摄影、摄像等手段,将声音、图像等多媒体信息记录在光学材料、磁性材料上形成的文献,如唱片、影片、幻灯片等。

优点:形象、直观,尤其适用于记录用文字、符号难以描述的复杂信息。

缺点:需要专业技术人员利用专门设备进行制作和读取文献信息。

（4）电子型文献：指以数字代码方式将图、文、声、像等信息存储到磁、光、电介质上，通过计算机或类似设备阅读使用的文献。目前电子型文献种类多、数量大、内容丰富，比如电子图书、电子期刊等。

优点：信息存储量大，出版周期短，存取速度快，可以融文本、图像、声音等多媒体信息于一体，文献信息共享性好、易复制。

缺点：需要利用计算机等读取设备才能使用。

（5）网络型文献：指存储在互联网上的文献信息，比如载有文字、图片、音视频等资料的网页、数据库等文献。

优点：不受时间限制，信息获取快，时效性强；表现形式多样化，图文声像并茂；传播形式的非线性和交互性。

缺点：内容庞杂，类型多样，良莠不齐，易变不稳定，组织无序、分散。"信息超载""信息茧房"和"资源迷向"等是人们利用网络信息时面临的突出问题。

3. 文献按加工层次可分为一次文献、二次文献、三次文献和零次文献。

（1）一次文献：直接记录研究成果，报道新发明、新技术、新知识、新见解的文献。它是以作者本人的研究或研制成果为依据而创作的原始文献，是文献信息源的主要组成部分，包括期刊论文、学术专著、科技报告、专利说明、会议论文、学位论文、技术标准等。一次文献数量大、分布广，具有新颖性、创造性特点，使用和参考价值较高，需要通过二次文献或三次文献等检索工具进行便捷性查找。

（2）二次文献：对一次文献的内部特征或外部特征进行收集、分析后，按照一定的逻辑顺序和科学体系进行有序化加工整理的结果。二次文献具有浓缩性、汇集性、有序性等特点，它的作用不仅在于揭示文献的内容，更重要的是为一次文献的获取提供线索。各种书目、题录、文摘、索引等都属于二次文献。

（3）三次文献：在一、二次文献的基础上，经过分析、综合而编写出来的文献，如综述、述评、百科全书、年鉴、指南等。此类文献综合性强，包含信息量大，可使读者不必阅读大量一次文献就能了解当前某一领域的研究水平及最新进展。

（4）零次文献：形成一次文献之前非正式出版的文献，如手稿、笔记、信函、发言稿、实验数据、调查材料、统计数字、口头交流信息、经验等。零次文献不公开发布，查找和获取比较困难。

五、信息、知识、情报与文献的关系

通过上述对信息、知识、情报与文献的分析，可以认为信息是宇宙间的一切运动状态及其反应，人们正是通过对这些不同信息的获取来认识不同事物，并由此产生新的知识。知识是经人脑思维加工而成为有序化的人类信息。文献则是被物化了的知识记录，是被人们所认可并进行长期管理的信息。情报是人们为解决特定问题而被活化了的更为高级、更为实用的知识。情报和文献都是知识，情报和文献之间则是交叉关系。这四者之间的关系见图2-2。

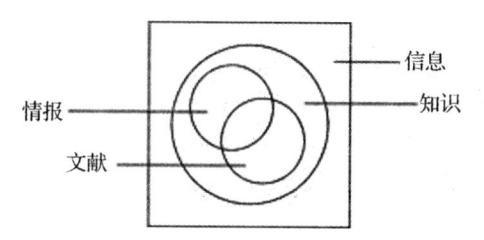

图 2-2 信息、知识、情报与文献的关系

信息、知识、情报、文献之间有密切的联系。信息即事物运动的状态与方式。每一种事物都有着不同于其他事物的信息。将知识和信息记录在一定的载体上就是文献。客观世界接收的信息经过人脑的接收、选择、加工，由感性认识上升到理性认识，就形成系统化信息，这就是知识。为特定用户传递的信息和知识就是情报。

综上所述，信息是起源和基础，它包含了知识和情报。文献则是信息、知识、情报的存储载体和传播工具，是重要的知识源。信息可以成为情报，但是一般要经过选择、分析、研究等加工过程，并进行传递；知识是经过总结、提炼和系统化后的信息。信息、知识、情报的主要部分被包含在文献之中，但远非全部。目前，学术界比较一致的看法是信息＞知识＞情报，文献和情报的关系非常密切，并且有交叉。

第二节 信息检索概述

信息检索是用户从海量信息集合中通过信息查询和获取找到满足信息需求材料的主要方式，是查找信息的方法和手段。

一、信息检索的原理

广义上的信息检索，包括信息的"存"和"取"两个方面。"存"就是把大量杂乱无序的信息按一定的方式进行加工、整理、组织，加以科学地排列，使之有序化，形成检索工具或检索系统的过程。这里要存储的信息不仅包括原始文档数据，还包括图片、视频和音频等，首先要将这些原始信息进行计算机语言的转换，并将其存储在数据库中，否则无法进行机器识别。待用户根据意图输入查询请求后，检索系统根据用户的查询请求在数据库中搜索与查询相关的信息，通过一定的匹配机制计算出信息的相似度大小，并按从大到小的顺序将信息转换输出。而"取"即在有序的信息集合中找出用户特定所需的相关信息，也就是利用检索工具或检索系统的使用方法找到用户所需信息。"存"是"取"的基础和前提，"取"是检索利用，是"存"的价值体现。

狭义的信息检索，仅指"取"的过程，即用户根据需要，采用一定的方法，借助检索工具，从信息集合中找出所需要信息的过程。

信息的存储过程，是按照检索语言及其使用原则对原始信息进行处理，形成信息特征标识，为检索提供经过整序的信息集合的过程。

信息的检索过程，则是按照同样的检索语言及组配原则分析课题，形成检索提问标识，根据存储所提供的检索途径，从信息集合中查找与检索提问标识相符的信息特征标识的过程。

简单理解，信息检索的基本原理（见图2-3）就是将用户需求（检索）标志和信息集合中存储（标引）标志进行比较和选择，其核心是两者通过检索语言进行匹配的过程。两者标志匹配，则具有这些特征标志的信息就从检索系统输出，输出的信息就是检索要求的信息。匹配有多种形式，既可以是完全匹配，也可以是部分匹配，这主要取决于用户需要。

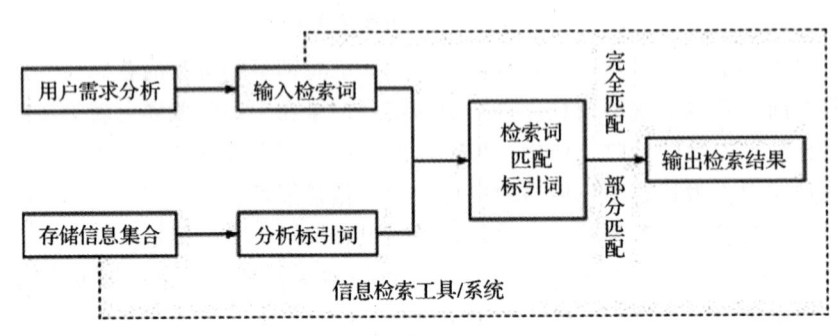

图 2-3 信息检索原理

二、信息检索语言

信息检索语言，是检索人员与检索系统对话的基础，是从自然语言中精选出来并加以规范化的一套词汇符号，是信息存储与检索过程中用于描述信息特征和用户提问的一种专门的人工语言，实质是检索和标引之间的约定语言。

信息存储者分析文献信息，形成文献信息标识即检索点。信息的检索者分析课题，形成检索提问标识即检索词。他们共同依据的规则就是信息检索语言。

（一）信息检索语言的特征

1. 表达信息：用检索语言对信息的内容特征和外部特征进行描述和标引，保证不同的标引人员和检索人员对相同信息内容表述的一致性。

2. 组织信息："信息完成著录和标引后形成一条条款目，为了方便用户检索，这些款目需按一定的规则和方法组织起来成为一个有序的系统，才能完成信息组织与存储的全过程，如分类整序、主题整序、字顺整序、时间整序等。大量的信息存储集中化、有序化，也便于检索人员实现有序化检索。

信息检索语言由词汇和语法两部分组成。词汇是指各种类表、词表、代码表等中的全部标识（分类号、代码等），而语法则是指如何创造和运用这些标识来正确描述信息内容和信息需求，以有效地实现信息检索的规则。

（二）信息检索语言的分类

信息检索语言按文献特征揭示情况可分为两类：一是揭示文献外部特征的检索语言，如题名、责任者、出版单位、代码语言等；二是揭示文献内部特征的检索语言，主要是分类语言和主题语言。

1. 代码检索语言（代码表示法）：利用文献中的一些特殊符号组织排列表达文献主题概念的一种人工语言。文献信息中的代码往往是获取文献最直接、最便利的途径，专业的文献检索工具大多提供代码检索功能。需要注意的是，不同检索系统，划分的字段和相应的代码是存在差别的，不具有通用性。

2. 分类检索语言（分类法）：属于等级体系分类语言，集中体现了学科的系统性，反映事物从属、派生关系，从上至下、从总体到局部划分、展开，是一种先组式语言。常用的如《中国图书馆分类法》分类检索语言，以学科分类为基础，从学科的大类开始，依次根据学科所属的分支层层划分下一级类目，从大类到细分类反映了全学科专业的类目划分。

3. 主题检索语言（主题法）：以主题词表为参照依据的一种检索语言。主题词表是反映文献内容的主题词及其词间关系组成的规范化词典。用语词作为概念标识进行字顺排列，并用参照系统等方法间接显示概念之间的相互关系，明显有别于以类号作为概念标识的分类表，包括标题表、单元词表、叙词表等。

由于信息检索的过程就是通过信息检索语言的匹配过程实现的，因此信息检索语言的质量好坏以及对它的使用正确与否，就直接影响它的检索效率的高低。

三、信息检索工具

检索工具是指用于报道、存储和查找信息线索的工具和设备的总称。它一般应具备以下条件：明确的信息收录范围；详细明了的信息特征标识；每条信息记录必须有检索标识；全部信息款目按一定规则编排形成一个有机整体，提供多种检索途径。

了解常用的检索工具，有助于在信息检索过程中对检索工具作出正确选择。按照不同标准，检索工具可以划分为不同的种类。

（一）按照信息加工的手段或设备划分

1. 手工检索：主要指通过印刷型检索工具进行的检索，如《全国新书目》《全国总书目》《中文科技资料目录》《北大核心期刊要目总览》《美国化学文摘》《全国报刊索引》《科学引文索引（SCI）》《工程索引（EI）》等。

2. 计算机检索：随着信息资源的快速增长，计算机检索已成为网络信息检索的一项重要方式，常用的检索工具有在线目录检索系统、数据库检索系统、搜索引擎等。

（1）在线目录检索系统：如图书馆的馆藏目录检索系统，可通过该系统查找到图书馆所收藏的图书、期刊、论文等信息资源，方便读者利用；具有较大馆藏量的目录检索系统，如国家数字图书馆提供的"馆藏目录检索""文津搜索"等。

（2）数据库检索系统：如中国知网、万方数据知识服务平台、中文科技期刊数据库等三大中文数据库，国家哲学社会科学学术期刊数据库等公共数据检索平台，百度学术等国内知名数据库等。以上数据库，在本质上是专业性的学术搜索引擎。

（3）搜索引擎：一种帮助用户在因特网上查询信息的系统。它收集和整理因特网上的信息，允许用户基于关键字查询，并对结果排序。

（二）按收录范围划分

1. 综合性检索工具：如百度，可检索到文字、图片、音视频等多种类型的信息资源；如中国知网，可检索到学术期刊、图书、报纸、学位论文、年鉴、专利、标准、法律法规、政府文件等类型的文献资源。

2. 专科性检索工具：如中国人民大学复印报刊资料数据库、国家法律法规数据库、全国标准信息公共服务平台、国家标准全文公开系统、食品安全国家数据标准检索平台、国家统计数据库等。

3. 专题性检索工具：常针对某种专业应用而建立，数据内容侧重于某一专题，如国家图书馆自建的地方资源库、"一带一路"沿线国家国情研究文献库、师范教育专题数据库等。

四、信息检索评价

信息检索评价是对信息检索工具检索出来的信息进行综合评价的过程。通过对信息检索结果进行评价，分析出各种影响检索效果的因素，以此来通过调整信息检索策略，获取满足检索需求的最优信息。

1. **查全率**。查全率是指检出的相关信息量与检索系统中相关信息总量的比率，是衡量信息检索系统检出相关信息能力的指标。可用下式表示：

查全率＝（检出的相关信息量/系统中相关信息总量）×100％

2. **查准率**。查准率是指检出的相关信息量与检出信息总量的比率，是衡量信息检索系统检出信息准确度的指标。可用下式表示：

查准率＝（检出的相关信息量/检出的信息总量）×100％

3. **漏检率**。漏检率是指未检出的相关信息量与检索系统中的相关信息总量的比率。漏检率与查全率是一对互逆的检索指标，查全率高，则漏检率低。可用下式表示：

漏检率＝（未检出的相关信息量/系统中相关信息总量）×100％＝1－查全率

4. **误检率**。误检率是指检索出的不相关信息量与检索出的信息总量的比率。误检率与查准率是一对互逆的检索指标，查准率高，则误检率低。可用下式表示：

误检率＝（检出的不相关信息量/检出的信息总量）×100％＝1－查准率

除了以上四个检索评价指标外，如检索速度、检索结果的新颖性等指标也是对检索结果进行评价的依据。因此，对某一个检索结果进行评价，不能单单用一个检索指标评判，而应该根据检索需求，选取相适应的检索指标进行针对性判断。

在进行检索评价时，查全率和查准率是较为常用的评价指标，一般将二者结合起来使用，否则难以准确反映检索系统的功能和效果。查全率和查准率与信息存储和信息检索密切相关，具体来说，是与系统的收录范围、标引工作和检索技术、检索能力等工作密切相关。因此，我们常常期望查全率和查准率能够同时达到最理想的结果，但在实际操作中很难一次性实现，需要通过不断调整影响二者效率高低的因素，达成相对理想的结果。

所选检索系统信息收录不全、标引词表结构不完整、检索词专指性太强、检索条件限制太多、使用逻辑与运算等，则查全率低。

对检索需求不明确、检索词选取宽泛、检索条件限制较少、使用逻辑或、逻辑非运算等，则查准率低。

为了保证较高的查全率和查准率，检索人员必须了解影响检索效率的因素，同时掌握提高信息检索能力的方法与技巧。

【真题】

1. 某检索系统存有与课题 A 相关文献 200 篇，检索时查出 150 篇，其中正确 120 篇，请说明查全率和查准率分别为（　　）和（　　）。

    A. 75％　80％　　　B. 60％　80％　　　C. 60％　75％　　　D. 80％　75％

答案：B

第三节　信息检索技术

　　信息检索技术是指利用信息检索工具，检索与个人需求相关的一系列信息所采用的技术。信息检索技术有助于实现信息检索的高效、全面和准确。现阶段，信息检索技术主要是指网络环境下基于计算机等硬件设备的检索技术。

　　根据信息检索对象的不同，信息检索技术可以分为文本检索技术、图像检索技术、音视频检索技术等。其中，文本检索技术是目前比较成熟并得到广泛使用的技术，布尔逻辑检索技术、字段限制检索技术、截词检索技术、加权检索技术、位置检索技术等，都属于文本检索技术的范畴。

　　需要说明的是，目前比较流行的图像、音频、视频检索系统（如搜索引擎的图像检索、mp3检索、视频检索等）实质上并不是基于内容的检索系统，而是基于文本的检索系统。例如，百度图片库是对某一图片的名称、尺寸、类型、颜色、收录日期等方面进行标引，以便用户通过检索词查找时，能够从标引库中匹配到相关信息，实现检索功能。

　　随着信息检索技术不断迭代升级，面向用户的信息检索技术已基本实现简约化。用户只需要通过某一检索工具的检索框输入检索词，即可完成一次检索。但是，在信息检索过程中，为了保证检索结果的快、全、准，仅靠一个检索词（关键词、主题词）进行检索，难以满足检索的需要，有时需要用各种运算符将若干个检索词组成检索式进行检索，有时需要运用特定字符或通过改变检索词位置进行检索，有时需要通过更换检索工具提供的检索字段或调整检索字段的多少进行检索。因此，要实现用户需求与信息集合之间的高度匹配，掌握一定的信息检索技术是非常有必要的，它是信息素养能力提升的一个关键方面。

一、布尔逻辑检索

　　将多个检索词用布尔运算符（简称检索算符）连接在一起来进行检索，叫作布尔逻辑检索。如果用A、B分别来表示两个检索词，那么它们之间存在以下三种逻辑关系，具体逻辑关系表达式及含义见表2-1。

　　1. 逻辑与用"AND"或"＊"来表示。检索式为"A AND B"或"A＊B"，则检索结果中同时出现检索词"A"和"B"的记录才为命中记录。通过"逻辑与"运算，缩小了检索范围，使检索结果更少。

　　2. 逻辑或用"OR"或"＋"来表示。检索式为"A OR B"或"A＋B"，则检索结果中出现检索词"A"或者"B"，或者同时出现"A"和"B"的记录均为命中记录。通过"逻辑或"运算，扩大了检索范围，使检索结果更多。

　　3. 逻辑非用"NOT"或"－"来表示。检索式为"A NOT B"或"A－B"，则检索结果中含有检索词"A"而不含检索词"B"的记录才为命中记录。通过"逻辑非"运算，缩小了检索范围，使检索结果更少。

　　布尔逻辑运算符的优先级为：有括号的，括号里的逻辑运算优先执行，括号外的按NOT＞AND＞OR执行。

表 2-1　　　　　　　　　　　逻辑关系表达及含义

逻辑运算	AND（与）	OR（或）	NOT（非）
检索式	AANDB 或 A*B	AORB 或 A+B	ANOTB 或 A－B
命中记录	A 和 B 同时出现的记录	A 和 B 有一个或两个同时出现的记录	只出现 A 不出现 B 的记录
图示	（A∩B 示意图）	（A∪B 示意图）	（A－B 示意图）

二、字段检索

字段检索是一种用于限定提问检索词在数据库记录中出现的区域、控制检索结果的相关性、提高检索效果的检索方法和技术，多以字段限定方式实现，即系统只对指定的检索词出现的字段进行匹配运算，以便提高检索效率和查准率。

在中国知网数据库中，字段检索的使用方式有两种：

一是中国知网提供的"一框式检索"，它具有下拉字段选项。每个子库（如期刊库、学位论文库、报纸库等）提供的字段选项不同。通用的字段有主题、篇关摘、关键词、篇名/题名、全文、作者、摘要、参考文献、分类号、文献来源、DOI 等。特别是在进行专业信息检索时，使用哪一个检索字段，或限制对哪一个检索字段进行检索，要注意不同子库的检索字段的区别，以免因没有找到正确子库造成检索无法进行或检索结果偏差的问题发生。

当检索需求明确时，可直接把检索结果限定在某一个检索字段中。例如，要查找关于"网络安全"这一"主题"的文献，则可以把中国知网"一框式检索"功能提供的"下拉式检索字段"切换至"主题"后，在输入框中输入检索词"网络安全"进行检索。通过限制字段检索，可提高检索的准确度。

二是在"专业检索"中，构建专业检索表达式时，会进行字段代码限制。在中国知网文献总库中，提供以下可检索字段及代码：SU＝主题，TI＝题名，KY＝关键词，AB＝摘要，FT＝全文，AU＝作者，FI＝第一责任人，RP＝通讯作者，AF＝机构，JN＝文献来源，RF＝参考文献，YE＝年，FU＝基金，CLC＝分类号，SN＝ISSN，CN＝统一刊号，IB＝ISBN，CF＝被引频次。专业检索表达式一般表达为：＜字段代码＞＜匹配运算符＞＜检索值＞。

例如，"KY＝电动汽车"的含义为：精确检索关键词包含"电动汽车"的文献。

例如，"AB％信息素养教育"的含义为：模糊检索摘要包含"信息素养教育"的文献。模糊匹配结果为摘要包含"信息素养"和"教育"的文献，"信息素养"和"教育"两词不分顺序和间隔。

例如，"SU％＝大数据"的含义为：检索与"大数据"相关主题的文献。

匹配运算符主要有"="、"%"和"%＝"，每一个运算符适用的字段不同，具有的功能也不同，具体见表2-2。

表2-2　　　　中国知网数据库构建专业检索表达式的匹配运算符表

符号	功能	适用字段
=	='STR'表示检索与STR相等的记录	KY，AU，FI，RP，JN，AF，FU，CLC，SN，CN，IB，CF
=	=STR表示包含完整STR的记录	TI，AB，FT，RF
%	%'STR'表示包含完整STR的记录	KY，AU，FI，RP，JN，FU
%	%STR表示包含STR及STR分词的记录	TI，AB，FT，RF
%	%'STR'表示一致匹配或与前面部分串匹配的记录	CLC
%＝	%＝STR表示相关匹配STR的记录	SU
%＝	%＝'STR'表示包含完整STR的记录	CLC，ISSN，CN，IB

使用逻辑运算符 AND、OR、NOT 可以组合多个字段，构建如下的检索式：＜字段代码＞＜匹配运算符＞＜检索值＞＜逻辑运算符＞＜字段代码＞＜匹配运算符＞＜检索值＞。

例如：检索来自上海图书馆的刘炜，发表的关键词包含数字化的文献，检索式为 AU＝刘炜 AND FI＝上海图书馆 AND KY＝数字化。

在搜索引擎中，使用"高级检索"时，也可以使检索结果限定在某些字段中。同时，还可以在搜索引擎的检索框中，直接对搜索的标题（用 intitle 语法，如 intitle：关键词）、文件格式（用 filetype 语法，如 filetype：文件类型）、来源网站（用 site 语法，如 site：网站或域名）和要链接的地址（用 inurl 语法，如 inurl：网页地址）等进行限定设置。每一个搜索引擎提供的限定检索的条目不同，在使用之前需要通过高级检索或帮助信息了解详细的使用方法。

【真题】

1. 搜索引擎可以限制检索词出现的位置，如果要求检索词出现在标题中，不应使用的搜索语法是（　　）。

A. inurl　　　　　　B. site　　　　　　C. filetype　　　　　　D. intitle

答案：ABC

2. 王老师想到国家智慧教育公共服务平台查找"电子商务"方面的课程资料，如通过百度进行查找，最恰当的检索表达式是（　　）。

A. MOOC 电子商务 *

B. 电子商务课程

C. 电子商务 site：smartedu.cn

D. 电子商务 site：https://www.smartedu.cn/

答案：C

三、截词检索

截词检索是允许检索者使用一个词的局部（如词干、词根）作为检索词进行匹配并输出命中文献的一种检索词局部匹配技术。截词检索在英文检索中广泛运用。因为英文的构词比较灵活，在词干上加上不同性质的前后缀就可以派生出许多新的词汇，而且这些词汇在意义上都比较相近。例如，名词的单复数、动词与动名词形式，或者同一词的英、美两种不同的拼法，等等。这些词如果在检索时不加以考虑就会出现漏检的现象，但是将这些词全部罗列又相当烦琐。因此截词检索的功能正是可以检索出所有词的片段或词干相同的文献，避免了罗列多个词汇的麻烦，也避免了漏检的现象。不同的检索系统使用的截词符不相同，通常有"*""?""#""$"等，因此在检索前应注意先了解数据库平台的使用帮助或检索提示等功能。

（一）截词符号的分类

按照截词符在检索词中的位置，可将截词符分为前截词、后截词、中间截词。

1. 前截词又称左截词，后方一致，允许检索词前有若干变化。例如，"*physics"就可检索到 physics，astrophysics，biophysics，geophysics 等词的结果。

2. 后截词又称右截词，前方一致，允许检索词尾有若干变化。例如，"comput*"将检索出 computer，computing，computerized，computerization 等结果。

3. 中间截词，又称前后方一致，允许检索词中间有若干变化。例如，"defen*e"可同时检出 defence 和 defense 的结果。

当检索系统同时支持"*"和"?"截词符使用时，二者又有所区别。"*"代表 0 个或任意多个字符，"?"代表 1 个字符。具体区分如表 2-3 所示。

表 2-3　　　　　　　　　　截词符的使用方法

截词符	作用	截词举例	检索结果
*	代表 0 个或任意多个字符	*physics（此为前截词、无限截词）；comput*（此为后截词、无限截词）	如 physics，astrophysics，biophysics，geophysics 等；如 computer，computing，computerized 等
?	代表 1 个字符	Wom?n（此为中间截词、有限截词）；ACID??（此为中间截词、有限截词）	如 Women，Woman 等；如 ACID，ACIDIC，但不能检索出"ACIDICTY"

（二）截词检索的注意事项

1. 在使用截词符时，既要考虑到使用截词符以避免漏检，也要考虑到不恰当的使用会使查准率大大降低。如截词的长度要适合，不能太短，否则会使检索结果过多。一般对于英文单词来说，如"electro*"将检索出含有 electron，electronic，electrostatic 等的文献，如果写成"elec*"就可能检索出许多意思完全不相关的文献。

2. 在不同的数据库和联机检索系统中，所使用的截词符号没有统一的标准，有的用"?"，有的用"*"，有的用"#"，有的用"$"等。

3. 在进行截词检索时候，即便常用的"?"和"*"在不同的数据库中其用法也是不一定相同的。

【真题】
1. 用"北京大学*"去检索，结果中可能有（　　）。
   A. 北京大学生　　　　　　　　　B. 北京大学生体育馆
   C. 北京大学　　　　　　　　　　D. 北京大学120周年庆典
答案：ABCD
2. 在英文检索中，截词符的作用是使过长的检索词变短，从而获得较少的检索结果。
   A. 正确　　　　　　　　　　　　B. 错误
答案：B

四、加权检索

加权检索是一种定量检索技术。它根据用户的检索需求来确定检索词，并根据每个词的重要程度不同赋给一定的权值，对含有这些检索词的文献进行加权计算，同时根据给出的检索命中界限值（阈值），输出相应的检索结果。

加权检索可以缩小检索范围、提高查准率，但并非所有的系统都提供加权检索，而能够提供加权检索的系统，对权的定义、加权方式、权值计算和检索结果的判定都有不同的技术规范。

在中国知网数据库中，"高级检索"模式下提供了加权检索功能，可进行"词频"限制，取值范围为"2~9"，支持的检索字段为"全文"和"摘要"。例如，设定在"全文"中出现关键词"信息素养"的次数不少于9次，则选择词频数应为"9"，进行"模糊"匹配检索。若要求关键词"信息素养"在全文中只出现9次，则选择词频数应为"9"，进行"精确"匹配检索。

五、位置检索

位置检索是用一些特定的位置算符来表达检索词与检索词之间的顺序和词间距的检索，能够提高检索准确度。

位置检索也叫邻近检索。根据两个检索词出现的次序和相互之间的距离，可以采用多种位置算符进行控制。不同的检索系统，规定的位置算符也不同。下面列出中国知网支持的位置运算符、适用字段及功能，具体见表2-4。

表2-4　　　　　　　中国知网数据库关于位置算符及功能表

符号	功能	适用字段
#	STR1#STR2：表示包含STR1和STR2，且STR1和STR2在同一句中	TI, AB, FT
%	STR1%STR2：表示包含STR1和STR2，且STR1与STR2在同一句中，且STR1在STR2前面	
/NEARN	STR1/NEARNSTR2：表示包含STR1和STR2，且STR1与STR2在同一句中，且相隔不超过N个字词	

续表

符号	功能	适用字段
/PREVN	'STR1/PREVNSTR2'：表示包含 STR1 和 STR2，且 STR1 与 STR2 在同一句中，STR1 在 STR2 前面不超过 N 个字词	TI, AB, FT
/AFTN	'STR1/AFTNSTR2'：表示包含 STR1 和 STR2，且 STR1 与 STR2 在同一句中，STR1 在 STR2 后面且超过 N 个字词	
/SENN	'STR1/SENNSTR2'：表示包含 STR1 和 STR2，且 STR1 与 STR2 在同一段中，且这两个词所在句子的序号差不大于 N	
/PRGN	'STR1/PRGNSTR2'：表示包含 STR1 和 STR2，且 STR1 与 STR2 相隔不超过 N 段	
$ N	'STR $ N'：表示所查关键词 STR 最少出现 N 次	

例如，TI=大数据时代％信息素养，表示检索标题中同时出现"大数据时代"和"信息素养"的文献，且"大数据时代"出现在"信息素养"前面。

例如，AB=大数据时代/PREVN10 信息素养，表示检索摘要的某个句子中同时出现"大数据时代"和"信息素养"的文献，"大数据时代"出现在"信息素养"前，且间隔不超过 10 个字词。

第四节 信息检索策略

一、信息检索方法

（一）顺查法

顺查法是按照由远及近的时间顺序，利用检索系统或工具对检索课题所需的文献信息进行查找的过程。这种方法可以较全面地收集某一课题的系统文献，有助于用户了解某一事物发展的全过程，但工作量较大，适用于较大课题的文献检索。

（二）逆查法

逆查法是利用检索工具由近及远、从新到旧、逆着时间顺序查找文献信息的检索方法。这种方法注重文献的时效性和关键性，重点是放在近期文献上，可以最快地获得最新资料，适用于有较强时效性要求但不太注重历史渊源的课题检索。

（三）抽查法

抽查法是针对检索课题的特点，选择有关该课题的文献信息最可能出现或最多出现的时间段，利用检索工具进行重点检索的方法。

（四）追溯法

追溯法又称引文法，是指利用已经掌握的文献末尾所列的参考文献，进行逐一追溯查找"引文"的一种最简便的扩大文献来源的方法。

（五）综合法

综合法又称循环法，这是把上述方法加以综合运用的方法。

二、信息检索步骤

信息检索的步骤就是针对某个需要检索的问题实施信息检索的顺序，它反映了一个问题从提出到解决的过程。在这个过程中，信息检索人员必须具备一定的信息检索知识，同时要了解相关的检索方法并掌握一定的检索技术，而且要能够从检索结果中对信息真伪和信息价值作出判断，最终通过获取有用信息来解决相应问题。

信息检索的基本步骤包括信息需求分析（已知信息、未知信息和所求信息），选择检索工具，确定检索途径/检索点/检索项/检索字段，选取检索词，编制检索式，实施检索，获取、评价和管理检索结果，调整检索策略等（见图2-4）。

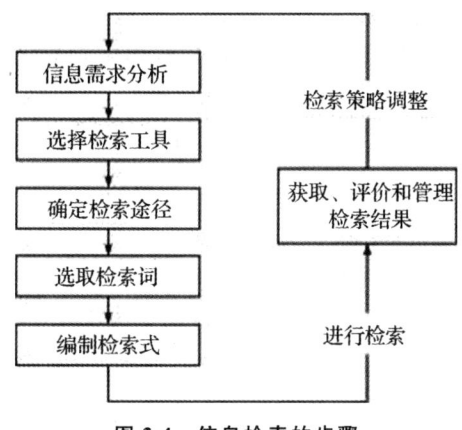

图 2-4 信息检索的步骤

（一）信息需求分析

信息需求分析是实施检索的第一步，也是其中的重要一步。它包括提取已知信息、分析未知信息和明确所求信息三个步骤。

例题：查找中国知网期刊数据库中作者"张三"于2019—2023年发表的关于"信息素养教育"的论文数量。进行信息需求分析如下：

1. 已知信息：①检索工具为中国知网期刊数据库；②检索途径为作者（张三）、主题（信息素养教育）、时间（2019—2023年）。

2. 未知信息：无。

3. 所求信息：论文数量，即在某数据库中，检索某一时间段内，某个作者发表的，关于某主题的论文数量。

以上是一个简单的检索题，而对于综合型的检索课题，已知信息的获取就需要检索人员对检索课题的主题内容进行仔细分析，以了解课题的背景知识，从而将检索课题转化为更为明确的，可用检索词、检索途径表达的，能够采用合适检索方法的简单检索。

如要了解某一学科的发展前沿和最新动态，则要考虑到检索结果的新颖性，这里就涉及"时间"这一检索条件的设置。如要解决研究中的某一个具体问题，则要考虑检索结果的准确性，这里涉及"检索词"选取的准确性、"检索工具"选取的专业性等条件。如就某一课题撰写综述，则要考虑检索结果的全面性，这里涉及"检索词"选取的全面性，应包括上位词、下位词、同义词、对应外文词等，还涉及"检索工具"选取的宽泛性，如使用综合搜索引擎、综合性数据库等。"检索途径"选取也要宽泛，如"全文""主题"等，不能做过多的限制条件。

（二）选择检索工具

根据需求分析的结果，明确已知信息、未知信息和所求信息后，下一步就是选择合适的检索工具。对于基础性的知识获取，可以选择从百度、搜狗、必应等搜索引擎获取；对于有指向性的信息，如某论文、某报纸、某专利、某年度数据等，可以考虑从专业数据库或专门的行业网站获取。面对综合性、有难度的分析课题，则要求信息人员从已知信息入手，选用恰当的检索工具获取未知信息或获取未知信息的线索，通过一次或多次的循环调整来获取更多信息。

在选择检索工具前，信息检索人员也需要对检索工具进行充分了解。不同的检索工具，所收录的信息类别、时间跨度、使用权限等方面都会存在差异。如百度搜索引擎，提供网页检索、图片检索、资讯检索（新闻检索）、视频检索等功能，可对信息发布时间进行"一天""一周""一月""一年"及"自定义"限制，而且提供高级检索功能，能够对检索网页、网址或文件类型进行限定（见图2-5）。

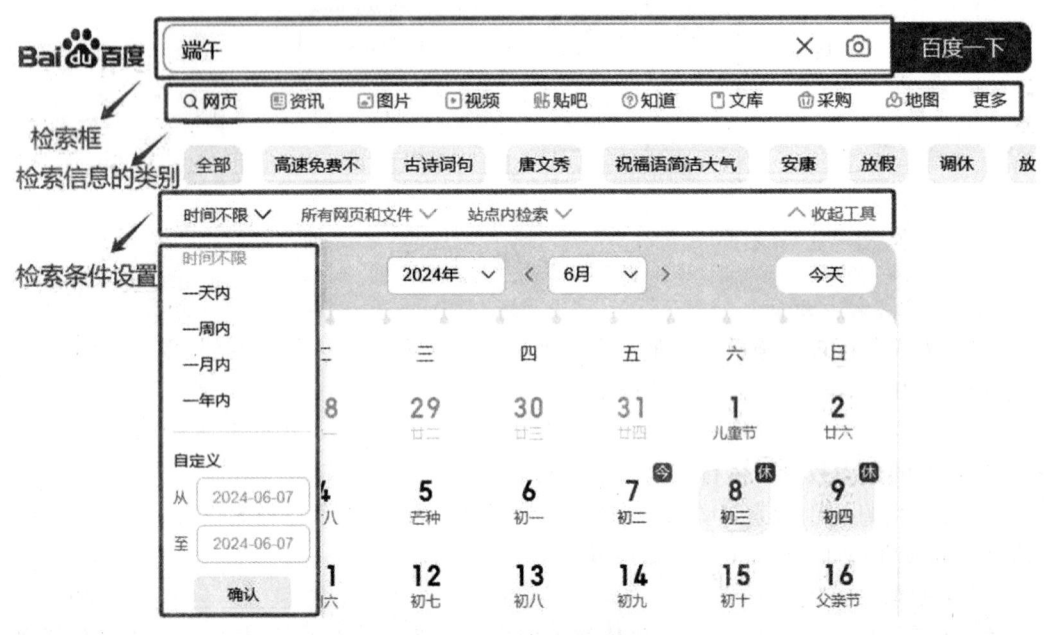

图2-5 百度搜索引擎页面

不同的检索工具有不同的检索功能和特色，数据库等检索工具通常提供浏览和检索两种方式。浏览是检索页面提供分类导航，使用者通过导航列表逐层获取信息。检索是通过检索页面提供的检索功能框，输入关键词、检索式或进行条件限制等方式进行检索，一般分为简单检索、高级检索和专业检索。

1. 简单检索。它提供的检索条件较少，可以用于某个主题检索、关键词检索、单位检索、作者检索等，能够快速、全面地查找出与检索词相关的信息。

2. 高级检索。它提供的检索条件较多，检索词之间的逻辑关系较为复杂，通过设置各种检索字段，输入各个检索词，构建各种逻辑关系，能够较准确、高效地查找到所需信息。

3. 专业检索。它是针对从事专业信息服务的人员提供的检索方式，提供的检索字段更多，可构建的检索表达式更为复杂，有助于快速、准确、灵活、高效地完成检索。

一些检索工具在搜索之外还提供了统计、分析和可视化功能。此外，使用者要学会通过检索工具的"帮助"功能，了解更多关于检索工具的使用方法。以中国知网数据库为例，介绍三种不同的检索方式，见图2-6、图2-7、图2-8。

图2-6 中国知网简单检索页面

图2-7 中国知网高级检索页面

图 2-8　中国知网专业检索页面

（三）确定检索途径

不同的检索工具提供不同的检索途径。在同一个检索工具中，不同的检索资源库，提供的检索途径也不尽相同。我们从图 2-6、图 2-7、图 2-8 中了解到了中国知网数据库提供的检索途径，下面根据图 2-9、图 2-10、图 2-11 再了解一下其他检索工具的检索途径。

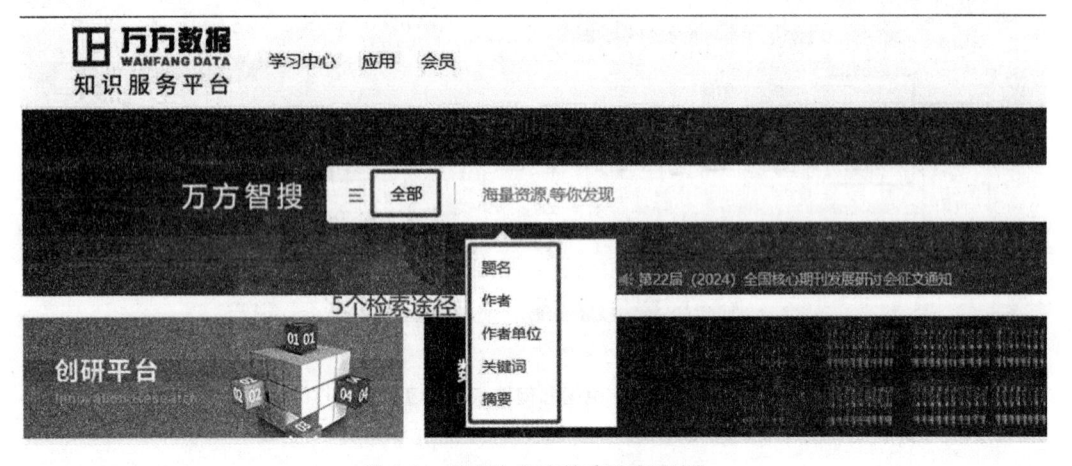

图 2-9　万方全文库检索途径页面

图 2-10 万方期刊库检索途径页面

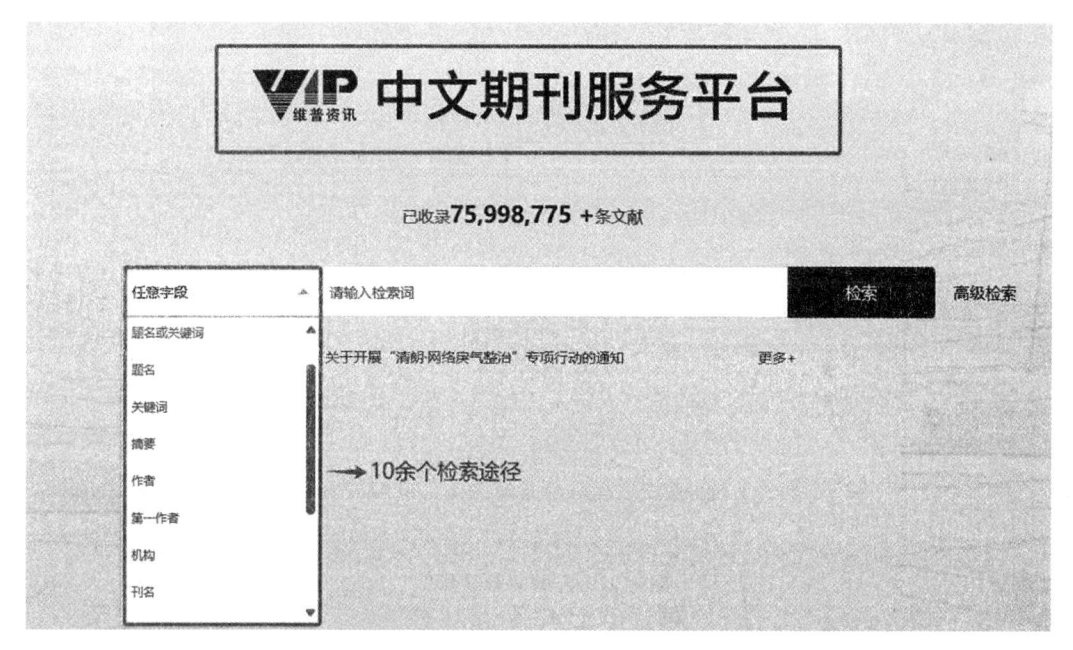

图 2-11 维普中文期刊库检索途径页面

【真题】

1. 检索课题为"3D 打印的相关资料"时，应该采取的检索途径是（　　）。
   A. 作者途径　　　　B. 主题途径　　　　C. 分类途径　　　　D. 高级途径
答案：B

2. 利用万方数据平台查找题名中包含"一带一路"和"数字经济"的论文，其中 2020 年共收录了多少篇核心期刊论文？
   A. 4　　　　　　　B. 5　　　　　　　C. 6　　　　　　　D. 7
答案：B

解析：检索工具：万方数据平台期刊论文库；检索途径：题名；检索词："一带一路"和"数字经济"2个，由此选择高级检索，2个题名检索字段之间用"逻辑与"连接；输出检索结果；对检索结果进行筛选：年份为 2020 年，期刊范围为核心期刊；输出最终结果。具体检索步骤见图 2-12。

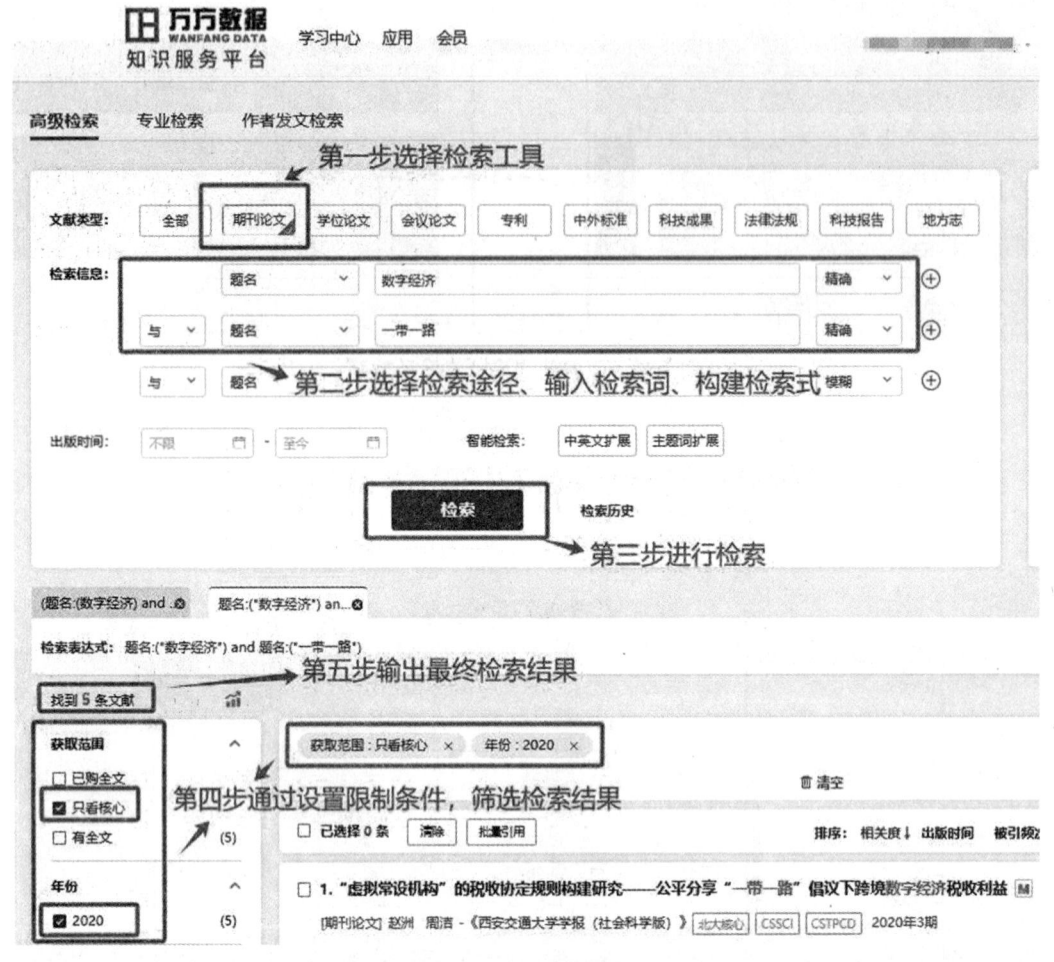

图 2-12　真题 2 解答步骤

（四）选取检索词

检索词的提取主要有两种情况：一种是显性检索词提取，即对题目中已明确给出的检索词，使用截词、切分等方式进行提取；一种是隐性检索词提取，即需要对题目进行分析，而后总结凝练出检索词。针对隐性检索词，信息检索人员要善于对题目进行主题分析，找出题目主干、主要概念和次要概念，并能找到表达这些概念的若干个关键词或词组，同时可联想到与之相关的上位词、下位词、同义词等。使用上位词和同义词具有"扩大检索结果"的功能，使用下位词具有"缩小检索结果"的功能。

需要注意的是，在提取关键词时，对一些没有实质意义的虚词或指代宽泛的词，如"关于""多少""意义""与""问题""过程""文献"等避免使用，检索词选取一般为有具体含义或具体指代的实词，如"3D 模型""高度""计算机""图书"等。

例如，检索"人工智能技术在汽车领域的应用"的相关文献。首先进行截词划分：检索/人工智能技术/在/汽车领域/的/应用/的/相关文献。关键词提取有"人工智能技术""汽车领域"，对关键词进行联想，可拓展出"人工智能""智能技术""智能化""汽车行业""交通运输"等关键词。

一般来说，进行首次检索后，可以从检索结果的相关度、全面性、新颖性等角度进行初步分析。如果检索太多，就需要考虑适当缩小检索范围，反之则要扩大检索范围。如果检索结果的相关度不高或新颖性不足，则要考虑优化检索词，通过选取更加准确恰当的检索词获取最优的检索结果。有些搜索引擎和数据库检索系统具有自动推荐检索词的功能，在搜索框输入检索词，则会出现与之相关的更多检索词，可供选择。

【真题】

1. 高同学想要全面系统地了解"最新的人工智能技术在精准医疗方面的应用"，在查找文献资料时，应选择的检索词为：最新人工智能技术精准医疗。

    A. 错误　　　　　　　　　　B. 正确

答案：B

（五）构建检索式

对于只有一个检索词的检索，通常用简单检索。将已选好的检索词输入对应的检索项之后，进行直接检索，无须构建检索式。对于有两个或多个检索词的检索，通常用高级检索。将选好的检索词依次输入对应的检索项中，各检索项之间用 AND、OR、NOT 连接，表达逻辑关系。对于较复杂的检索，信息检索人员可通过构建检索表达式进行专业检索。检索式的构成包括检索词、检索字段和检索算符。

【真题】

1. 在百度中查找"信息检索"方面试题的 word 文档，可以这样构建检索式：（文献检索 or 信息检索 or 信息素养）and（试题 or 试卷）filetype：doc。

    A. 错误　　　　　　　　　　B. 正确

答案：B

2. 查找"中国和欧洲职业教育比较研究"相关文献，以下检索式正确的是（　　）。

    A. 中国 or 欧洲 and 职业教育 and 比较研究
    B. 中国 and 欧洲 and 中欧 and 职业教育 and 比较研究
    C. （中国 and 欧洲 or 中欧）or 职业教育 or 比较研究
    D. （（中国 and 欧洲）or 中欧）and 职业教育 and 比较研究

答案：D

（六）获取、评价和管理检索结果

检索是一个动态过程，在实施检索之后，要对检索结果进行评判，判断检索结果是否理想，如果检索结果不理想，需要对检索词、检索项或检索式进行调整和优化，直至获取较为理想的检索结果。

随着网络信息的爆发式增长，各种搜索引擎和数据库中，存储的信息量也越来越多。信息检索者在执行一项检索后，往往会得到大量检索结果。这些检索结果因数量巨大，导致检索者无法在短时间内对其进行全部阅读，所以往往需要对获得的检索结果进行组织管理，以便对信息进行更有效的利用。

在进行学术研究时，一些数据库提供文献管理工具，如中国知网的知网研学（原E-Study），可以高效管理各类文献资源，支持CAJ、KDH、NH、PDF、TEB等文件的本地阅读，阅读过程中支持记笔记、标注，word写作过程中支持通过插件一键引用参考文献及学习成果等功能。ENDNOTE、NOTEFIRST、MENDELEY、ZOTERO等也是常用的文献管理工具，有免费功能和付费功能可供选择。

目前，常见的数据库和一些官方网站都提供对检索结果的分析功能，可以从时间、主题、分类等方面进行统计排序等操作。检索人员要善于学会利用各检索工具自带的分析功能，以便更好地把握检索结果。除此之外，对于有些检索结果，检索者可能无法直接获取全文，可考虑通过更换检索工具、对检索结果进行二次检索（在一次检索结果基础上进行的检索）等方式进行灵活处理，间接获取。

【真题】

1. 以下哪些方式体现出对信息的组织和管理？（　　）

　　A. 发表论文前对论文进行查重

　　B. 将重要文件上传到网盘或保存到移动硬盘中

　　C. 使用文献管理软件管理下载的论文

　　D. 根据用途、文件类型和主题在电脑中建立多个文件夹

答案：BCD

2. 在万方数据知识服务平台以"区块链"进行关键词检索，检索结果的默认排列顺序是（　　）。

　　A. 发表时间　　B. 相关度　　C. 被引　　D. 下载

答案：B

课后习题

1. 中图分类号K、I、O、TP、Q分别指代的图书类别是什么？
2. 《大学图书馆学报》的ISSN号是什么？
3. 《人民日报》于2024年1月1日05版发表的文章共几篇？
4. 逻辑运算"与""或""非"，分别用什么字符表示？
5. 请列举3～5个一次文献。
6. 想要了解某个专业的最新研究成果，适合用哪种信息检索方法？
7. 请举例说明3～5个常用的信息检索工具。
8. 使用检索词的上位词进行检索，能够使检索结果扩大还是缩小？
9. 中国知网数据库的"导出与分析"功能，可以实现哪项目的分析？
10. 广义上的信息检索，包括哪两个过程？
11. 请列举出揭示文献外部特征和内部特征的检索语言。
12. 按检索对象的性质，信息检索可分为哪些类型？
13. 请列举导致查全率降低的因素。

课后习题参考答案

1. K历史、地理；I文学；O数理科学和化学；TP自动化技术计算技术；Q生物

科学。

2. ISSN 1002-1027。

3. 3 篇。

4. 逻辑与"*";逻辑或"+";逻辑非"－"。

5. 图书、论文、专利、标准、科技报告等。

6. 逆查法。

7. 如搜索引擎，百度、必应、搜狗等，主要搜集网络数据资源，资源量大、类型多、覆盖面广，专业性和准确性相对较弱，存在虚假信息资源；如数据库检索系统，中国知网、万方、维普等，属于学术类搜索引擎，收录资源专业性强、权威性高，涵盖所有专业类别。

8. 扩大。

9. "主题""学科""发表年度""作者""基金"等。

10. "存"和"取"两个过程。

11. 题名、作者、出版者等属于文献的外部特征；主题、关键词、类别等属于文献的内部特征。

12. 可分为文献检索、数据检索、事实检索、概念检索和多媒体检索等。

13. 资源库收录内容少、检索词属于下位词、限制条件太多、逻辑与或逻辑非关系使用太多、使用截词符等。

第三章　网络信息筛选与使用

学习目标：
1. 了解网络信息资源基础知识；常用网络资源的开放存取。
2. 掌握搜索引擎的检索工具和检索方法。
3. 具有筛选与使用网络信息资源的能力。
4. 能够提升利用网络信息资源解决问题的效率与质量。

导入情景：
小李同学是一名刚走进高职院校的大一新生，心怀憧憬但也有些许迷茫，自己所学专业的前景怎样？适合自己参与的高职类技能竞赛有哪些？自己感兴趣的网络学习资源哪里找？在校外无法使用校园资源的情况下，怎样获取免费文献资源？真假信息如何识别？带着以上问题，小李同学开始在浩如烟海的网络信息资源中找寻答案。那么能否通过信息素养教育的培养，帮助小李同学"又快""又准"地在大海中精准"捞针"呢？

请思考：
在职业教育情景任务下的网络信息"解题"模式是什么？

第一节　网络信息资源概论

一、网络信息资源的概念

狭义上的概念，网络信息资源是指以电子资源数据的形式，将文字、图像、声音、动画等多种形式的信息储存在光、磁等非印刷质的介质中，利用计算机通过网络进行发布、传递、储存的各类信息资源的总和。

广义上的概念是指网络信息活动中所有要素的总和，包括与网络相关的信息内容、信息网络、信息人才、信息系统、信息技术等资源。

二、网络信息资源的种类

网络信息资源来源广泛、内容包罗万象，因而网络信息资源按照不同的角度进行划分会有助于使用者借用检索工具对信息进行查找与使用。

（一）按照网络传输协议划分

1. www 网络资源。www（world wide web）信息资源也被称为 web 资源，是当前主流的互联网信息资源。它建立在超文本、超媒体技术的基础上，是将文字、图形、图像、声音等一体化，通过 HTTP 协议进行传输，用直观的用户界面展现和提供信息的一类资源形式。

2. FTP 信息资源。文件传输协议（File Transfer Protocol）主要利用网络在本地与远程计算机之间建立连接，从而实现两个主机之间在网络上复制文件。FTP 信息资源的类型非常广泛，目前以应用软件与多媒体信息资源为主。

3. Telnet 信息资源。Telnet（Teletype network）信息资源是指远程登录协议，表示远程登录协议和方式分为 Telnet 客户端和 Telnet 服务器程序。Telnet 可以让用户在本地 Telnet 客户端上远端登录到远程 Telnet 服务器上。

4. Gopher 信息资源。Gopher（The Internet Gopher Protocol）信息资源是指将 Internet 上的文件组织成某种索引，很方便地将用户从 Internet 的一处带到另一处。允许用户使用层叠结构的菜单与文件，以发现和检索信息，Gopher 客户程序和 Gopher 服务器相连接，并能使用菜单结构显示其他的菜单、文档或文件，并索引。同时，可通过 Telnet 远程访问其他应用程序。Gopher 协议使得 Internet 上的所有 Gopher 客户程序，能够与 Internet 上的所有已"注册"的 Gopher 服务器进行对话。

5. P2P 信息资源。P2P（Peer to peer）信息资源是指数据的传输不再通过服务器，而是网络用户之间直接传递数据。众多 Peer 之间形成一个 P2P 覆盖网络，从而使各种数据（如文本文件、视频文件等）可在普通主机之间共享。

6. E-mail 信息资源。E-mail（Electronic Mail）信息资源，即电子邮件，是网上用户利用计算机相互通信和联络的一种方式，是互联网应用最广的服务。凡是具有电子邮件地址的 Internet 用户，都可以利用 Internet 发送或接收邮件。这些信件可以是纯文本，也可以含有图片、声音、动画，或者是其他程序产生的文件。

（二）按照网络信息资源的组织形式划分

1. 文件。文件信息资源是以文件为单位进行资源共享和传输的一种信息组织形式。文件适合存储图形、图像、音频、视频等非结构化的信息，在 web 中，网页就属于超文本文件。

2. 超文本/超媒体。超文本/超媒体是将网络信息资源按照相互关系非线性存储在许多的节点上，节点间以链路相连，形成一个可任意连接、有层次、复杂的网状结构。超文本是收集、存储和浏览离散信息以及建立和表现信息之间关系。超媒体技术是一种典型的数据管理技术，它是由称之为结点（node）和表示结点之间联系的链（link）组成的有向图（网络），用户可以对其进行浏览、查询和修改等操作。

3. 数据库。数据库（Database）是按照数据结构来组织、存储和管理数据的仓库，利用数据库技术进行网络信息资源的组织，可以最大限度地提高信息的有序性、完整性、可理解性和安全性。

4. 网站。网站是由一个或者若干个从属网页构成，将相关的信息组合在一起的网络信息资源的重要组成部分。

（三）按照信息内容表现形式划分

1. 全文型信息。全文型信息是指在网络上发行的期刊、报纸的电子版、政府出版物、电子版教材、专利和标准全文等。

2. 事实型信息。事实型信息是指天气预报、节目预告、火车车次、飞机航班运行、城市或景点介绍、工程实况、IP 地址等。

3. 数值型信息。数值型信息是指各种统计数据。数据型信息资源是指能够提供各类数值信息，如科学数据、人口信息、管理数据、金融数据、财政数据、商业数据等。这是进行各种统计分析、定量研究、管理决策的重要资源。

4. 数据库型信息。数据库型信息是指传统数据库的网络化，如知网、万方等数据知识服务平台。

5. 微信息。微信息是指微博、邮件讨论组、网络新闻组等信息。

6. 其他类型的信息。其他类型的网络信息主要包括投资行情、图形图像、影视资源、广告资源等。

（四）按照网络信息发布的范围划分

1. 正式出版物信息。正式出版物信息是指正式的出版机构或出版商发行、受知识产权保护、信息质量有保证、多数需要购买可使用的信息资源，如电子图书、网络数据库、电子期刊等。《国家税务总局关于明确电子出版物属于软件征税范围的通知》（国税函〔2000〕168号）规定：电子出版物属于软件范畴。电子出版物是指把应用软件和以数字代码方式加工的图文声像等信息存储在磁、光、电存储介质上，通过计算机或者具有类似功能的设备读取使用的大众传播媒体。电子出版物的标识代码为ISBN，其媒体形态为软磁盘（FD）、只读光盘（CD-ROM）、交互式光盘（CD-I）、照片光盘（photo-CD）、高密度只读光盘（DVD-ROM）、集成电路卡（IC-card）。

2. 半正式出版物信息。半正式出版信息又称灰色信息，是指在互联网上存在的，非常规发行并且允许用户免费或在一定范围内收集、整理和利用的信息资源。其涵盖面非常广泛，包括网站的商业广告、会议文献、个人网页等。同传统意义上的灰色信息一样，互联网上的灰色信息也是国内外图书情报界公认的重要情报源。网络灰色信息是以网络为载体形式的灰色信息，如图书馆、教育机构等发布的在一定范围内不完全向所有用户开放的信息，包括教学课件、特色自建数据库等。

3. 非正式出版物信息。非正式出版物信息是指不受知识产权保护、质量和可靠性难以得到保证的信息，如BBS、网络论坛、电子邮件动态信息资源。

第二节　网络信息质量评价标准

在网络信息的产生、传播过程中，每个环节都会带来信息品质的改变，尤其是信息的生产者、传播者、接受者的主观因素对信息品质的影响。网络上海量的信息资源都具备松散、开放性等特点，使得网络信息资源不仅容易传播也容易被篡改。因此，要从无序、质量参差不齐的海量信息中迅速、高效地筛选有价值的信息，除了要使用好检索工具外，还要了解一些网络信息评价的知识，用来辨别网络信息的真伪。

一、网络信息资源评价方法

（一）定性评价方法

依据评价指标，基于主观层面来评估、优选网络信息资源，这个过程即为定性评价。在应用定性评价法进行网络信息资源评价的过程中，通常需要结合评价目标、服务对象需求和相关要求以及规定，对评价标准体系、指标体系进行构建，明确赋值标准，由使用者、评价人员完成评定任务,最后就能够得到网络资源评价结果。网络资源评价结果包括多种标示,如百分制、等级制等,能够对质量水平进行显示。例如,国内的第三方评价法、用户评价法、层测分析法、网络影响力分析法;国外的评价指标体系(10C)原则,包括内容、置信度、批判性思考、版权、引文、连贯性、审查制度、可连续性、可比性、范围。

(二)定量评价法

依据数量分析的方式,基于客观量化层面,评估、优选网络资源,这个过程即为定量评价。当下在对网络资源进行评价的过程中,有时会采用定量评价的方式,依托网络信息技术,能够有效地统计网站访问总量,掌握网站链接状况。同定性评价法相比,定量评价法存在一定的优势,不会出现主观性的问题,避免了价值偏向问题的出现,能够使数量分析的过程更具规范化、客观化以及系统化。定量评价法因为公正性较强,所以应用范围相对较广,显著的特点就是快速和方便,因此被广泛地推广应用到网络资源评价领域。例如,"网络影响因子"目前已经成为网络信息资源评价的一个重要标准;"网络计量学"将传统的情报计量方法链接分析法、概率统计法用于网络信息的研究。

(三)网络链接分析评价法

1990年提出的网络链接分析法,建立在网络信息计量学研究法的基础之上,自提出之后被人们广泛应用到不同领域。该方法通过分析站点被其他站点链接的情况来测定网络信息资源的重要性,可以帮助确定核心站点,为网络信息资源的评价提供依据。"网络影响因子"可以作为评估站点和域名的一种工具。例如,某一时刻链接到某一网站或域名的网页数为a,而这一网站或区域本身含有的网页数为b,那么其网络影响因子的数值得分为a/b。

(四)层次分析评价法

由Saaty所提出的层次分析法最显著的优势就是实现了定量分析、定性分析二者的有效整合,同时融合了人们的综合分析能力、判断能力,不仅可靠性良好,而且简便、高效,所以具有非常广泛的应用。层次分析法对人的综合判断及分析能力进行了运用,在对问题进行分析,明确问题内在联系的过程中,该评价法也支持运用合理逻辑法,包括直觉、洞察力及经验分析等,从而了解问题的本质,掌握问题所涉及的要点因素。对于非程序化决策问题,层次分析法尤为适用,能够使复杂结构的问题变得更加简单。

二、网络信息资源鉴别方法

信息的发布者往往都带有各自的发布目的,信息在传播的过程中,难免会附加传播者的情感、观念、价值等因素,因而信息的传播过程对信息内容会产生不可忽略的影响。因此,我们在接收信息的时候需要识别该信息是原始信息还是经过加工的信息,同时识别信息传播是否片面化、是否断章取义,甚至要识别信息生产者、加工者、传播者的意图,最终识别该信息是否为真实且有价值的信息。本章节将提供两种信息识别方法,以及对官方辟谣平台进行介绍,以便帮助读者识别信息。

(一)IFLA发布的八步识别虚假新闻信息图

IFLA(国际图书馆协会联合会)于2016年发布了八步识别虚假信息图,内容是华东师范大学郭劲赤基于Factcheck.org上的文章《如何辨别假新闻》而总结的。IFLA认为批判性思维是媒介素养和信息素养的关键技能,图书馆的使命包括教育和倡导批判性思维的重要性。通过对相关文献的调研,多位学者认为该方法比较有效、可操作性强。

1. 信源：检查新闻来源是否可信，是否来自可靠的权威媒体或官方渠道。
2. 标题：注意新闻标题是否夸张、误导或包含不必要的恐怖元素。
3. 作者：了解作者是否具有专业背景和信誉，是否提供了足够的联系方式以供验证。
4. 论据：检查新闻中使用的论据是否合理、有据，是否符合常识。
5. 日期：确认新闻的发布日期和时间是否真实，是否是最新的信息。
6. 语言：注意新闻的语言是否规范、流畅，是否使用了不当的措辞或有语法错误，甚至是个玩笑。
7. 偏见：注意新闻是否有明显的偏见或政治倾向，是否提供了多角度的观点。
8. 专家：如果有涉及专业领域的内容，检查是否引用了权威专家的观点或证明。

（二）信息雷达法识别信息

2013 年刊登于《信息科学》上的《雷达——一种帮助学生评估互联网资源的方法》一文中提出了信息雷达（RADAR）法，该方法对提升学生的信息素养能力有较大帮助。

1. Relevance（相关性）。当用户去寻找信息之前要明确自己的目的或者任务是什么，当用户在网络上找到一条信息时就要判断这条信息与自己的目的或者任务有怎样的关系，是否具有相关性。

2. Authority（权威性）。一篇文章或者是一条信息的发布者是谁，是机构还是个人？如果是机构发布，那它是不是一个声誉良好的可靠机构，如政府官方网站、知名学府等。如果是个人发布，那作者的身份与职业是什么，是否具备良好的资质与经验。以上问题可以帮助用户衡量信息的权威性与可靠性。

3. Date（日期）。文章出版或者是信息发布的日期与用户的目的有很重要的关联，如果用户需要获取的是最新动态资讯，那么日期的时效性就非常重要，特别是正在研究的内容需要了解某一课题的研究进展情况，那么信息的时效性就变得尤为重要。

4. Appearance（外貌，外观）。文献有不同的形式，不同形式的文献有不同的风格，使得文献呈现不同的外观。文献的专业性、严谨性、科学性等从文献的外观也可以看得出来，如格式是否规范、有没有引用参考文献、是不是学术性语言、是否由专业人士撰写等。

5. Reason for writing（写作的原因）。要清楚作者为什么要发布某些信息，用户在获取信息的时候不要被作者与自我情感操控，当读到或者是听到带着强烈感情色彩的文字或者声音信息时，要保持理性，认真分析情感背后的事实。

总结起来，对网络信息资源的辨别，用户首先要确认信息源是否存在，同时关注信息来源署名，不能只看信息的标题还要看全文内容，语言带有煽动性的信息或者是奇怪的网址就要格外防范，还要培养一定的批判性思维看待网络上的信息资源。

（三）官方事实查证平台

每天网络上都会发布海量事实消息，读者难以辨认真假，很多虚假信息就充斥其中，事实核查可以成为打击错误信息的一个非常有效的工具。以下两个平台为官方发布的事实查证平台，可供读者参考查阅。

1. 中国互联网联合辟谣平台，https://www.piyao.org.cn/。

中国互联网联合辟谣平台由中央网信办（国家网信办）违法和不良信息举报中心主办、新华网承办，于 2018 年 8 月 29 日上线运行。该平台依托于由 104 家单位组成的全国网络辟谣联动机制，实现谣言信息联动发现、联动查证和联动辟谣。中国互联网联合辟谣平台秉承"发布权威辟谣信息,提升网民媒介素养,营造清朗网络空间"的宗旨,辟谣范围涵盖时事热点、公共政策、社会民生、科学常识等领域,拥有网站、客户端、微信(公众号、视频号、小程序)、法人微博、强国号、新华号、快手号、支付宝小程序等 10 个终端,为广大群众识谣辨谣、举报谣言提供了权威平台。

2. 中国长安网,http://www.chinapeace.gov.cn/。

中国长安网是中共中央政法委员会主办的政务新闻网站。2016 年 9 月 19 日,新版中国长安网正式上线。中国长安网致力于"四个服务":为党和国家大局服务、为中央政法单位服务、为全国政法系统和干警服务、为广大网民服务。在这一宗旨下,中国长安网旨在打造"五个平台",即政法综治政务信息的发布平台、政法媒体新闻报道的集纳平台、政法系统新媒体作品的分享平台、政法干警网上文化生活的展示平台和政法系统联系群众的服务平台。

第三节 网络免费信息资源

信息素养教育的目标是培养终身学习能力。简而言之,就是用户可以通过信息素养能力获取所需要的信息,解决遇到的问题,同时还能将所获得的有效信息融入自身的知识结构,把获取信息的过程和经历内化成自身的学习能力。本章节之前介绍的多为一些商业学术资源,一般都需要由学校或者是机构购买使用权后才能访问资源。除此之外,还有很多免费的网络资源,打破了信息资源获取的地域等条件限制。

本书的主要服务目标是高职高专在校大学生,所以在选取免费网络资源时,主要是围绕如何能有针对性地高效率服务高职高专学生的技能竞赛、理论学习、学科资讯、继续教育及就业、生活娱乐、尽职查询等免费网络信息资源。在资源选取上都是一些具有权威性、代表性、影响力的网络免费资源建立的导航列表,以便于读者通过导航查询与使用。

一、高职高专学生网络科研学习资源

本小节整理高职高专院校精品课程网络教学资源、图书教材资源、期刊论文资源、学位论文资源、科技报告等特种文献资源,助力学生获取网络相关科研学习资源,为教师和学生寻找学习发展、沟通交流的平台,能够增强学生的职业技能,有效地实现资源共享。

(一)网络视频课程资源

随着网络技术的不断发展、普及,教育、人才需求的不断扩大,网络教育作为学习充电的方式应运而生,并在教育中占据越来越重要的地位,而且可以避免传统教学模式下时间和空间的限制,实现在家上名校,听名师讲课。本小节将要分享一些免费的视频课程资源。

1. 国家职业教育智慧教育平台(https://vocational.smartedu.cn/)是全国性、综合性高等教育教学资源服务平台。该平台由教育部主办,委托高等教育出版社有限公司建设和运行维护,由北京理工大学提供技术支持。

2. 中国大学 MOOC(https://www.icourse163.org/)是由网易与高等教育出版社携手推出的在线教育平台,承接教育部国家精品开放课程任务,向大众提供中国知名高校的 MOOC 课程。在这里,每一个有意愿提升自己的人都可以免费获得更优质的高等教育。

3. 学堂在线（https://www.xuetangx.com/）是教育部在线教育研究中心的研究交流和成果应用平台，有来自清华大学、北京大学、复旦大学、中国科技大学，以及麻省理工学院、斯坦福大学、加州大学伯克利分校等国内外高校的超过5000门优质课程，覆盖13大学科门类。

4. 爱课程（https://www.icourses.cn/）是教育部、财政部"十二五"期间启动实施的"高等学校本科教学质量与教学改革工程"，委托高等教育出版社建设的高等教育课程资源共享平台。该平台自2011年11月9日开通以来，受到学习者广泛好评，已成为国际领先、国内最具影响力的高等教育在线开放课程平台。

5. 网易公开课（https://open.163.com/）是网易正式推出的全球名校视频公开课项目，首批1200集课程上线，其中有200多集配有中文字幕。用户可以在线免费观看来自哈佛大学等世界级名校的公开课课程，内容涵盖人文、社会、艺术、科学、金融等领域。

6. 我要自学网（https://www.51zxw.net/）是一家专业从事软件视频教程开发的教育服务机构。该网站内的视频均采用职业培训授课资料，面向广大的电脑爱好者。

7. 学银在线（https://www.xueyinonline.com/）由超星集团全资子公司北京学银在线教育科技有限公司开发和运营，是超星集团与国家开放大学共同发起的基于学分银行理念的新一代开放学习平台，是面向高等教育、职业教育、终身教育的公共慕课平台，也是国家精品在线开放课程的评选和运营平台之一。

【例1：信息素养赛题解析真题】

单选题：中国大学MOOC是国内重要的慕课平台，其中有大量国内高校的在线开放课程。请在这个平台上找到北京大学唐大仕老师主讲的《JAVA程序设计》。请问这个课程第五讲第1.1节"变量及其传递"的视频时长，与下列哪个数字最接近？（　　）

　　A. 5分21秒　　　　B. 8分54秒　　　　C. 11分39秒　　　　D. 13分11秒

答案解析：（1）这是一个探索性题目，重点考查对MOOC的实质性使用，解题思路也很明确，就是进入这个系统，找到这门课程的具体章节（见图3-1），打开视频对照一下，确定答案。首先在搜索引擎中输入网址：https://www.icourse163.org/，点击进入后，在检索框中输入：JAVA程序设计。（2）可直接点击系统给出的联想提示北京大学（见图3-2）。（3）点击进入学习，找到第五讲第1.1节"变量及其传递"（见图3-3）。

找到视频时长，11分39秒，所以选择C。

图3-1　MOOC检索界面

图 3-2　MOOC 检索结果

图 3-3　查看检索结果

视频课程相关备赛技巧：以例 1 为例，信息素养大赛关于慕课的试题一般都是实操性题目。本章节介绍的都为免费开放的视频课程资源，但是使用的时候都需要注册信息登录后才能观看完整课程，备赛考生在备赛的时候可提前完成注册，节省考试答题时间。

（二）网络图书教材资源

教材是知识的载体，具有明显的学科知识特性。教材作为教学科研资料对教材建设、学科专业建设有重要的推动作用；图书资料是高校图书馆文献资源建设的重要组成部分。同时，教材与图书资源是学生获取知识很重要的一种文献资源来源。本小节分享一些免费的网络教材图书资源，包括电子版教材，在线数字化图书、期刊、报纸、古籍、史料等资源。

1. 中国国家图书馆（https://www.nlc.cn/）提供了大量的在线数字化图书、期刊、报纸、古籍、史料等资源，包括图书近万种、期刊几十万种，涵盖广泛的学科领域。用户可以在网上免费查看、检索和下载使用。

2. 全国报刊索引（https://www.cnbksy.com/）分为公众版和专业版，公众版为免费开放资源，专业版为付费资源。

3. 美国国会图书馆（https://www.loc.gov/）是世界上最大的图书馆。该网站上有很多免费的电子资源，其中就包括电子书资源。

4. Hathitrust 数字图书馆（https://www.hathitrust.org/）由美国多所高校和谷歌等机构联合开发，目前该馆已数字化文献达 1700 万余册，其中有两万余册中文图书可供免费浏览下载。高级检索功能可以选择语种。

【例 2：信息素养赛题解析】

多选题：关于知名电子书平台 Hathitrust，下列说法正确的有（　　　）。

A. 这是一个免费的电子书平台，可以找到外文电子书。

B. 在这个平台上找到的电子书，都可以获取全文。

C. 在这个平台的高级检索中，可以限制电子书语种。

D. 在这个平台上可以找到名为《Macroeconomics and agriculture：the case of soybeans》的电子书，这本书在这个平台上的总页数是 298 页。

答案解析：(1) 首先我们在搜索引擎中搜索 Hathitrust 数字图书馆，可查询出这是一个免费的电子书平台，所以选项 A 正确（见图 3-4）。(2) 在进入平台之后，点击任意资源，可发现受限制，只可查询选项，所以该网站上的资源并不是都可以下载全文，B 选项不正确（见图 3-5）。(3) 点击高级检索选项，其中可以选择语言，所以选项 C 正确（见图 3-6）。(4) 最后检索目标文献（见图 3-7）。

最终全文浏览，发现目标图书是 310 页，所以 D 选项不正确，最终答案为 AC 选项。

HathiTrust数字图书馆——免费电子书平台

2022年6月9日 HathiTrust数字图书馆由美国多所高校和谷歌等机构联合开发，于2008年开始建设的非营利性电子图书馆。目前该馆已数字化文献达1700万余册，其中有两万余册中文图书可供免费浏览下载。 网...

微信公众平台

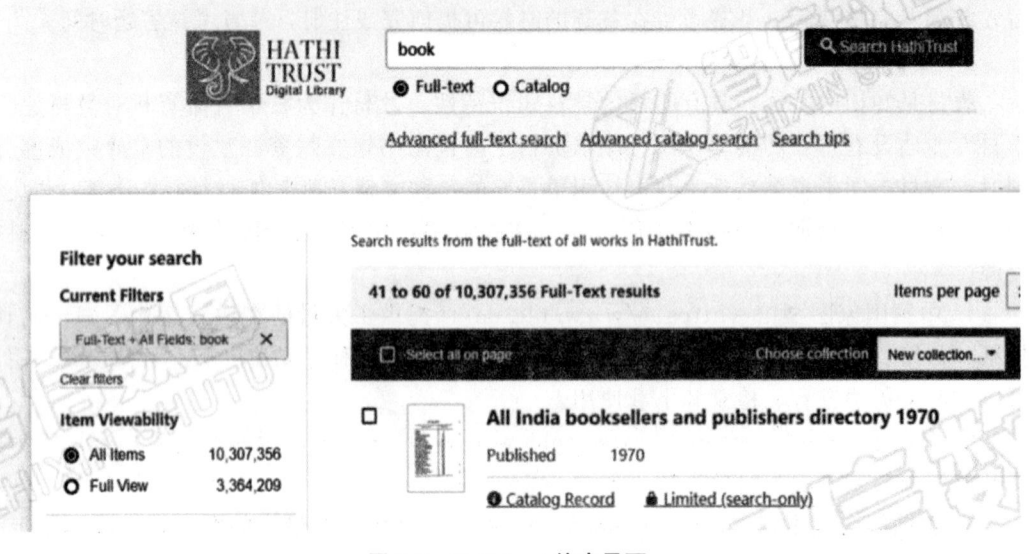

图 3-4 Hathitrust 检索界面

图 3-5 Hathitrust 检索界面

图 3-6　Hathitrust 检索界面

图 3-7　Hathitrust 检索界面

(三) 网络免费学术期刊资源

学术期刊是一种经过同行评审的期刊，发表在学术期刊上的文章通常涉及特定的学科。学术期刊展示了研究领域的成果，并起到了公示的作用，其内容主要以原创研究、综述文章、书评等形式的文章为主。在学习和科研过程中，常常要通过使用知网（CNKI）、万方、维普等平台下载大量的学术期刊，但是这些平台只能在校园内等特定场所使用，在其他场所使用全文下载则需要付费。通过本小节内容，可获取一些免费的学术期刊论文，满足日常学习和科研需求。

1. 国家科技文献中心（https://www.nstl.gov.cn/）面向国家科技创新发展的需求，全面收藏和开发理、工、农、医等四大领域的科技文献，已形成中外文学术期刊、会议录、学位论文、科技报告、图书、专利、标准和计量规程等于一体，印本和网络资源互补的保障格局，是资源丰富、品种齐全的国家级科技文献信息资源保障基地。

2. 百度学术（https://xueshu.baidu.com/）是一个提供海量中英文文献检索的学术资源搜索平台，涵盖了各类学术期刊、学位和会议论文，旨在为国内外学者提供最好的科研体验。

【例3：信息素养赛题解析】

单选题：请问发表在《图书情报工作》2016年第1期的论文《大数据环境下情报工程师的素质结构与培养模式》第3.2节的标题是下面的哪一个？（　　）

A. 大数据对情报工程师的影响　　　　B. 情报工程师的培养模式
C. 情报工程师的知识结构　　　　　　D. 情报工程师的素质结构

答案解析：（1）除在知网、维普、万方等学术期刊网站上进行检索，找这篇文章还有一种渠道，搜索期刊的官网：图书情报工作（见图3-8）（网址：https://www.lis.ac.cn/CN/home）。（2）有些期刊会把论文全文PDF文件放到官网上，比如题目中提到的这个期刊图书，点击"PDF全文"就能下载（见图3-9）。

图3-8　图书情报工作官网检索界面

图3-9　图书情报工作官网下载界面

备赛技巧：中文期刊论文可多渠道找全文，可以用CNKI、万方、维普等学术数据库。用个人网络浏览CNKI、万方、维普等学术数据库检索是免费的，获取全文需要购买。备赛考生在备赛的时候可链接学校网络IP（若学校已购买相关数据库资源），方便使用数据库资源。

二、高职高专学科资讯网络资源

（一）工学网络资源

工科专业是一门应用科学类的专业学科，主要以应用技术为主，主要研究解决实际问题的工程方面的学科。它包括：机械类、电气信息类、仪器仪表类、矿产石油类、能源动力类、材料类、航空航天类、交通运输类、水利水电类、土建类、轻工纺织类、生物类、农林类以及武器类等（见表3-1）。

表3-1　　　　　　　　　　　工学网络资源导航

网站学科分类	网站名称	网址
机械类	中国机械工程学会	https://www.cmes.org/cmes
	中国机械网	http://www.jx.cn/
	众化	http://www.chemm.cn/
	美国机械工程师学会	https://www.asme.org/
测绘工程类	中测网	https://www.cehui8.com/
	测绘网址大全	http://123.cehui8.com/
电器类	中国电器工业协会	https://www.ceeiagjb.com/
	中国自动化网	http://www.coaoo.com/
能源动力类	中国新能源网	http://www.newenergy.org.cn/
	国际能源网	https://www.in-en.com/
仪器仪表类	中国仪器仪表网	http://www.yqyq.cn/
	中国仪器仪表学会	http://www.cis.org.cn/
生物工程类	美国国家生物技术信息中心	https://www.ncbi.nlm.nih.gov/
	生物通	https://www.ebiotrade.com/
化学工程类	化工网	https://china.chemnet.com/
	中国聚合物网	http://polymer.cn/
材料与工程类	中国材料研究学会	http://www.c-mrs.org.cn/c97
	功能材料	http://www.nnnccc.com/
食品工程类	中国食品科技网	https://top.chinaz.com/
	中国食品科学技术学会	http://www.cifst.org.cn/
	中国食品添加剂和配料协会	https://cfaa.cn/
环境工程类	联合国环境规划署	https://www.unep.org/
	中华人民共和国生态环境部	https://www.mee.gov.cn/
	环境生态网	https://www.eedu.org.cn/

（二）理学网络资源

理学包括数学、物理学、化学、生物科学、天文学、地质学、地理科学、地球物理学、大气科学、海洋科学、力学、电子信息科学、材料科学、环境科学、心理学、统计学等（见表3-2）。

表3-2　　　　　　　　　　　　　理学网络资源导航

网站学科分类	网站名称	网址
材料物理类资源	中国科学院物理研究所	https://www.iop.cas.cn/
	国际物理学会（The Institute of Physics）网站	https://www.iop.org/
	物理世界	https://physicsworld.com/
	美国物理协会网站	https://www.aps.org/
	美国能源部开放档案	https://www.eia.gov/opendata/
	欧洲物理协会网站	https://www.eps.org/default.aspx
数学类资源	中国科学院数学与系统科学研究院	https://chinamath.cjoe.ac.cn/sy/index.html
	中国数学会	https://www.cms.org.cn/
	arXiv	https://arxiv.org/
	数学世界（"网络数学百科全书"）	https://mathworld.wolfram.com/

（三）社会学网络资源

社会科学是用科学的方法研究人类社会的种种现象。例如，社会学研究人类社会（主要是当代），政治学研究政治、政策和有关的活动，经济学研究资源分配。广义的"社会科学"是人文学科和社会科学的统称，涵盖的学科有经济学、政治学、法学、伦理学、历史学、社会学、心理学、教育学、管理学、人类学、民俗学、新闻学、传播学等（见表3-3）。

表3-3　　　　　　　　　　　　　社会学网络资源导航

网站学科分类	网站名称	网址
经济学类资源	中国经济信息网	https://www.cei.cn/
	宏观经济信息网	http://www.macrochina.com.cn/info.shtml
	中国经济网	http://www.ce.cn/
	国务院发展研究中心信息网	https://www.drc.gov.cn/old/xscg/20191111/182-473-2899717.htm
	世界银行公开数据	https://data.worldbank.org.cn/
	经济和自由文库	http://www.econlib.org/
	美国经济学会网	https://www.aeaweb.org/

续表

网站学科分类	网站名称	网址
法学类资源	法律之星	https://www.law-star.com/
	中国法学网	http://iolaw.cssn.cn/
	中国保护知识产权网	http://ipr.mofcom.gov.cn/
	北大法律信息网	https://www.chinalawinfo.com/
	中国法院网	https://www.chinacourt.org/index.shtml
	中国政府法制信息网	https://www.moj.gov.cn/
	英国法律在线	https://www.bailii.org/
社会学类资源	社会学视野网	http://sociologyol.ruc.edu.cn/
	中国社会科学院社会学研究所	http://sociology.cssn.cn/shxsw/
	社会学人类学中国网	https://www.sachina.edu.cn/
	英国社会学在线	https://www.lse.ac.uk/

（四）管理学网络资源

管理学是学科大类，具体包含管理科学与工程类、工商管理类、农业经济管理类、公共管理类、图书情报与档案管理类、工业工程类、电子商务类、旅游管理类8个方向。各专业类下又设有不同的专业，如工商管理类包括工商管理、市场营销、会计学、财务管理、国际商务、人力资源管理、审计学、资产评估等专业（见表3-4）。

表3-4　　　　　　　　　　管理学网络资源导航

网站学科分类	网站名称	网址
管理科学与工程类资源	中国管理研究国际学会	https://iacmr.org/
	中国管理科学学会	https://www.mss.org.cn/
工商管理类资源	营销传播网	http://www.emkt.com.cn/
	中华企管培训网	https://www.qgpx.com/
	世界经理人	https://www.ceconline.com/
	HR管理世界网站	https://www.hroot.com/
	中科院马克思主义研究网	http://marxism.cass.cn/
	哈佛大学肯尼迪政府学院	https://www.hks.harvard.edu/

（五）人文科学网络资源

人文社会科学包括哲学、文艺学、伦理学、语言学等（见表3-5）。

表 3-5　　　　　　　　　　人文科学网络资源导航

网站学科分类	网站名称	网址
中国语言学类资源	中国语言文字网	http://www.china-language.edu.cn/#/index
	国家语言文字工作委员会	http://www.moe.gov.cn/jyb_sy/China_Language/
	汉语考试服务网	https://old.chinesetest.cn/index.do
	国学网	http://www.guoxue.com/
	汉典	https://www.zdic.net/
	孔子学院总部/国家汉办	http://www.moe.gov.cn/jyb_xxgk/xxgk_jyta/jyta_gjhb/
外国语言学类资源	Dictionary 词典数据库	https://zh.thefreedictionary.com/
	Allwords 在线词典	https://www.allwords.com/
	牛津英语大辞典网络版	https://www.oed.com/
	多国语言学习网	https://www.lingohut.com/zh
艺术类资源	中国美术家网	http://www.meishujia.cn/
	中国设计联盟网	https://www.zgsjlm.cn/
	华夏艺术网	https://www.artsweb.cn/
	中国文艺网	https://www.cflac.org.cn/

三、继续教育及就业信息网络资源

教育部对外发布的《关于深化职业教育教学改革全面提高人才培养质量的若干意见》（以下简称《意见》）指出，要拓宽技术技能人才终身学习通道。建立学分积累与转换制度，推进学习成果互认，促进工作实践、在职培训和学历教育互通互转。《意见》要求，支持职业院校毕业生在职接受继续教育，根据职业发展需要，自主选择课程，自主安排学习进度。职业院校要根据学生以往学习情况、职业资格等级以及工作经历和业绩，完善人才培养方案，实施"学分制、菜单式、模块化、开放型"教学。

《意见》强调，要统筹安排开展中高职衔接专业的公共基础课、专业课和顶岗实习，研究制订中高职衔接专业教学标准。注重中高职在培养规格、课程设置、工学比例、教学内容、教学方式方法、教学资源配置上的衔接。合理确定各阶段课程内容的难度、深度、广度和能力要求，推进课程的综合化、模块化和项目化。本小节整理的资源为高职高专毕业生继续教育及就业网络信息资源（见表 3-6）。

表 3-6　　　　　　　　　免费的继续教育及就业信息网络资源导航

网站类型	网站名称	网址
继续教育	中国教育在线	https://www.eol.cn/
	河南省教育考试院	http://www.haeea.cn/
	河南省招生考试信息网	http://www.heao.com.cn/path/index
	河南省阳光高考信息平台	https://gaokao.haedu.cn/
	中国研究生招生信息网	https://yz.chsi.com.cn/
	国家统计局	https://www.stats.gov.cn/
公务员考试	国家公务员局	http://www.scs.gov.cn/
	中华人民共和国人力资源和社会保障部	https://www.mohrss.gov.cn/
军队文职考试	军队人才网	http://81rc.81.cn/
	中国军网	http://www.81.cn/
事业单位考试	中国人事考试网	http://www.cpta.com.cn/
	中国政府网	https://www.gov.cn/
	中国人事考试图书网	https://rsks.class.com.cn/index
就业网站	国家大学生就业服务平台	https://www.ncss.cn/
	中华人民共和国人力资源和社会保障部	https://www.mohrss.gov.cn/
	学职平台	https://xz.chsi.com.cn/home.action
	中国就业	http://chinajob.mohrss.gov.cn/
	应届生求职网	https://www.yingjiesheng.com/
	智联招聘	https://landing.zhaopin.com/

【例 4：信息素养赛题解析】

判断题：我国博士招生数和硕士招生数，在 2012—2021 年间都是持续上升的。（　　）

答案解析：这是一个探索性题目，做这个题目需要查找这两个指标在 2012—2021 年间的数据。用百度查找，效率可能不太高，而且数据的准确性有时候也难以判断。用 CNKI 年鉴数据库查，不一定有权限。其实这个题目考查的知识点是继续教育数据查询可以使用国家统计局的数据。

先找到这个数据查询平台，百度一下进入"国家统计局"官网首页，然后根据题目要求进入数据查询页面并输入"博士招生数"进行查询，在相关报表内点击查看"最近十年"的数据，根据需要选择博士招生数、硕士招生数这两个指标，时间勾选 2012 年到 2021 年，就能找到题目所需内容（见图 3-10）。

图 3-10　国家统计局继续教育数据查询

四、事实及数据型网络信息资源

事实型信息资源是指广泛地汇集某一领域的文献信息，如名词术语、事件、人物信息、地点信息、机构信息、产品信息等按照一定的方法整理专供检索的工具，如天气预报、节目预告、火车车次、飞机航班、地图、工程实况、IP 地址等。

数据型信息资源是指能够提供各类数值信息，如科学数据、人口信息、管理数据、金融数据、财政数据、商业数据等。这是进行各种统计分析、定量研究、管理决策的重要资源（见表 3-7）。

表 3-7　事实及数据型网络资源导航

网站学科分类	网站名称	网址
学术百科	百度百科	https://baike.baidu.com/
	360 百科	https://baike.so.com/
	MBA 智库百科	https://wiki.mbalib.com/wiki/首页
车次航班	中国铁路 12306	https://www.12306.cn/index/
	携程旅行	https://www.ctrip.com/
	去哪儿旅行	https://flight.qunar.com/
预报类信息	中国气象局	http://www.cma.gov.cn/
	央视网	https://tv.CCTV.com/

续表

网站学科分类	网站名称	网址
地图信息	高德地图	https://www.amap.com/
	百度地图	https://map.baidu.com/@12630236,4156,722,13z
	地图书	https://www.ditushu.com/
统计数据	国家统计局	https://www.stats.gov.cn/
	UNdata 联合国数据库	http://data.un.org/
	国研网	https://www.drcnet.com.cn/
	MBS 联合国在线统计报告	https://unstats.un.org
科研数据	中国科技资源共享网	https://escience.org.cn/
	NSTL 国家科技图书文献中心	https://www.nstl.gov.cn/
金融数据	公开数据	https://data.worldbank.org.cn/
	世界发展指标 WDI	https://datatopics.worldbank.org/
行业数据	国家冰川冻土沙漠科学数据中心	https://www.ncdc.ac.cn/portal
	国家农业科学数据中心	http://www.agridata.cn/#/home

五、生活娱乐类网络资源

生活娱乐类网络资源主要包括新闻资讯、购物、旅游出行、影视资源等涉及生活娱乐的信息资源，是与生活最息息相关的资源分类（见表3-8）。

表3-8　　　　　　　　　　生活娱乐类网络资源导航

网站学科分类	网站名称	网址
新闻资讯类	中国人民大学书报资料中心	http://zlzx.ruc.edu.cn/
	人民网	http://www.people.com.cn/
	三联生活周刊	https://www.lifeweek.com.cn/
	央视网	https://tv.cctv.com/
购物	京东商城	https://www.jd.com/
	淘宝商城	https://www.taobao.com/
旅游出行	中华人民共和国文化和旅游部	https://www.mct.gov.cn/
	中红网	http://www.crt.com.cn/
	携程旅行	https://www.ctrip.com/
	途牛	https://www.tuniu.com/
	去哪儿旅行	https://flight.qunar.com/

续表

网站学科分类	网站名称	网址
影视资源	猫眼电影	https://www.maoyan.com/
	中国电影网	https://www.chinafilm.com/
	优酷	https://www.youku.com/
	腾讯视频	https://v.qq.com/
	爱奇艺	https://www.iqiyi.com/

第四节 网络信息搜索引擎

一、搜索引擎的概念

搜索引擎指自动从网络搜集信息，经过一定整理以后，提供给用户进行查询的系统。因特网上的信息浩瀚万千，而且毫无秩序，所有的信息像汪洋上的一个个小岛，网页链接是这些小岛之间纵横交错的桥梁，而搜索引擎则为用户绘制一幅一目了然的信息地图，供用户随时查阅。它们从互联网提取各个网站的信息（以网页文字为主），建立起数据库，并能检索与用户查询条件相匹配的记录，按一定的排列顺序显示结果。

二、搜索引擎的种类

随着网络技术的发展，根据不同的检索技术，出现了各种类型、不同用途的搜索引擎。按照不同标准，搜索引擎的种类如下所示。

（一）按照信息搜集方法与服务提供的方式不同划分

可划分为目录型搜索引擎、关键词搜索引擎、混合型搜索引擎。目录型搜索引擎以人工方式或半自动方式搜集信息，编辑员查看信息之后缩写信息摘要，并将信息置于事先确定的分类框架中。关键词搜索引擎通过用户录入关键词来查询相关信息。混合型搜索引擎兼有关键词和目录型两种查询方式。

（二）按照搜索内容不同划分

可划分为关联型搜索引擎、专业搜索引擎和特殊型搜索引擎。关联型搜索引擎对搜索的信息资源限制主题范围和数据类型。专业搜索引擎查询某一专业或行业范围内的信息资源。特殊型搜索引擎专门搜索某一特定主题的信息。

（三）按照搜索工具的数量不同划分

可划分为单一型搜索引擎和集成型搜索引擎。单一型搜索引擎自身有一套完整的搜索、整理、查询机制。集成型搜索引擎自身没有独立的数据库，仅提供一个统一界面把多个具有独立功能的引擎组合起来。

（四）按照搜索方式不同划分

可划分为全文搜索引擎、元搜索引擎、垂直搜索引擎和智能搜索引擎。全文搜索引擎是基于利用网络爬虫技术抓取互联网上所有相关文章予以索引的搜索方式。元搜索引擎是基于多个搜索引擎结果并对之整合处理的二次搜索方式。垂直搜索引擎是对某一特定行业数据进行快速检索的一种专业搜索方式。智能搜索引擎是结合了人工智能技术的新一代搜索引擎。

三、国内常用的搜索引擎

（一）百度搜索引擎

1. 百度搜索引擎简介。

百度搜索引擎是全球最大的中文搜索引擎，2000年1月由李彦宏、徐勇两人创立于北京中关村，致力于向人们提供"简单，可依赖"的信息获取方式。

2. 高效使用百度搜索引擎的技巧。

（1）搜索范围限定在网页标题中。

检索格式："关键词（空格）"+"intitle：+限定关键词"

示例：搜索结果是标题中含限定关键词"提升"，内容或标题中含有"信息素养水平"的网页。在检索框中输入："提升 intitle：+信息素养水平"（见图3-11）。

图3-11 百度检索界面

（2）搜索范围限定在某个网站站点中。

检索格式："关键词（空格）"+"site：+站点域名"

示例：在"知乎"网站内搜索关键词为"信息素养"的相关内容。在检索框中输入"信息素养 site：＋www.zhihu.com"，这样检索结果就全部限定在了知乎站点上的信息素养相关内容（见图 3-12）。

图 3-12　百度检索界面

（3）搜索范围限定在 URL 连接中。

检索格式："关键词（空格）"＋"inrul：定位符"

示例：信息检索技巧有哪些，关键词是"信息检索"，定位符是 jiqiao，在检索框中输入"信息检索 inrul：jiqiao"（见图 3-13）。

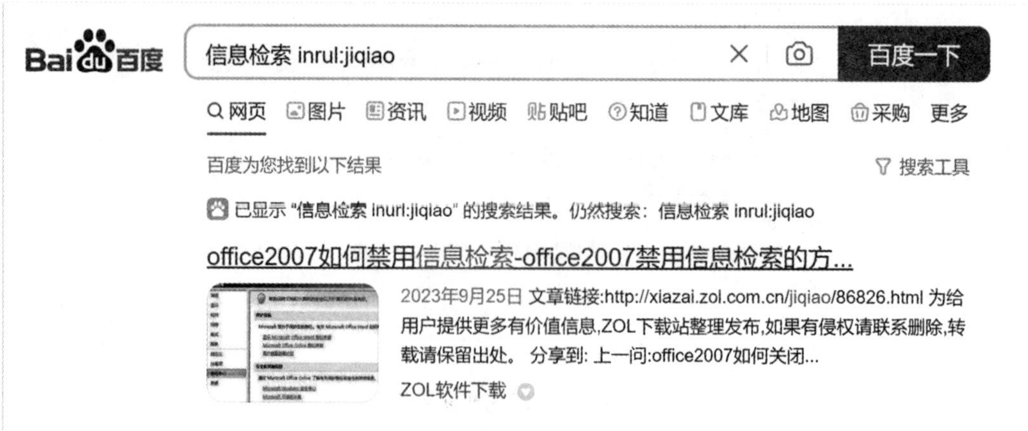

图 3-13　百度检索界面

（4）利用双引号精准检索。

检索格式："关键词"

示例：搜索结果中含"信息素养"这个整体关键词的网页，在检索框中输入"信息素养"（见图3-14）。

图 3-14　百度检索界面

（5）利用书名号精准检索。

检索格式：《关键词》

示例：查询名字。比较常用于搜索电影或者是书刊，如查电影《手机》，如果不加书名号，很多情况下检索出来的结果都是通信工具，为了精准检索到与电影《手机》相关的结果，我们在检索框中输入"《手机》"（见图3-15）。

图 3-15　百度检索界面

（6）限定文件格式检索。

检索格式："关键词（空格）"＋"filetype：文件类型"

示例：搜索固定格式的文件，如 pdf、word、epub、PPT、MP4 等，通过对文件后缀进行限制，可以快速精准定位目标文件。我们以搜索信息素养相关 PPT 为例，在检索

框中输入"信息素养 filetype：PPT"（见图 3-16）。

图 3-16 百度检索界面

（7）检索结果的"非""与""或"逻辑处理。

检索格式："关键词＋""关键词－""关键词 1｜关键词 2"

示例：在搜索关键词"信息素养"后面加上"－广告－推广"，这样就可以实现检索结果过滤掉广告推广。

注意：前一个关键词和加减号之间必须有空格，否则减号会被当成连字符处理。加减号和后一个关键词之间，有无空格均可。

（8）搜索特定时间范围内的信息。

检索格式："关键词（空格）"＋"起始时间…结束时间"

示例：查询 2021—2024 年信息素养相关情况，在检索框中输入"信息素养 2021…2024"，点击搜索，就可以查到 2021—2024 年相关数据。

（二）360 搜索引擎

360 搜索属于全文搜索引擎，是目前广泛应用的主流搜索引擎。360 搜索包括 360 资讯、360 百科、360 影视、360 图片、360 地图、360 翻译、360 软件、360 问答、360 文库、360 新知、360 智选、精选摘要、可信百科、企业官网、城市名片、在线问诊、慧优采、好搜客、360 良医、360 行家等。

360 搜索是具有自主知识产权的搜索引擎，包含网页、新闻、影视等搜索产品，为用户带来更安全、更真实的搜索服务体验。目前已建立由来自新加坡国立大学、清华大学、中科院等的工程师组成的核心搜索技术团队，拥有上万台服务器，庞大的蜘蛛爬虫系统每日抓取网页数量高达十亿，引擎索引的优质网页数量超过数百亿，网页搜索速度和质量都已领先业界。

（三）国外常用的搜索引擎——Bing（必应）

必应（Bing）是微软公司于 2009 年 5 月 28 日推出，用以取代 Live search 的搜索引擎服务。为符合中国用户使用习惯，Bing 中文品牌名为"必应"。作为全球搜索引擎之一，截至 2013 年 5 月，必应已成为北美地区第二大搜索引擎，如加上为雅虎提供的搜索技术支持，必应已占据较大的市场份额。2013 年 10 月，微软在中国启用明黄色必应搜索标志并去除 Beta 标识。这使必应成为继 Windows、Office 和 Xbox 后的微软品牌第四个重要产品线，同时标志着必应已不仅仅是一个搜索引擎，更将深度融入微软几乎所有的服务与产品中。相比其他搜索引擎，其界面更加美观，整合信息也更加全面。

（四）特殊搜索引擎

1. 图像搜索引擎。

必应与谷歌都提供图片检索功能，必应具有上传图片进行检索的功能，可以查询与上传图片匹配的图片及包含该图片的网站。谷歌可以在检索框中输入描述图片的关键词、图片链接，还可以拍照或者是直接拖动图片到搜索框进行搜索。

2. 识字体搜索引擎。

当设计一些海报图片时，设计者经常会使用到一些不常见的特殊字体，对于网页上的文字，还能用审查元素大法，但海报图片就明显超纲了。这时可以使用识字体搜索引擎 https://www.likefont.com/，只需上传含有文字的图片，它就能够智能提取元素，并匹配最相似的字体，还支持一键下载使用。

3. 船视宝搜索引擎。

船视宝（https://www.myvessel.cn/auth/login）。茫茫大海，如何慧眼识途，看清航线情况？船视宝深度挖掘全球船舶 AIS、气象、港口等数据，搭建航运数字化转型新基建，精准跟踪、回放船舶航行轨迹，可以根据气象数据、港口情况等预测船舶未来轨迹、事件和港口拥堵情况，以及进行船舶碳足迹追踪，助力"双碳"目标实现。

课后习题

1. 多选题：万方数据库支持专利检索，关于万方数据库的专利检索，下列说法正确的有（　　）。

    A. 万方数据库提供多个专利检索入口

    B. 在万方数据库中，既可以检索中国专利，也可以检索海外专利

    C. 在万方数据库中检索专利，可以选择"专利－公开日"这个检索字段

    D. 通过检索万方数据库可以发现，支付宝（杭州）信息技术有限公司 2020 年申请的实用新型专利数量超过了 200 件

2. 单选题：根据国家统计局发布的 70 个大中城市商品住宅销售价格变动情况，以下关于 2023 年 7 月四个一线城市价格变动的描述中正确的是（　　）。

    A. 北京同比上涨，上海广州深圳同比下降

    B. 北京上海同比上涨，广州深圳同比下降

    C. 上海广州同比上涨，北京深圳同比下降

    D. 深圳同比上涨，北京上海广州同比下降

3. 单选题："北京东方易美装饰有限公司"在 2018 年曾被认定为失信被执行人，关于该案件的相关信息中错误的是（　　）。

    A. 该公司的法定代表人或者负责人姓名为陈象强

    B. 失信被执行人行为具体情形为有履行能力而拒不履行生效法律文书确定义务

C. 执行法院为北京市海淀区人民法院

D. 被执行人的履行情况为不完全履行

课后习题参考答案

1. AB 2. B 3. D

第四章　专项信息检索与利用

学习目标：
1. 了解不同行业信息的发展概况和检索意义。
2. 掌握专项信息的主要类型。
3. 熟悉专利、标准、学术论文等重要专项文献的基本检索方法。
4. 能够应用特种文献的基本知识和检索方法，较好地解决学习、工作及生活中遇到的问题。

导入情景：

小李同学在学完信息检索的基础知识之后，对如何将这些知识有效地利用起来去解决生活、学习甚至以后工作中面临的问题比较困惑，为了更好地将理论知识和实践应用结合起来，本章节我们一起思考以下问题。

1. 什么是论文，它有哪些类别，该如何查找并利用呢？
2. 特种文献有哪些？具体的检索工具你会使用吗？
3. 设想一下你未来的职业以及可能遇到的信息问题，你该如何解决？

第一节　学术论文信息检索

一、学术论文概述

学术论文是对某个科学领域内某些现象或学术问题进行有针对性的探讨和研究，并通过论述性文字和相关图表来表述其研究成果的理论文章，具有学术性、科学性、创造性、学理性。学术论文按写作目的，可分为交流性论文和考核性论文。交流性论文就是狭义上讲的发表在学术期刊上的学术论文和会议论文，而学位论文则是考核型论文的一种常见类型。

（一）学术论文的内容结构

题录、正文、参考文献是学术论文的三大基本组成部分。题录一般包括标题、作者、作者单位、摘要、关键词等内容。正文是学术论文的主体，正文的写法因论文的文献类型和学科的差异而有所不同。

一般情况下，学术论文必须要著录参考文献，且参考文献著录有严格的格式规范。因此，本节就参考文献的知识点进行详细讲解，题录和正文部分就不在此赘述。

参考文献是对一个信息资源或其中一部分进行准确和详细著录的数据，是位于文末或文中的信息源。目前，国内大部分学术论文的参考文献格式采用国家标准《信息与文

献 参考文献著录规则》（GB/T 7714—2015），国外比较常见的参考文献格式有 APA、MLA、Harvard。

1. 参考文献类型及文献载体标识代码。

（1）文献类型和标识代码，见表 4-1。

表 4-1　　　　　　　　　　　文献类型和标识代码

参考文献类型	文献类型标识代码
普通图书	M
会议录	C
汇编	G
报纸	N
期刊	J
学位论文	D
报告	R
标准	S
专利	P
数据库	DB
计算机程序	CP
电子公告	EB
档案	A
舆图	CM
数据集	DS
其他	Z

（2）电子资源载体和标识代码，见表 4-2。

表 4-2　　　　　　　　　　　电子资源载体和标识代码

电子资源的载体类型	载体类型标识代码
磁带	MT
磁盘	DK
光盘	CD

2. 参考文献国家标准。

按照 GB/T 7714—2015 格式规范要求，不同的文献类型对应的文献类型标识代码不同，其著录格式也是不同的，参考文献设必备项目和选择项目，标准中对专著、专著中的析出文献、连续出版物、连续出版物中的析出文献、专利文献以及电子资源的著录项目和著录格式都有分别规定。

（1）专著著录格式：主要责任者. 题名：其他题名信息［文献类型标识/文献载体标识］. 其他责任者. 版本项. 出版地：出版者，出版年：引文页码［引用日期］. 获取和访问路径. 数字对象唯一标识符.

示例：罗国杰. 中国传统道德：规范卷［M］. 北京：中国人民大学出版社，1995.

（2）专著中的析出文献著录格式：析出文献主要责任者. 析出文献题名［文献类型标识/文献载体标识］. 析出文献其他责任者//专著主要责任者. 专著题名：其他题名信息. 版本项. 出版地：出版者，出版年：析出文献的页码［引用日期］. 获取和访问路径. 数字对象唯一标识符.

示例：周易外传：卷 5［M］//王夫之. 船山全书：第 6 册. 长沙：岳麓书社，2011：1109.

（3）连续出版物著录格式：主要责任者. 题名：其他题名信息［文献类型标识/文献载体标识］. 年，卷（期）-年，卷（期）. 出版地：出版者，出版年［引用日期］. 获取和访问路径. 数字对象唯一标识符.

示例：张立文. 中华伦理范畴与中华伦理精神的价值合理性［J］. 曲阜：齐鲁学刊，2008（2）.

（4）连续出版物中的析出文献著录格式：析出文献主要责任者. 析出文献题名［文献类型标识/文献载体标识］. 连续出版物题名：其他题名信息，年，卷（期）：页码［引用日期］. 获取和访问路径. 数字对象唯一标识符.

示例：李炳穆. 韩国图书馆法［J/OL］. 图书情报工作，2008，52（6）：6-12［2013-10-25］. http://www.docin.com/p-400265742.html.

（5）专利文献著录格式：专利申请者或所有者. 专利题名：专利号［文献类型标识/文献载体标识］. 公告日期或公开日期［引用日期］. 获取和访问路径. 数字对象唯一标识符.

示例：邓一刚. 全智能节电器：200610171314.3［P］. 2006-12-13.

（6）电子文献著录格式：依据 GB/T 7714—2015 规定，凡属电子专著、电子专著中的析出文献、电子连续出版物、电子连续出版物中的析出文献以及电子专利的著录项目与著录格式分别按专著、专著中的析出文献、连续出版物、连续出版物中析出文献的著录规则进行处理。除此以外的电子资源则根据电子文献著录格式进行著录。

主要责任者. 题名：其他题名信息［文献类型标识/文献载体标识］. 出版地：出版者，出版年：引文页码（更新或修改日期）［引用日期］. 获取和访问路径. 数字对象唯一标识符.

示例：北京市人民政府办公厅. 关于转发北京市企业投资项目核准暂行实施办法的通知：京政办发［2005］37 号［A/OL］.（2005-07-12）［2011-07-12］. http://china.findlaw.cn/fagui/p-1/39934.html.

（二）学术论文的分类

学术论文依照写作的目的和功能价值不同，主要分为会议论文、学位论文和期刊论文三大类型。

1. 会议论文。会议论文通常是指在各类学术会议上提交、宣读、交流和评议的论文。会议论文是会议文献的主要内容，狭义的会议文献指的就是会议论文。广义的会议文献除了会议论文，还包括与会议有关的通知、报告、纪要等各种文献。部分学术会议结束后会将会议论文结集出版，这些论文集是我们获取会议论文的重要途径。此外，我们也可通过会议官方网站或会议论文数据库获取相关会议论文。

2. 学位论文。学位论文是指高等院校或科研机构的毕业生为获取学位资格而撰写提交，且需要通过审查和答辩认可的学术研究论文。一般而言，学位论文不会公开出版，但作者就读的院系或学校的图书馆会集中收藏，同时博士论文还须呈交国家图书馆保存。硕士论文和博士论文相对学士论文具有较高的学术价值和使用价值，硕士和博士论文的部分或主要研究成果可能以学术论文的形式发表在相应学术期刊上，也是科研工作者掌握科技信息、研究学科前沿课题的有效途径之一。

通常获取学位论文的主要途径是通过图书馆查找或者查阅中国知网《中国博士学位论文全文数据库》《中国优秀硕士学位论文全文数据库》和万方《中国学位论文全文数据库》等学位论文数据库。

【真题链接】

中华优秀传统文化是中华民族的精神命脉。习近平曾引用历史上一篇奏疏中的语句"求木之长者，必固其根本；欲流之远者，必浚其泉源"，强调传承好优秀传统文化的重大意义。请问在万方学位论文数据库中，以该奏疏标题中提到的人物为研究主题，指导老师为山东大学庞朴的博士论文是（　　）。

A. 《唐代奏议文研究》

B. 《内圣外王：儒家思想的实践效用——以贞观之治为范例的探讨》

C. 《中国古代儒家"友"观念研究》

D. 《唐代官员休假制度与诗歌考论》

正确答案：B　　　　　　　　　　　　　　　　　　　　　（2022年客观题—单选）

实操解析：

第一步：筛选关键信息，由奏疏中的语句获知该奏疏标题为"谏太宗十思疏"，由此可判断出该博士论文的研究主题是太宗；博士论文的来源单位是山东大学；博士论文指导教师是庞朴。

第二步：选择万方数据知识服务平台，选定学位论文（见图4-1），选择高级检索（见图4-2）。

图 4-1　万方数据知识服务平台检索页面

图 4-2　万方数据知识服务平台学位论文检索页面

第三步：设置检索条件，分别在不同检索点键入相关检索词，选择"主题"键入"太宗"，选择"作者单位"键入"山东大学"，选择"学位—导师"键入"庞朴"，各检索条件用逻辑关系运算符"AND"连接，进行检索（见图 4-3）。

图 4-3　万方数据知识服务平台学位论文高级检索页面

第四步：查看检索结果，可知该硕士学位论文题目为"内圣外王：儒家思想的实践效用——以贞观之治为范例的探讨"（见图 4-4）。因此，正确答案为 B 选项。

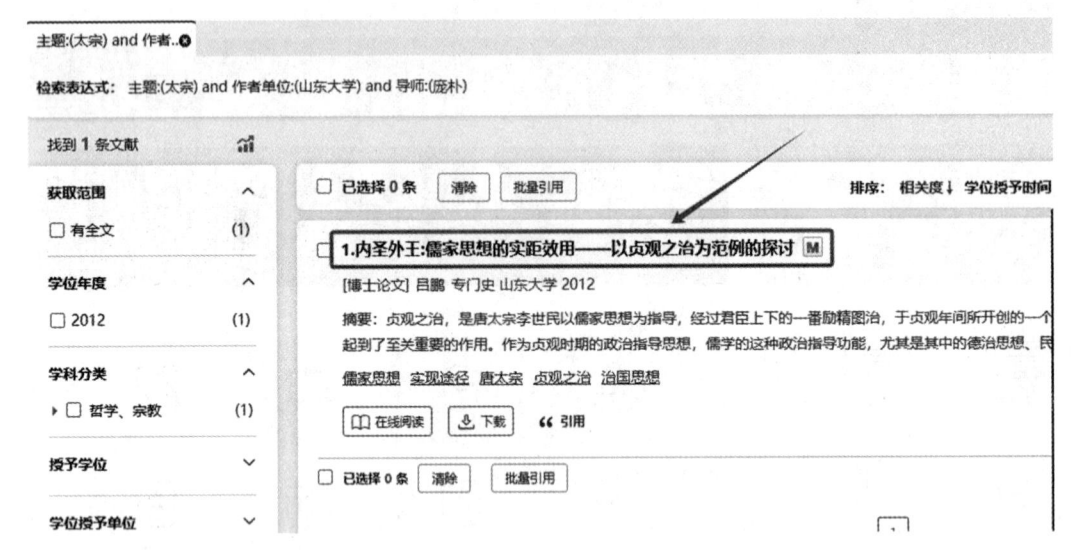

图 4-4　万方数据知识服务平台检索页面

3. 期刊论文。期刊论文顾名思义就是在各种正规学术期刊上发表的学术论文。大部分期刊会以纸质印刷的形式出版，也有部分期刊会在官网以免费或收费的形式同步出版电子期刊。获取期刊论文主要通过订购或到图书馆查阅纸质期刊、在期刊官网查阅电子期刊以及查询期刊论文数据库。

【真题链接】

某同学想查找近五年发表的关于"城市轨道交通检测技术"的期刊论文，从这一检索需求中可以获得的信息包括（　　）。

A. 时间范围　　　　B. 刊名　　　　C. 标题　　　　D. 文献类型

正确答案：AD　　　　　　　　　　　　　　　　（2022 年客观题——多选）

二、学术论文数据库

（一）学术论文数据库概述

学术论文数据库是指存储学术论文的信息资源系统，在这些系统中，学术论文类信息资源经过数字化处理、标引、存储，并提供学术论文的检索分析、阅览下载等服务。学术论文数据库按照不同的标准可以分为不同的类型。

1. 依据文献类型，学术论文数据库可分为会议论文数据库、学位论文数据库和期刊论文数据库。该类数据库常见于 CNKI、万方等综合类学术数据库的内嵌板块。

2. 依据文献语种，学术论文数据库可分为中文数据库和外文数据库。常见的中文数据库有 CNKI、维普、万方等，常见的外文数据库有 Web of Science、ScienceDirect、EBSCO 等。

3. 依据是否提供全文阅览和下载，学术论文数据库可以分为全文数据库和题录数据库。常见的全文数据库有 CNKI、维普、万方等，常见的题录数据库有 Web of Science、SCOPUS 等。

4. 依据是否收费，学术论文数据库可以分为商业数据库和免费数据库。一般来讲，商业数据库是属于完全收费或部分服务项目收费的性质，譬如检索功能是完全免费的，获取全文才需要付费，如 CNKI、维普、万方等数据库；有些数据库检索服务和其中的部分论文获取免费，某些其他论文的全文下载则需要付费，如 ScienceDirect、Wiley 数据库；有些数据库是完全免费的，如预印本系统，常见的国内预印本系统有中国科技论文在线，国外有影响力的则是 arXiv。

（二）常用的学术论文数据库

因同一个数据库按不同的划分标准分属不同的类型，故在此只以文献类型和文献语种为划分依据进行介绍，关于诸如是否收费等区别不再详述。

1. 按文献类型划分，常用的有以下几种。

（1）会议论文数据库：会议论文是常见的文献材料，可以被多个文献数据库受理，让读者可以查阅引用。国外这类数据库有很多，比较常用的是 Web of Science、EV 和 Scopus。国内有中国知网、万方、国家科技图书文献中心数据库等。虽然国内数据库也可以检索国际会议论文，但相对来说，不如国际数据库收录会议文献信息更完备。

（2）学位论文数据库：国内学位论文的检索主要有中国国家图书馆的馆藏学位论文库（https://www.nlc.cn/web/index.shtml）、国家科技图书文献中心的中文学位论文（http://www.nstl.gov.cn）、中国知网博硕士学位论文库（https://www.cnki.net）、万方数据库博硕士学位论文库（https://www.wanfangdata.com.cn/index.html）。

国外学位论文检索常用的是 PQDT Global 全球版博硕士论文全文数据库（https://about.proquest.com），该学位论文全文库是美国国会图书馆指定的收藏美国数字化博硕士学位论文资源数据库，是提供国外高质量学位论文全文的数据库之一，主要收录来自全球 60 多个国家 4100 所大学的学位论文。该数据库广泛收录了全球近 300 万篇学位论文全文以及 500 多万篇学位论文文摘索引记录，每年新增 20 万余篇，涉及文、理、工、农、医等多个领域，是学术研究中十分重要的信息资源。

（3）期刊论文数据库：国内期刊论文数据库主要有 CNKI、万方、维普、博看、CSSCI、人大复印报刊资料等，国外常见的期刊论文数据库有 Elsevier、Web of Science、EI 等。

当然，期刊论文还可以通过 OA 和其他的免费开放存取资源平台获取，如 Socolar 学术资源一站式服务平台、arXiv、中国科技论文在线等。

2. 按文献语种划分，可分为中文数据库和外文数据库。

（1）中文数据库：比较常用的中文学术数据库主要有三个，分别是 CNKI、万方、维普，其中 CNKI 和万方属于综合性学术数据库，它们收录的信息资源比较完备，包括期刊论文数据库、学位论文数据库和会议论文数据库，而维普则是单一的期刊论文数据库。

①CNKI（https://www.cnki.net）最早由清华大学和清华同方于 1999 年发起，历经多年发展，目前已经成为一个综合类的学术数据库，收录的文献涵盖学术论文、专利文献、标准文献、科技成果、电子报纸、统计年鉴、工具书等诸多类型。作为一个商业数据库，CNKI 的检索是完全免费的，检索方式也有多种途径。

【真题链接】

2022 年 5 月 10 日，在庆祝中国共产主义青年团成立 100 周年大会上，习总书记引用了"人生万事须自为，跬步江山即寥廓"的诗句。华中师范大学有一位研究生在他的硕士论文中提到了该诗句的作者，且该学生的指导老师是林岩，请问这篇硕士论文的题目是（　　）。

A．虞集之生平与交游

B．文类视野下的南宋士人社会——以杨万里序文＼记体文＼墓志铭为考察中心

C．南宋园林诗与文人生活——以洪适＼张镃＼杨万里为中心

D．宋代术士与士大夫的日常交往与文化互动

正确答案：A　　　　　　　　　　　　　　　　　　（2023年客观题—单选）

实操解析：

第一步：筛选关键信息，由诗句获知其作者为范梈；硕士论文的来源单位为华中师范大学；硕士论文指导教师为林岩。

第二步：选择CNKI学术论文数据库，选定学位论文（见图4-5），选择高级检索（见图4-6）。

图4-5　CNKI学术论文数据库检索页面

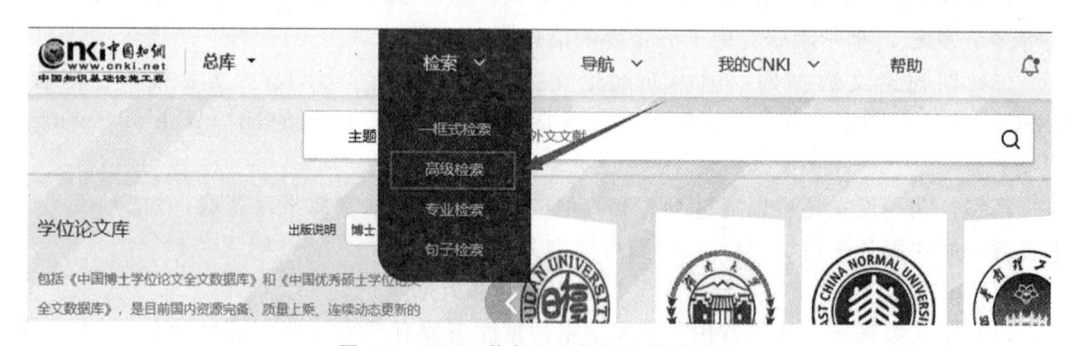

图4-6　CNKI学术论文数据库检索页面

第三步：设置检索条件，分别在不同检索点键入相关检索词，选择"全文"键入"范梈"，选择"作者单位"键入"华中师范大学"，选择"导师"键入"林岩"，各检索条件用逻辑关系运算符"AND"连接，进行检索（见图4-7）。

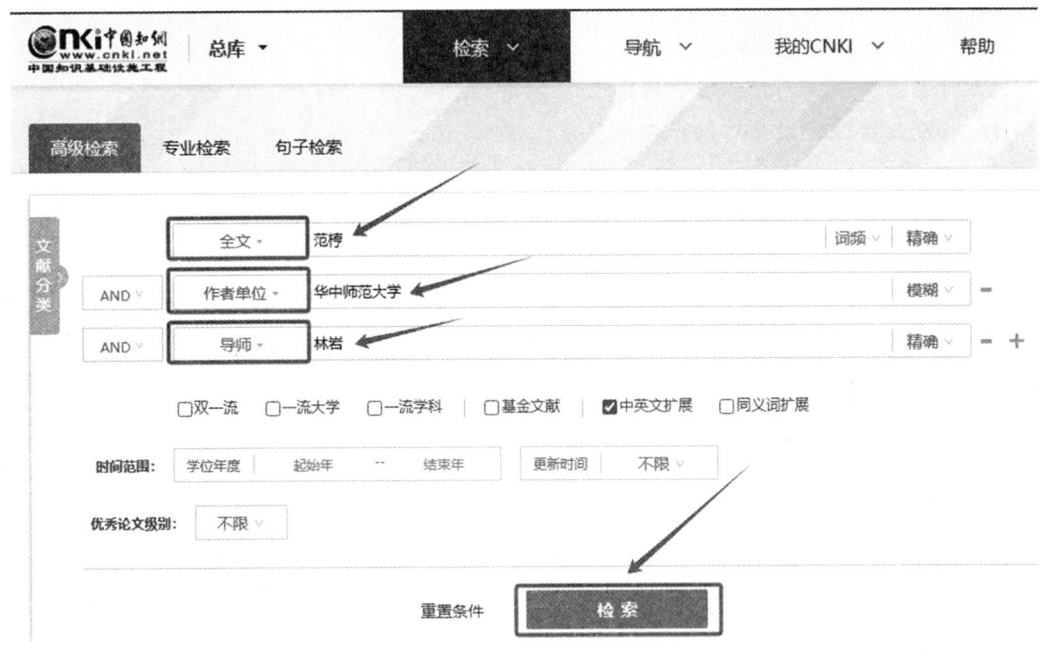

图 4-7 CNKI 学术论文数据库检索页面

第四步：查看检索结果，可知该硕士学位论文题目为"虞集之生平与交游"（见图 4-8）。因此，正确答案为 A 选项。

图 4-8 CNKI 学术论文数据库检索页面

②万方（https://www.wanfangdata.com.cn/index.html）是万方数据知识服务平台的一个简称，与 CNKI 类似，也是一个重要的综合性学术数据库，旗下有多个学术数据库。其收录的文献以中文文献为主，包括期刊论文、学位论文、重要学术会议论文、专利、科技报告、科技成果、标准、法规、地方志等。该平台提供一框式检索、高级检索、专业检索、作者发文检索等多种检索方式。文献检索页面提供在线阅读和全文下载服务，检索功能完全开放，获取全文需要购买相应权限，全文下载的格式默认是 PDF 格式，页面有可下载相关软件转换成 Word 格式的提示。

【真题链接】
在万方数据平台中，以"人工智能"为关键词的最早的会议文献是以下哪篇？

A. 关于"机器思维"问题—国外长期争论情况综述
B. 人工智能是可能的吗？
C. 对哥里奥利斯定理证明中的建议
D. 正反比例因子式自组织模糊控制器

正确答案：D　　　　　　　　　　　　　　　　　（2023 年客观题—单选）

③维普（https://qikan.cqvip.com/）是由重庆维普资讯有限公司创设的学术数据库品牌，其旗下有多个学术数据库产品，维普的资源平台整合了期刊论文、学位论文、会议文献、专利等多种文献类型，并基于这些文献信息资源提供深度挖掘、数据分析、文献计量等信息服务。维普网首页不仅提供文献的快速检索入口，还有旗下各种产品和平台服务的链接，如中文期刊服务平台、期刊大全、智立方知识资源系统。

（2）外文数据库：鉴于外文学术论文数据库多为商业数据库，且高职高专院校很少会订购其使用权，故在此只从是否免费使用角度选取 Web of Science 和 ScienceDirect 两个外文数据库做基本知识的简要介绍，检索方法和检索步骤等细节内容不再一一赘述。

①Web of Science 是全球知名学术出版机构科睿唯安（Clarivate Analytics）旗下的基于 Web of Knowledge 平台的综合性文摘索引数据库，收录了大量学术信息，并提供各种文献工具和分析服务。其中，Web of Science™核心合集收录了 12000 多种世界权威的、高影响力的学术期刊，内容涵盖自然科学、工程技术、社会科学、艺术与人文等多个领域。目前，Web of Science™核心合集包括科学引文索引（SCI）、社会科学引文索引（SSCI）、艺术与人文科学引文索引（A/HCI）、会议文献数据库（CPCI，即原 ISI Proceedings 数据库）、图书引文索引（BKCI）五大引文索引，同时包含 CCR（Current Chemical Reactions）和 IC（Index Chemicus）两个化学信息事实性数据库。

Web of Science 不能免费使用，一般是学校图书馆作为机构账户进行订购后，用户在指定 IP 地址范围内使用。Web of Science 作为一个索引数据库，不能直接获取全文，但一般会给出全文获取链接。

②scienceDirect 是知名学术出版机构爱思唯尔（Elsevier）旗下的全文数据库，收录了大量外文电子书和外文期刊论文。与 Web of Science 不同，它的检索是完全免费的，而且可以获取部分文献的全文。ScienceDirect 的访问域名是 https://www.Sciencedirect.com。

第二节　特种文献、专利、标准、数据信息检索

文献按照出版类型划分，最常见的是图书和期刊，除此以外，还有一些特色鲜明且出版无规律的比较特殊的专业性文献，如专利文献、标准文献、科技报告、政府出版物等其他类型的文献。这类文献在文献信息检索中占有重要地位，具有类型复杂多样、内容广泛新颖、数量庞大等特点，也是非常重要的文献信息源，通常将其称为特种文献，其检索需要依靠专门的检索工具来进行。

一、特种文献检索

特种文献是反映当前国内外众多领域的最新科研成果或最新学术动态的信息，有着珍贵的学术价值和参考价值。特种文献一般包括会议文献、科技报告、专利文献、学位论文、标准文献、产品资料、政府出版物七大类。

（一）科技报告检索

1. 科技报告概述。

科技报告是指有关科研活动记录或成果的报告，是由组织或个人以书面形式描述所从事研究的进展情况，一般是面向提供科研经费的机构或资助的相关部门。按照保密级别可分为公开、内部、秘密、绝密四个类别；按照报告用途可分为生产说明、设备工艺、研究报告等；按照研究进展程度可分为初步报告、进展报告、中间报告、终结报告。

作为科技情报的重要载体，科技报告一般产生于政府立项的科研项目并在科技创新中起着重要的作用。不仅可以反映科学技术的技术路线与发展脉络，揭示科技前沿水平与发展的最新动态，甚至从某些科技报告中可以预测或预见科技发展趋势与态势等。

科技报告是科技情报工作十大文献源之一，它具有发表迅速、内容新颖且专深、种类多数量大、出版形式独特的特点，与期刊论文、会议论文相比科技报告所呈现的科技研究领域成果更为详尽。

2. 国内科技报告检索。

（1）国家科技报告服务系统（https://www.nstrs.cn）：国家科技报告服务系统定位于国内各种项目的科技报告，施行呈缴制上报审核发布管理制度，针对社会公众、专业人员和管理人员三类用户提供差异化服务，实名注册可浏览全文，但浏览摘要无需注册，如果想免费享有检索、查询、浏览、全文推送以及相应统计分析等服务，则需要科研管理部门批准。

（2）中国知网科技报告检索（https://r.cnki.net/KNS/brief/result.aspx?dbPrefix=kjbg）：《中国科技项目创新成果鉴定意见数据库（知网版）》收录正式登记的中国科技成果，按行业、成果级别、学科领域进行分类。每条成果信息包含成果概况、立项、应用、鉴定数据等基本信息。

（3）万方数据库科技报告检索（https://c.wanfangdata.com.cn/nstr）：万方数据库科技报告资源包括中文科技报告和外文科技报告，共收录中外文科技报告近150万份。它提供的检索方式有简单检索和高级检索，包含篇名、作者、作者单位、关键词、摘要、计划名称、项目名称等检索字段。

（4）其他科技报告检索资源：除以上网站外，如检索我国科技报告还可以通过其他相关网站或资源进行，如国家科技成果网、国务院发展研究中心调查研究报告。

【真题链接】

科技报告《基于物联网大数据的儿童健康智能管理系统设计与实现研究》的作者单位是（　　）。

A. 河南机电职业学院　　　　　　B. 广州工程技术职业学院
C. 湖南软件职业学院　　　　　　D. 山西工程职业学院

正确答案：A　　　　　　　　　　　　　　　　　（2023年客观题—单选）

实操解析：

第一步：筛选关键信息，文献类型为科技报告；文献题名为"基于物联网大数据的儿童健康智能管理系统设计与实现研究"。

第二步：进入万方数据知识服务平台，在首页"资源导航"里面选择"科技报告"。

第三步：设置检索条件，搜索框内选定"题名"输入"基于物联网大数据的儿童健康智能管理系统设计与实现研究"，进行检索（见图4-9）。

图4-9　万方数据知识服务平台

第四步：查看检索结果，显示该科技报告作者是"申超群　河南机电职业学院"（见图4-10）。由此判断，正确答案为A选项。

图4-10　万方数据知识服务平台

3. 国外科技报告检索。

基于科技报告有一定的保密性质，各国都有自己的科技报告，其中美国政府部门出版的政府报告品种和数量最多，其收集、整理、加工和报道的工作流程也更加规范。美国目前有四大科技报告比较知名，分别是PB报告、DOE报告、NASA报告和AD报告。

美国科技报告的检索可通过美国国家技术情报局网站（National Technical Information Service，NTIS）、国家科技图书文献中心、国家工程技术数字图书馆这几个数据库进行。NTIS的官方访问网址为https://www.ntis.gov，能够通过该网站获取全文。但是，我国的国家科技图书文献中心和国家工程技术数字图书馆只提供报告的文摘，而没有全文。

（二）政府出版物检索

1. 政府出版物概述。政府出版物是指各国政府及其所属机构发表和出版的文献，包括行政性文件和科技文献两类，前者包括报告、会议记录、法律、法令、条约、规章制度、议案、决议、通知、统计资料等，后者包括科技政策、技术法规、科普资料等。

2. 政府出版物的检索方法。政府出版物的检索可以通过直接访问各级政府机构网站或者利用政府出版物的检索工具。网站方面，如国务院新闻办公室主管的中国网、中国国家卫生健康委员会网站等。检索工具方面，如《美国政府出版物每月目录》《美国国会文献索引》等。

（三）科技档案检索

科技档案是人们从事科技创新的历史记录，是一种重要的科技信息资源。科技工作中形成的技术性文献，如设计方案、病案资料、实验记录、工程图表等都属于科技档案。按照科技活动，科技档案可分为自然现象观测分析档案、设计科研档案、生产技术档案和管理维修档案。查阅此类档案需到相关科技档案部门进行报批，批准后方可借阅或复制。

（四）产品资料检索

产品资料是一种廉价的技术情报资料，一般存放在相关的技术图书馆和文献情报中心。它是对定型产品的性能、构造、原理、用途、使用方法和操作方法、产品规格等所做的具体说明，又叫产品目录、产品说明书或产品样本，大多数由厂商随产品附赠。

产品资料可通过全球产品样本数据库（Global Product Database，GPD）进行检索，它是我国第一个大型的产品样本数据库，收录了丰富的产品样本数据，内容包括企业信息、产品目录、产品说明书、产品标准图片、产品技术资料、产品视频/音频资料等。该数据库提供基本检索、高级检索、分类检索、产品导航、企业导航、技术文档导航、产品图片导航等多种检索方式。

二、专利文献检索

（一）专利知识概述

专利是指国家以法律形式授予申请人或其权利继受人在法定期限内对其发明创造享有的专有权。具体而言，专利是由政府机关或者代表若干国家的地区性机构根据申请所颁发的一种文件，广义的专利包括专利权、专利技术和专利文献三重含义。

1.专利权是指国家依法授予发明人或其他合法权利人对各项发明创造所享有的专有权，是一种无形的产权，专利所有权人对专利权具有保留、转让、抵押、变换、继承、放弃等权利。

2.专利技术是指受到专利法保护的发明创造，是具有独占权的专利技术。不同国家的专利划分类型有所不同，在我国专利技术可以分为发明专利、实用新型和外观设计三种类型。美国专利则分为发明专利、外观设计专利和植物专利，没有所谓的实用新型专利。

3.专利文献是指各国专利机构及国际专利组织在审批专利过程中产生的官方文件及其出版物的总称，是一种集技术性、法律性和经济性为一体的重要情报源，主要包括专利申请说明书、专利授权说明书等各类文件，以及专利公报、检索工具和专利分类表等出版物。狭义的专利文献仅指专利说明书。

在我国，依据《中华人民共和国专利法》（2020年修正）规定，发明专利申请审批流程包括受理、初审、公布、实质审查、授权五个阶段，而实用新型和外观专利的申请审批流程包括受理、初审、公布、授权四个阶段，与发明专利相比，不需要实质审核。专利的法律状态包括：授予，无效宣告，终止，恢复，质押、保全及其解除。

(二) 专利文献检索

专利文献呈现出数量庞大、反映最新科技信息、涉及领域广泛、内容详实可靠、格式统一和数据规范的特点。专利文献检索应用广泛，主要包括查新检索、专题检索、同族专利检索、法律状态检索和跟踪检索等。关于专利文献的获取渠道可通过官方机构的专利检索系统、专利文献商业数据库和专利搜索引擎。

1. 国内专利文献检索。

(1) 中国国家知识产权局专利检索及分析系统（https：//pss-system. cponline. cnipa. gov. cn/conventionalSearch）：中国国家知识产权局提供的专利检索及分析系统只需注册后就可免费使用资源。该系统收录1985年9月10日以来公布的全部中国专利信息，包括发明、实用新型和外观设计三种专利的著录项目及摘要，并可浏览到各种说明书全文及外观设计图形。此外，它还收录了上百个国家、地区和组织的国际专利数据，除引文数据每月更新外，其他数据实现每周更新。

(2) 中国国家知识产权局专利公布公告系统（http：//epub. chipa. gov. cn/）：中国专利公布公告系统与专利检索及分析系统同属于我国国家知识产权局旗下，与专利检索及分析系统可以检索和分析国内外已授权专利文献不同，中国专利公布公告系统收录的是我国1985年以来的专利申请和专利授权文献，提供基本检索、高级查询、IPC（国际专利分类，International Patent Classification）分类查询、LOC（Locarno Classification，洛迦诺分类表）分类查询、事务数据查询等功能，且不用注册登录即可免费查询。

(3) 中国知网专利检索（https：//kns. cnki. net/kns8s/？classid＝VUDIXAIY）：中国知网专利检索包括中国专利和海外专利。中国知网专利检索收录了自1985年以来至今在中国大陆申请的专利4990余万项，每年新增专利约250万项；境外专利共计收录从1970年至今的专利1亿余项，每年新增专利约200万项。中国知网专利检索提供基本检索、高级检索和专业检索等多种检索方式。

(4) 万方数据库专利检索（https：//c. wanfangdata. com. cn/patent）：万方专利资源来源于中外专利数据库，涵盖1.6亿条国内外专利数据。其中，中国专利收录始于1985年，共收录4700万余条专利全文，可本地下载专利说明书，数据与国家知识产权局保持同步，包含发明专利、外观设计和实用新型，准确地反映中国最新的专利申请和授权状况，每年新增300万余条；国外专利1.1亿余条，均提供欧洲专利局网站的专利说明书全文链接，每年新增300万余条。万方专利检索提供基本检索、高级检索和专业检索等多种检索方式。

【真题链接】

据报道，深职院学生团队"粮食卫士"研发出国内第一款360°米粒外观品质检测一体机，可同时检测米粒的7种缺陷。该团队申请了多项专利，其中一项"一种米粒检测设备（CN115608636A）"的申请人为（　　）。

A. 深圳市麦稻智联科技有限公司　　B. 杨金峰
C. 郭盼盼　　D. 深圳思谋信息科技有限公司

正确答案：D　　　　　　　　　　　　　　　（2023年客观题—单选）

实操解析：

第一步：筛选关键信息，文献类型为专利；文献题名为一种米粒检测设备；专利公开号为 CN115608636A。

第二步：进入万方数据知识服务平台，资源导航版块选择"专利"。

第三步：设置检索条件，在页面搜索框内选择"专利公开号/公告号"输入"CN115608636A"进行检索（见图 4-11）。

图 4-11　万方数据知识服务平台

第四步：查看检索结果，根据页面显示可知该专利申请人为深圳思谋信息科技有限公司（见图 4-12）。由此得出，正确答案为 D 选项。

图 4-12　万方数据知识服务平台

2. 国外专利文献检索。

（1）世界知识产权组织（https://www.wipo.int/portal/zh/）：世界知识产权组织（World Intellectual Property Organization，WIPO）提供 PATENTSCOPE、Hague Express Database 和 International Designs Bulletin 三种检索资源。其中，PATENTSCOPE 可检索 PCT 国际申请及 WIPO 收录国家/地区专利文献；Hague Express Database 可检索《国际外观设计公报》在国际注册簿中登记和公两的国际注册著录项目两据；International Designs Bulletin 可检索国际设计公报。用户在使用前，要先注册，然后才能进行专利检索。

（2）美国专利商标局网站（https://www.uspto.gov/patents/search）：美国专利数据库是由美国专利商标局免费向公众提供的全文数据库，包括授权专利数据库和公开专利申请数据库两部分。授权专利数据库（PatFT，http://patft.uspto.gov）可检索 1790 年以来授权的美国专利，包括发明专利、外观设计专利、植物专利、再公告专利、防卫性公告和依法注册的发明。公开专利申请数据库（AppFT，http://appft.uspto.gov）可供用户从 23 种检索入口检索 2001 年 3 月 15 日以来公开的专利申请，全部免费提供图像和文本格式全文。

（3）欧洲专利局（https://www.epo.org/en）：Espacenet 是欧洲专利局（EPO）制作的专利文献数据库，为用户免费提供多种专利检索、全文下载、法律状态查询以及审查过程文档查询等信息服务,其中大部分专利有全文。Espacenet 还可提供中文语言检索界面。

(4)德温特专利索引数据库:德温特专利索引数据库(Derwent Inno vation Index,DII)是整合在 Web of Science 平台之上,它包括 Derwent World Patent Index(世界专利索引,DW-PI)和 Patents Citation Index(专利引文索引,PCI)两个部分。收录内容以基本发明专利与专利情报为主。德温特专利索引数据库需要用户购买权限方可获取全文。

3. 专利搜索引擎。

除了专利数据库以外,还可以利用一些免费专利搜索引擎。

(1)大为专利搜索:大为专利(https://www.innojoy.com/search/home.html)是一个简单易用的全球专利搜索引擎。该系统收录了全球 105 个国家或地区的专利数据,提供简单检索、表格检索、号码检索、逻辑检索、表达式检索等检索方式,支持二次检索和结果过滤,是进行技术调研、竞争分析和风险预警的有力工具。

(2)Soopat 专利搜索引擎:Soopat 收录了 1760 年至今中国专利与世界 99 个国家和地区的专利文献等。Soopat 本身并不提供数据,而是将所有互联网上免费的专利数据库进行链接、整合,并加以人性化的调整。Soopat 的链接来自中国国家知识产权局互联网检索数据库,国外专利数据来自各个国家的官方网站。Soopat 的中国专利数据检索是免费的,且不需注册,但是世界专利是需要注册为高级用户付费后才可以使用的。Soopat 提供简单搜索、表格搜索和 IPC 搜索等多种检索方式。

三、标准文献检索

(一)标准和标准文献概述

标准是通过标准化活动,按照规定的程序经协商一致制定,为各种活动或其结果提供规则、指南或特性,供共同使用和重复使用的文件。标准种类繁多,根据不同的划分依据,标准可以分为很多类别。根据适用地域,标准可以分为国际标准、区域标准、国家标准、行业标准、地方标准和企业标准等;根据是否强制执行,国家标准分为强制性标准和推荐性标准;根据是否采用国际国外标准,国家标准分为采标和非采标。此外,标准按性质可划分为技术标准和管理标准。

广义的标准文献是指与标准化工作有关的一切文献,包括标准形成过程中的各种档案、宣传推广标准的手册及其他出版物、揭示报道标准文献信息的目录、索引等。狭义的标准文献是指按规定程序制订,经公认权威机构(主管机关)批准的一整套在特定范围(领域)内必须执行的规格、规则、技术要求等规范性文献,简称标准。

(二)国内标准文献检索

1. 中国标准服务网(http://wwwcssnnetcn/cssn/index)。

中国标准服务网是中国标准化研究院开发的、具有多种检索功能的国家级标准信息服务门户,是世界标准服务网(www.wssn.net.cn)的中国站点。目前,中文数据库包含的标准种类有 ISO、IEC、ANSI 等国际标准,美国、欧洲、亚洲等地区的国外标准,中国国家标准和行业标准及地方标准,内容丰富。中国标准服务网设有简单检索、高级检索、标准服务、资源总览等栏目,提供多种检索方式,简单检索可以输入关键词或者标准标号进行检索，快捷方便。

2. 国家标准全文公开系统（https://openstd.samr.gov.cn/bzgk/gb/）。

国家标准全文公开系统于 2017 年 3 月 16 日正式上线运行，该系统为用户免费提供查阅或下载国家标准全文服务，系统提供普通检索、标准分类和高级检索三种检索模式，用户还可以通过关注"中国标准信息服务网"微信公众号在移动端使用，非常方便。

其中，部分国家标准未纳入国家标准全文公开系统，则可以通过相关部门官网链接系统进行查阅。譬如，食品安全国家标准数据检索平台（https://sppt.cfsa.net.cn:8086/db）、生态环境部标准查询系统（https://www.mee.gov.cn/ywgz/fgbz/bz/）、住房和城乡建设部标准发布公告（https://www.mohurd.gov.cn/gongkai/fdzdgknr/bzgf/index.html）。

3. 全国标准信息公共服务平台（https://std.samr.gov.cn/）。

全国标准信息公共服务平台是公益类标准信息公共服务平台。数据库资源包括中国的国家标准、行业标准、地方标准、企业标准和团体标准，也收录部分国际标准和国外标准。该平台提供分类检索、简单检索、高级检索等多种检索方式，提供与标准相关的各类信息的免费查询。

4. 万方数据库标准检索（https://c.wanfangdata.com.cn/standard）。

万方数据库国内标准资源来源于中外标准数据库，涵盖了中国标准、国际标准以及各国标准等在内的 200 余万条记录，综合了中国质检出版社等单位提供的标准数据。全文数据来源于中国质检出版社、机械工业出版社等标准出版单位。国际标准来源于科睿唯安国际标准数据库，涵盖国际及国外诸多先进标准和行业。

5. 中国知网标准检索（https://kns.cnki.net/kns8s/?classid=WQ0UVIAA）。

中国知网标准数据总库主要包括国家标准全文、行业标准全文、职业标准全文以及国内外标准题录数据库，收录有国家标准、行业标准、职业标准及国内外标准共计 54 余万条数据。系统提供简单检索和高级检索。

【真题链接】

下列哪几所大学参与了《木结构现场检测技术标准》标准的编写工作？

A. 同济大学　　　　B. 南京工业大学　　　C. 重庆大学　　　　D. 清华大学

正确答案：BC

（2023 年客观题—多选）

实操解析：

第一步：筛选关键信息，文献类型是标准；文献题名是"木结构现场检测技术标准"。

第二步：进入万方数据知识服务平台，资源导航版块选择"标准"。

第三步：设置检索条件，在页面搜索框内选择"题名"输入"木结构现场检测技术标准"进行检索。

第四步：查看检索结果，点开该标准详情页，根据页面显示可知该标准的起草单位，逐一对照选项，可知正确答案为 B、C 两个选项（见图 4-13 和图 4-14）。

图 4-13　万方数据知识服务平台检索页面

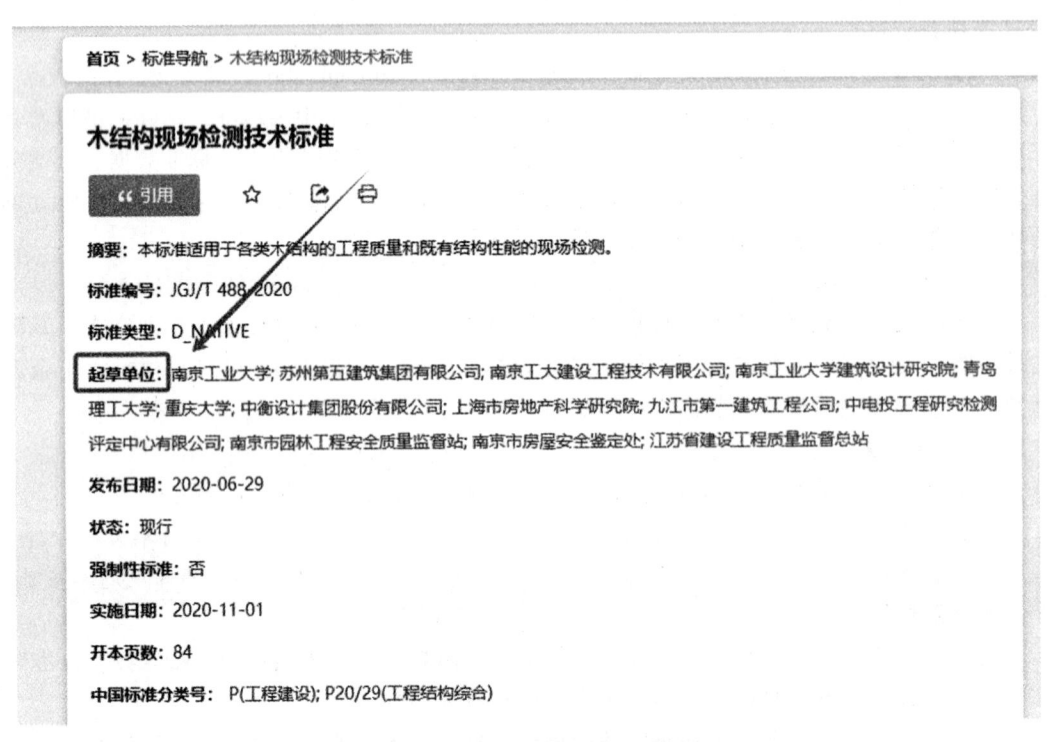

图 4-14　万方数据知识服务平台检索结果页面

（三）国外标准文献检索

1. 国际标准化组织（ISO）（https://www.iso.org/home.html）。

国际标准化组织（International Organization for Standardization，简称为 ISO）是标准化领域中的一个国际性非政府组织，成立于 1947 年，是全球最大最权威的国际标准化组织。ISO 现有 165 个成员（包括国家和地区），中国是 ISO 的正式成员，代表中国参加 ISO 的国家机构是中国国家标准化管理委员会（由国家市场监督管理总局管理）。

国际标准化组织网站介绍了 ISO 组织、标准系列、各成员等信息，并提供 ISO 标准的检索。

2. 美国国家标准网（https://www.ansi.org/）。

美国国家标准网是美国国家标准协会（American National Standards Institute，ANSI，成立于 1918 年）提供的标准信息资源网站，提供 ISO、IEC、NCITS、IEEE、AAMI、ASQ 等标准检索。在主页下找"ACCESS STANDARDS"点击 Standards Connect 进入检索界面，输入检索词即可进行查找。

四、数据检索

以前，印刷版的年鉴是数据信息的主要获取渠道，随着互联网的普及，虽然年鉴也有了电子版，但因年鉴提供数据的规模、粒度和更新周期的限制，在一定程度上影响了数据的推广利用。目前，数据检索主要通过专业的数据库、统计数据开放平台等。

（一）政府统计部门的数据平台

每个国家都有自己的政府统计数据编撰和发布体系。近年来，国内外的政府统计部门开始通过互联网提供统计数据的查询服务，有些平台还具有数据分析、数据可视化等功能。我国政府的统计数据编撰与发布平台主体主要涉及国家统计局网站、各省市统计局网站、政府各部委统计部门网站等机构。

其中，国家统计局（https://www.stats.gov.cn/）是我国统计数据编撰和发布的主要机构。该网站上有一个"国家数据查询平台"，免费提供各项统计数据的查询、下载、分析服务，可一站式检索或导航查找数据。

【真题链接】

《数字经济及其核心产业统计分类（2021）》已经在 2021 年 5 月 14 日国家统计局第 10 次常务会议通过。该分类是基于以下哪个标准的同质性原则，对国民经济行业分类中符合数字经济产业特征的和以提供数字产品（货物或服务）为目的的相关行业类别活动进行再分类？

A. GB/T 4754—2002　　　　　　　　B. GB/T 4754—2017
C. GB/T 4754—1994　　　　　　　　D. GB/T 39180—2020

正确答案：B　　　　　　　　　　　　　　　　（2023 年客观题—单选）

实操解析：

第一步：筛选关键信息，文献类型为数据；文献题名为"数字经济及其核心产业统计分类（2021）"；查询网站为国家统计局网站并进入国家统计局官网。

第二步：设置检索条件，在首页搜索框内输入"数字经济及其核心产业统计分类（2021）"进行检索。

第三步：查看检索结果，点开该数据文献详情页，下载全文（见图 4-15），文内查找"同质性原则"，浏览相关内容（见图 4-16），可知正确答案为 B 选项。

图 4-15　国家统计局网站检索结果下载页面

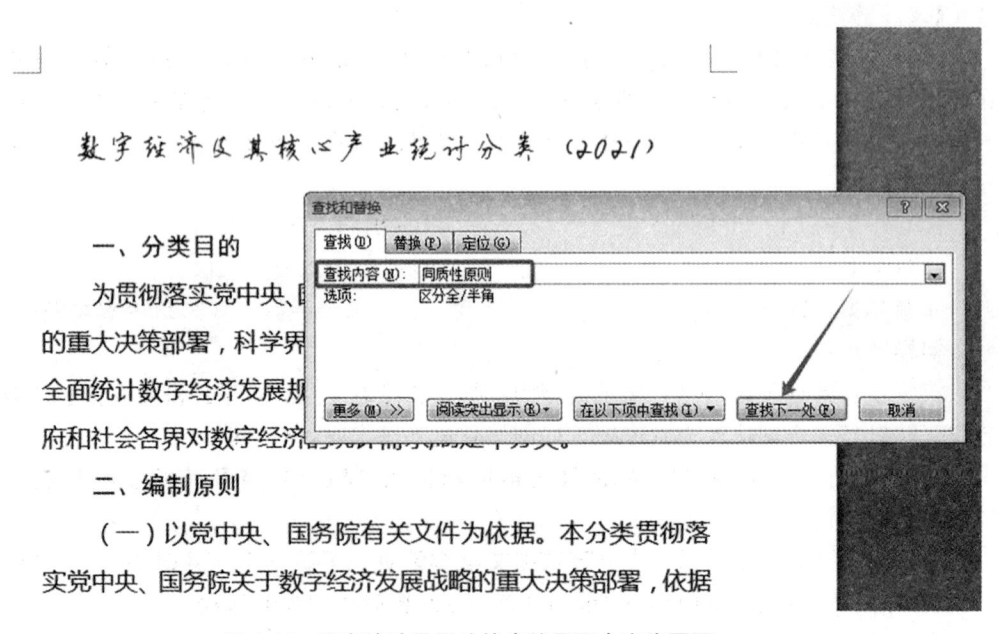

图 4-16　国家统计局网站检索结果页内查找页面

(二) 数据开放平台

社会信息化的迅猛发展促进了数据的生产、存储、传输和利用，数据开放已经成为社会发展的客观需求。互联网的普及为数据在更大范围内的传播和利用提供了条件，所以数据开放平台是我们获取数据资源的重要渠道。目前，各国政府、国际组织、科研机构、行业组织、企业等社会主体在积极参与并推动数据开放运动，通过数据开放平台向公众开放数据。

1. 政府数据开放平台。

政府数据开放是各国推动数据开放的主要力量。美国（https：//www.data.gov）、英国（https：//data.gov.uk）、加拿大（https：//open.canada.ca.en）、澳大利亚（https：//data.gov.au/date）、爱尔兰（https：//data.gov.ie）、新加坡（https：//data.gov.sg）等国家都有各自的数据开放平台。目前，我国大多数省（自治区、直辖市）、市地方政府通过政府数据开放平台向公众开放数据。用户在搜索引擎中以关键词"数据开放"与省或市名称进行组配检索，便能找到所需要的数据开放平台。

2. 国际组织数据开放平台。

联合国、世界银行、国际货币基金组织、经济合作与发展组织等国际组织都有专门的数据开放平台提供开放数据服务，向全球用户提供免费的数据服务。UNdata（https：//data.un.org/）是联合国重要的数据开放平台，提供联合国系统内的开放数据资源。世界银行提供世界银行公开数据（https：//data.worldbank.org.cn/）、数据目录（open Data Catalog）、数据银行（Data Bank）开放融资数据（Open Finances）等多个数据开放平台，提供免费获取各种数据、数据集和数据工具服务。国际货币基金组织的数据开放平台（https：//www.imf.org/en/Date）提供世界经济展望（World Economic Outlook）、全球金融稳定报告（Global Financial Stability Report）、财政检测报告（Fiscal Monitor Reports）等多种数据资源和数据集的免费下载。经济合作与发展组织通过其数据开放平台（https：//www.oecd.org/en/data.html）提供数据服务，用户可以通过搜索框查询具体数据，也可以浏览OECD经济展望（OED.Economic outlook）下载多种数据资源。

3. 企业数据开放平台。

企业尤其是大型的互联网企业，他们的开放数据也是一种重要的信息资源，比较常见的许多企业的开放数据模式各有不同，其中有代表性的有以下几种。

（1）提供数据调用的API：采用这一模式的有阿里巴巴、腾讯、百度、京东、美团等互联网企业，他们往往是基于业务需要或者网络安全考虑，主动提供数据调用接口，向外部开放数据。用户通过数据调用接口或搜索引擎，可以查询企业的相关数据。

（2）直接提供数据集下载链接：有些企业提供多种数据集的付费下载，但也有少数的免费数据集。

（3）数据随业务系统开放：采用这一模式的互联网企业是因为数据开放就是其本身业务的重要环节，如各种电商网站的商品价格数据、地图导航应用的交通数据、比价应用的价格数据、网络指数网站的指数数据等。这些数据随业务开放，任何人都可以免费获取。

4. 统计数据库。

作为专业化的统计数据平台，统计数据库也是我们获取数据的重要渠道。目前比较常见的统计数据库有CEIC数据库、BVD数据库、CSMAR数据库、EPS数据库和中经网统计数据库。中经网统计数据库（https：//db.cei.cn/jsps/Home）由国家信息中心开发，包括多个子库，内容涵盖宏观经济、行业经济、区域经济、世界经济等多个领域，面向社会各界用户提供全面、权威、及时、准确的经济类统计数据信息。

5. 互联网企业的指数平台。

诸多大型互联网企业，在业务运营的过程中积累了大量数据，基于这些数据，部分企业推出了大数据产品，一般以"某某指数"的名称免费向公众开放。

（1）百度指数（https：//index.baidu.com/v2/index.html♯/）是以百度海量网民行为数据为基础的数据分享平台。通过这个平台，可以实现趋势研究、需求图谱和人群画像三个功能。目前百度指数支持多个平台，有 web 版，也有移动版和微信小程序，使用比较便捷。

（2）微信指数是微信推出的基于微信大数据的移动端指数，目前以微信小程序的形式内嵌在微信中。微信指数主要关注关键词相关内容的受欢迎程度和关键词在相关内容中的重要程度，其数据基础是微信搜索、公众号文章及朋友圈公开转发的文章。目前，微信指数支持近 7 日、近 30 日以及自 2021 年 4 月 22 日之后的指数曲线。

（3）微指数是新浪基于微博用户数据、行为数据、内容数据推出的一款数据产品，是衡量关键词在新浪微博上的传播互动效果、受关注情况的重要指标。用户可以通过微指数洞察网络热点，了解和掌握舆情的趋势变化，为内容运营、精准营销、舆情分析、学术研究提供重要的数据参考。

【真题链接】

如果我们需要统计数据，可以在哪些平台中免费获取？

A. 中国国家统计局官网

B. 世界银行的世界发展指数数据库

C. ArticleFirst——期刊索引数据库（OCLC）

D. 中国互联网络信息中心网站

正确答案：ABD　　　　　　　　　　　　　　　　　（2023 年客观题—多选）

第三节　行业信息检索

一、法律法规信息检索

法律信息无处不在，与我们的生活、工作和学习息息相关。与法律相关的信息有很多，如国家的各种法律法规、各级法院的裁判文书、司法执行信息、司法案例、庭审直播视频等都是重要的法律法规信息资源。

（一）法律法规检索

绝大多数国家或地区都有系统的法律法规体系。我国也有完整的法律法规体系，具体包括法律、行政法规、司法解释、地方性法规、地方规章、部门规章及其他规范性文件。

法律法规都是面向社会公开的文件，所以一般比较容易查找获取。如果知道具体的法律法规的名称，通过搜索引擎一般可以直接获取。司法部、最高人民法院等部门的法律相关的信息检索系统都是可以免费使用的。如果需要系统检索，可以使用专业的法律法规查询平台或与法律相关的商业数据库。随着社会的发展，法律法规会不断更改或者修订，所以在利用这些信息资源的时候，要注意时效性。

法律法规信息检索一般是到国家相关部门的网站上查找针对性的查询平台。查询我国的法律法规，可以免费使用比较权威的法律法规数据库（https：//flk.npc.gov.cn/）、法律文库（https：//www.chinacourt.org/law/index.shtml）等平台。此外，一些法律相关的商业数据库也提供法律法规的免费查询，如北大法宝（https：//www.pkulaw.com/）、法律之星（http：//www.law-star.com/）等。

查询国外的法律法规，可以使用美国法典网（https：//www.cit.uscourts.gov/）、美国国会法律图书馆（https：//harvardlawreview.org/）等。

（二）裁判文书检索

裁判文书是记载人民法院审理过程和结果的文件，是人民法院确定和分配当事人实体权利义务的唯一凭证。裁判文书有多种类型，具体包括各级人民法院出具的判决书、裁定书、调解书、决定书、通知书、令、函、答复等。裁判文书的检索可以使用中国裁判文书网（https：//wenshu.court.gov.cn/），它是最高人民法院旗下的信息公开平台，我国各级人民法院除涉及国家秘密、未成年犯罪等少数情形外的大部分裁判文书都要通过中国裁判文书网公布。

网站提供一站式检索和高级检索，首页提供检索入口，可以在检索框中输入案由、关键词、法院、当事人、律师等信息进行一站式检索。高级检索提供案件名称、法院名称、案件类型、文书类型、案例等级、审判人员、律所、案由、案号裁判日期、公开类型、当事人、律师等多个信息检索点，检索到的文书结果可以在线查阅，也可以下载全文。

（三）司法执行信息检索

司法执行信息一般是指各级法院依法向社会公开的与司法执行相关的信息，主要包括被执行人信息、限制消费信息、失信执行人信息、终本案件信息等。司法执行信息是尽职调查的重要信息来源。查询我国的司法执行信息，可以用中国执行信息公开网（http：//zxgk.court.gov.cn/），它是中华人民共和国最高人民法院建设的司法公开三大平台之一，公布全国法院失信被执行人名单信息。

1. 被执行人信息。

通过法院判决，需要承担对应执行义务的人员，进入执行程序时，都可以称为被执行人。被执行人可以是个人，也可以是组织机构。被执行人信息一般包括被执行人姓名（或名称）、身份证号码（或组织机构代码）、执行法院、立案时间、案号、执行标的等信息。

2. 限制消费信息。

限制消费是指被执行人未按执行通知书指定的期间履行生效法律文书确定的给付义务的，人民法院可以采取限制消费措施，限制其高消费及非生活或者经营必需的有关消费。如果未按执行通知书指定的期间履行生效法律文书确定的给付义务的被执行人是单位，限制消费的具体对象除被执行人外，还包括其法定代表人、主要负责人、影响债务履行的直接责任人员、实际控制人。限制消费信息包括姓名、身份证号、限制消费令等。

3. 失信被执行人信息。

被执行人未履行生效法律文书确定的义务，并具有《最高人民法院关于公布失信被执行人名单信息的若干规定》第一条规定的情形之一的，执行法院将根据申请执行人的申请或依职权决定将该被执行人纳入失信被执行人名单。纳入失信被执行人名单的被执行人，人民法院应当对其采取限制消费措施。失信被执行人信息一般包括被执行人姓名（或名称）、身份证号码（或组织机构代码）、执行法院、省份、执行依据文号、立案时间、案号、做出执行依据单位、生效法律文书确定的义务、被执行人的履行情况、失信被执行人行为具体情形、发布时间等。

4. 终结本次执行案件信息。

终结本次执行案件（终本案件）是指法院的执行案件，由于被执行人没有可供执行的财产，而裁定终止本次执行程序。终本不撤回执行申请，也不是已经执行完毕，而是暂时中止执行。如果以后发现被执行人有财产，申请人随时可以申请恢复执行。终本案件信息一般包括案号、被执行人姓名（或名称）、身份证号码（或组织结构代码）、执行法院、立案时间、终本日期、执行标的、未履行金额等。

【真题链接】

"北京东方易美装饰有限公司"在 2018 年曾被认定为失信被执行人，关于该案件的相关信息中错误的是（　　）。

A. 该公司的法定代表人或者负责人姓名为陈象强。

B. 失信被执行人行为具体情形为有履行能力而拒不履行生效法律文书确定义务。

C. 执行法院为北京市海淀区人民法院。

D. 被执行人的履行情况为不完全履行。

正确答案：D　　　　　　　　　　　　　　　　　　　　　　（2023 年客观题—单选）

实操解析：

第一步：筛选关键信息，检索文献类型为司法执行信息；被执行人为北京东方易美装饰有限公司；查询网站为中国执行信息公开网。

第二步：进入中国执行信息公开网（见图 4-17）。

图 4-17　中国执行信息公开网检索页面

第三步：设置检索条件，在首页选择"失信被执行人"（见图 4-18），"被执行人姓名/名称"对应检索框内输入"北京东方易美装饰有限公司"，并填写验证码，进行检索（见图 4-19）。

图 4-18　中国执行信息公开网检索页面

图 4-19　中国执行信息公开网检索页面

第四步：查看检索结果，点击查询结果栏右侧"查看"（见图 4-20），获取该执行信息的各项内容并逐一判断（见图 4-21），可知正确答案为 D 选项。

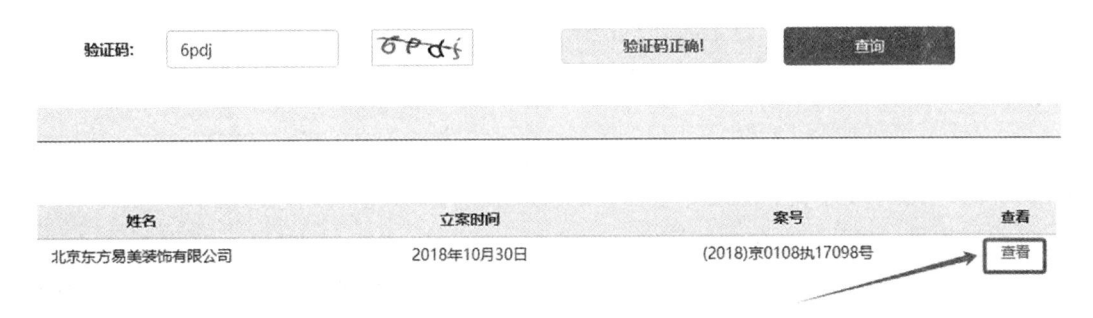

图 4-20　中国执行信息公开网检索页面

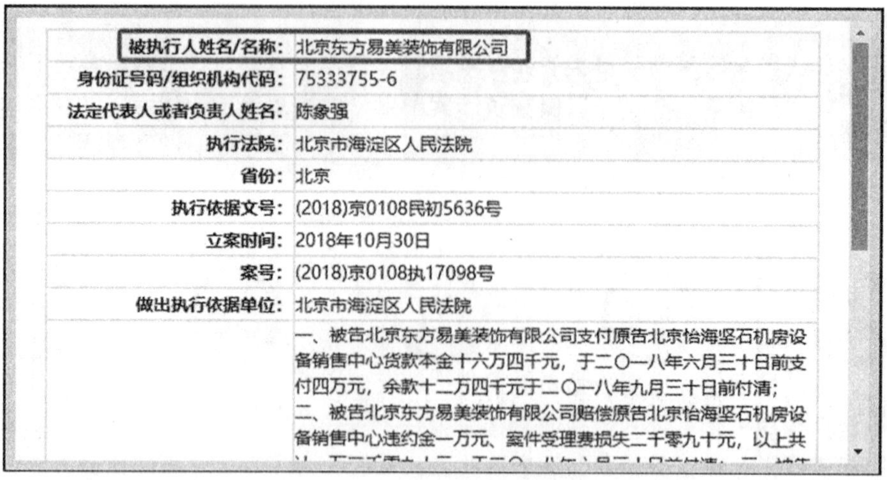

被执行人姓名/名称：	北京东方易美装饰有限公司
身份证号码/组织机构代码：	75333755-6
法定代表人或者负责人姓名：	陈象强
执行法院：	北京市海淀区人民法院
省份：	北京
执行依据文号：	(2018)京0108民初5636号
立案时间：	2018年10月30日
案号：	(2018)京0108执17098号
做出执行依据单位：	北京市海淀区人民法院
	一、被告北京东方易美装饰有限公司支付原告北京怡海坚石机房设备销售中心货款本金十六万四千元，于二〇一八年六月三十日前支付四万元，余款十二万四千元于二〇一八年九月三十日前付清；二、被告北京东方易美装饰有限公司赔偿原告北京怡海坚石机房设备销售中心违约金一万元、案件受理费损失二千零九十元，以上共

图 4-21　中国执行信息公开网检索页面

（四）庭审直播录播视频检索

庭审直播、录播是一种面向社会大众的司法公开，有利于确保司法公正、提升司法能力、树立司法公信。近年来，各级法院开始通过网站、微博、微信等互联网平台向社会开放庭审直播和录播视频。这些庭审视频作为一类重要的信息资源，不仅是法律专业相关学生和从业者的学习资料，而且有利于向普通民众宣传法律知识。

庭审直播、录播视频，一般可以在各级人民法院的网站、微博、微信公众号等平台上获取。最高人民法院旗下的中国庭审公开网是获取全国庭审直播、录播视频的权威平台，国内大多数法院接入了这个平台，每天直播案件数以万计，累计直播案件近千万件。

中国庭审公开网（https：//tingshen. court. gov. cn/）提供一站式检索，也可以通过分类导航查找相关内容，系统提供了庭审直播、庭审预告、直播回顾、庭审录播、重大案件、热点排行等多个分类栏目，部分栏目提供结果筛选功能。

二、教育教学信息检索

与教育相关的信息有很多，本节主要介绍政府教育部门及其所属相关单位提供的信息检索系统，主要涉及学籍、学历、学位、出国留学、考试成绩等信息的检索。

（一）学籍、学历、学位信息检索

学籍、学历、学位是评价个人教育程度的重要信息，是尽职调查的重要内容。这类信息的查询广泛用于单位招聘、学校招生、职场进阶、人员评价等场景。学信网和中国学位与研究生教育信息网是查询学籍、学历、学位信息的权威渠道，这两个都是教育部直属部门的网站，前者可以查询学籍和学历，后者可以查询学位。

1. 中国高等教育学生信息网（https：//www. chsi. com. cn/），简称学信网，由全国高等学校学生信息咨询与就业指导中心主办。学信网可以查学籍，也可以查学历。另外，还有阳光高考、中国研究生招生信息网等栏目，可以查全国高校名录、专业详情、考研调剂等信息。

实名注册学信网，可以查本人学籍。国家承认的各类高等教育在籍学生的学籍注册信息（自考除外），以及 2001 年以来的学籍档案都可查询。

用学信网查询学历更为灵活，本人学历和他人学历都可以查询。既可以零散查询，企业用户还可以批量查询。2001 年以来国家承认的各类高等教育学历都可查询，包括研究生、普通本专科、成人本专科、网络教育、开放教育、高等教育自学考试以及高等教育学历文凭考试等。查询学历，需要提供学历证书编号和姓名两项信息。

2. 中国学位与研究生教育信息网（https://www.cdgdc.edu.cn/），简称学位网，由教育部学位与研究生教育发展中心主办，接受国务院学位委员会办公室指导，是中国唯一的学位与研究生教育综合信息门户网站。

学位证书信息查询是中国学位与研究生教育信息网的一个重要功能，2008 年 9 月 1 日以来中国境内各学位授予单位按照有关规定程序颁发的各级各类学位证书，都可以通过这个系统查询。学位获得者本人实名注册后可以查询验证本人的学位证书信息，企业等用人单位也可以通过这个系统查询他人的学位证书信息，是验证学位证书真伪的权威平台。

通过中国学位与研究生教育信息网的学位证书查询系统查询学位证书信息，需要输入姓名、学位证书编号和验证码，查询完全免费。

（二）全国性资格考试成绩与证书信息检索

各种资格考试以及资格认证是评价个人某方面知识和技能的重要因素，其中包括计算机等级考试、大学英语四六级考试（College English Test，CET）、全国英语等级考试（Public English Test System，PETS）、注册会计师（CPA）、全国会计专业技术资格、银行从业资格、证券从业资格等。这些资格考试的成绩和从业资格信息大多可以通过官方的平台进行查询，主要涉及以下几种渠道。

1. 中国教育考试网（https://www.neea.edu.cn/）。它是教育部考试中心的官网，提供全国大学英语四六级考试、全国英语等级考试、全国计算机考试、全国外语水平考试、中小学教师资格考试等多种考试成绩和相关证书的查询。考试成绩查询一般需要提供准考证号和姓名，证书查询需要提供考试时间、考试科目、证件号码、姓名等信息。

2. 主管部委资格考试或资格管理部门网站。有些资格考试和认证由政府各部委负责组织与管理，相关信息查询可以在其官方网站上找到线索。例如，技能人员职业资格证书可以通过人力资源和社会保障部旗下的国家职业资格证书全国联网查询系统（http://zscx.osta.org.cn/）查询；初级会计师、中级会计师等会计从业技术资格成绩及资格查询可以通过财政部旗下的会计资格评价中心（http://kzp.mof.gov.cn）进行查询。

3. 各行业协会网站。包括注册会计师、证券从业资格、银行从业资格在内的一些资格考试由各行业协会负责组织和认证，而这些行业协会一般具有半官方背景，相对比较权威可靠，我们可以通过这些行业协会网站查询资格证书信息。

（三）公派出国留学信息检索

公派出国留学信息可以去国家留学网（https://www.csc.edu.cn/）查询。国家留学网是国家留学基金管理委员会旗下的网站，而国家留学基金管理委员会是教育部直属的一个机构。

通过国家留学网可以查询当年公派留学资助计划详情，其中包括资助的总人数、资助类别、具体项目、资助期限、资助内容、申请条件、选拔流程、申请受理单位及联系方式等信息。

（四）教学资源和在线课程信息检索

随着网络的普及，多个教育层级的优质教学资源和在线精品课程编者触手可及，在线课程资源、电子图书、学习攻略、考试信息的轻松获取，不断成为大学生获取知识、提升能力的一种课堂之外的重要手段和主要形式。

1. 在线课程主要有MOOC、公开课、精品课几大类。

（1）MOOC：与传统的课堂教学相比，MOOC的交互性、课堂反馈更及时有效。国内主流的MOOC平台有中国大学MOOC（https：//www.icourse163.org/）、学堂在线（https：//www.xuetangx.com/）、智慧树（https：//www.zhihuishu.com/）、学银在线（https：//www.xueyinonline.com/）、人卫慕课（https：//www.pmphmooc.com/#/home）、中国高校外语慕课（https：//moocs.unipus.cn/?t=172）、优课联盟（https：//www.uooc.net.cn/league/union）等。国外的MOOC平台有Udacity（https：//www.udacity.com/）、Coursera（https：//www.coursera.org/）、edX（https：//www.edx.org/）等。

（2）公开课：面向社会公众免费开放的在线视频课程或讲座类视频。与我国的MOOC和精品课程开放的某个单一课程不同，公开课的基本思路是把该校所有课程都放在互联网上，供世界上所有人免费学习。公开课平台有很多，其中国外比较有代表性的有麻省理工学院（https：//ocw.mit.edu/）、耶鲁大学（https：//oyc.yale.edu/）、斯坦福大学（https：//ai.stanford.edu/）等高校的公开课平台；国内有以网易公开课为代表的综合类公开课平台。

（3）精品课程：2017年以前，精品资源共享课由教育部进行评选并开放，这些课程有统一的在线平台供学习者免费使用。自2017年开始，随着MOOC的兴起，教育部已经不再进行精品资源共享课的评选，取而代之的是国家级精品在线开放课程认定。诸多平台的精品资源共享课都面向社会公众开放，是一种重要的优质课程学习资源。其中，爱课程平台和国家职业教育智慧教育平台是获取精品资源共享课的主要渠道。

2. 电子图书。以往学生想要阅读图书，要么选择自行到书店购买，要么去图书馆、书屋之类的机构进行借阅，互联网的普及和在线图书信息的便捷获取有效地克服了传统阅读的一些弊端，成为大学生学习的一种重要方式。想要了解一本图书的信息，可以使用搜索引擎、知乎、微信、豆瓣读书或者网络百科，也可以通过查询所在学校图书馆的OPAC系统获知该图书馆的馆藏信息；如果想免费阅读可以通过图书馆的链接找到电子书数据库，譬如超星的"汇雅书世界"；如果想足不出户购买纸质图书或者电子书也可以到京东、淘宝等大型的购物平台进行选购。

【真题链接】

通过国家图书馆特色资源可以查到民国三十七年出版的《健康与人生》一书，其目次不包括（　　）。

A. 养生之道　　　　　　　　　B. 花菜的营养成分
C. 工程人员的健康问题　　　　D. 多梦与健康

正确答案：B

（2023年客观题—单选）

实操解析：

第一步：筛选关键信息，文献类型是图书；时期是民国；图书名称是健康与人生；查询网站是国家图书馆网站。

第二步：进入国家图书馆网站。

第三步：设置检索条件，在首页选择"资源服务"导航"数字资源"版块内点击"特色资源"，在"民国时期文献"版块选择"民国图书"，在检索框内输入"健康与人生"（见图4-22），进行检索。

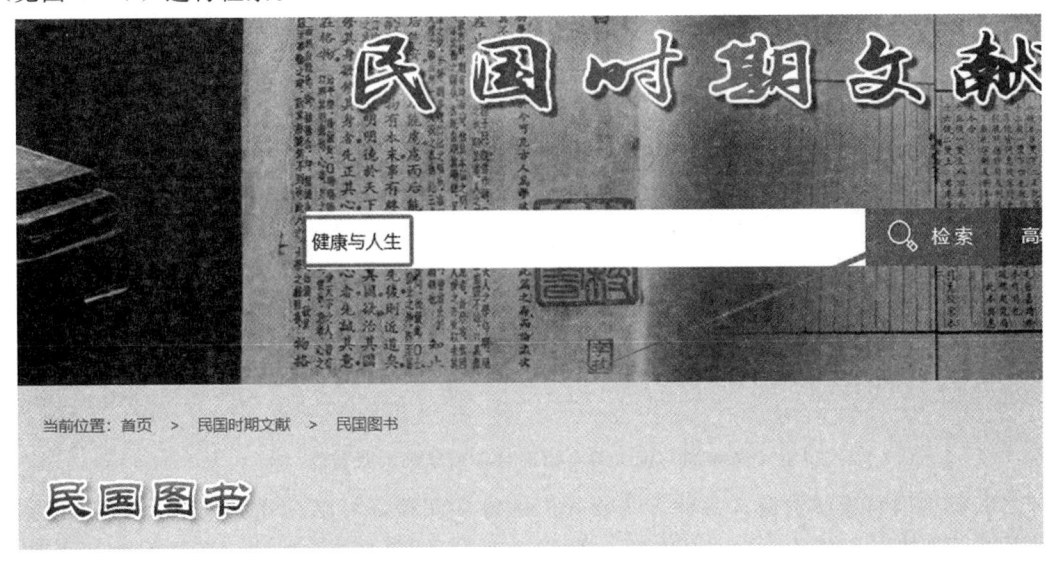

图 4-22　国家图书馆网站检索页面

第四步：查看检索结果（见图4-23），浏览该图书详情页面"目录"相关内容（见图4-24），可知正确答案为B选项。

图 4-23　国家图书馆网站检索结果页面

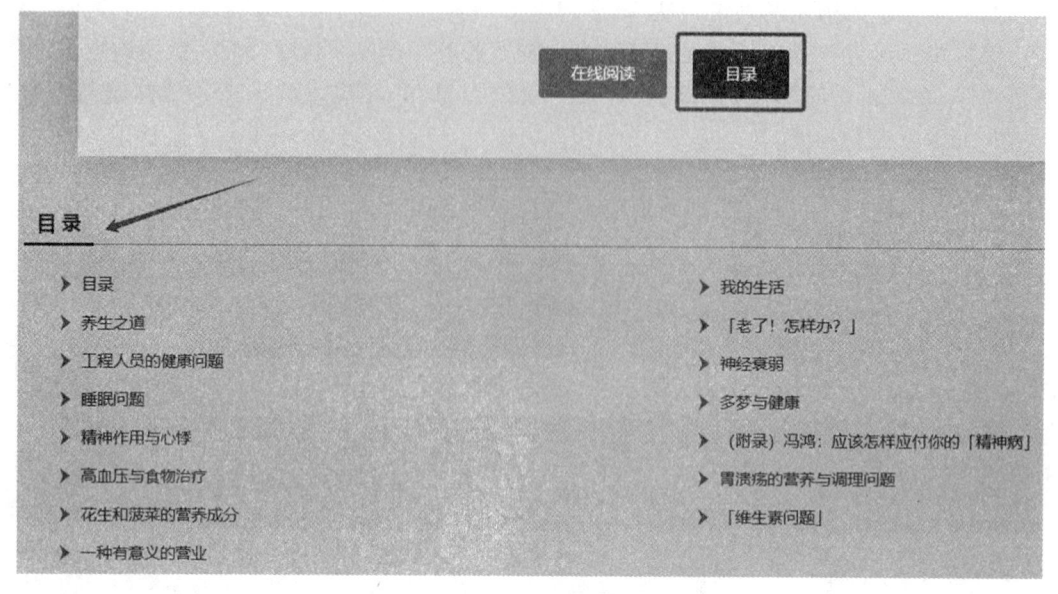

图 4-24　国家图书馆网站检索结果浏览页面

3. 其他教育教学资源。目前，学校开设的许多课程都可以在互联网上找到相关的学习资源。譬如，在知乎上找学习攻略；在"B站"找免费的教学视频；甚至还可以通过出版社或图书馆查找相关教材的课件和光盘资料。关于课外考试信息和学习资料可以通过考试官方网站、商业化的学习网站、图书馆、考试资源数据库以及一些课外辅导的 App 等获取。

【真题链接】

在国家职业教育智慧教育平台的"在线精品课程"中检索课程"桥跨结构施工"，以下关于这门课程的说法中正确的有哪些？

A. 这门课的开课教师是杨转运

B. 这门课的开课院校是四川建筑职业技术学院

C. 这门课第 4.1 节讲授的是"刚构桥施工工艺"

D. 这门课是省级的在线精品课

正确答案：AB　　　　　　　　　　　　　　　　　　　（2023 年客观题—多选）

实操解析：

第一步：筛选关键信息，文献类型为精品课程；文献名称为桥跨结构施工；查询网站为国家职业教育智慧教育平台。

第二步：进入国家职业教育智慧教育平台网站。

第三步：设置检索条件，在首页选择"在线精品课"点击右侧"更多"，在检索框内输入"桥跨结构施工"，进行检索（见图 4-25）。

图 4-25　国家职业教育智慧教育平台检索页面

第四步：查看检索结果（见图 4-26），浏览该课程详情页面相关内容（见图 4-27），可知正确答案为 A 和 B 两个选项。

图 4-26　国家职业教育智慧教育平台检索结果页面

☆ **综合得分**

5
满分5分

☆☆☆☆☆ 0
☆☆☆☆ 0
☆☆☆ 0
☆☆ 0
☆ 0

我的评价：
☆☆☆☆☆

课程简介

《桥跨结构施工》主要讲解混凝土简支梁桥、连续梁桥、刚架桥、圬工拱桥、混凝土拱桥和斜拉桥的施工工艺，课程中拟动画等教学资源，让学习更加的直观、高效。

课程大纲

第1周:第1章 简支梁桥施工1

1.1 钢筋工程

1.2 模板工程

1.3 混凝土工程

1.4 预应力施工

1.5 作业

第2周:第2章 简支梁桥施工2...

图 4-27　国家职业教育智慧教育平台检索结果浏览页面

三、企业经营信息检索

了解一家企业是工作、学习、生活中的常见场景，而获取企业信息是了解一家企业的基本前提。企业信息多种多样，具体包括工商登记信息、信用信息、经营信息、商标信息、招聘信息等。企业信息的来源有很多，互联网是一个重要的获取渠道。企业官网、政府相关部门和商业机构提供的信息查询系统都可以查询、获取企业相关信息。

（一）企业工商登记及信用信息检索

为了保障公平竞争、促进企业诚信自律、规范企业信息公示、强化企业信用约束、维护交易安全、提高政府监管效能、扩大社会监督，国务院于 2014 年 7 月 23 日通过了《企业信息公示暂行条例》，自 2014 年 10 月 1 日起施行。该条例规定工商行政管理部门应当通过国家企业信用信息公示系统公示企业信息。

国家企业信用信息公示系统是市场监督管理总局旗下的一个面向公众开放的网络服务系统，有网站、App、微信小程序、支付宝小程序等。这个系统于 2014 年 2 月上线运行，无须注册登录即可查询我国各种市场主体的注册登记、许可审批、年度报告、行政处罚、抽查结果、经营异常状态等信息，查询完全免费。

【真题链接】

当我们需要搜索一个公司的相关信息，比较权威和可靠的途径是（　　）。

A. 百度搜索　　　　　　　　　　B. 知乎搜索

C. 微信搜索　　　　　　　　　　D. 通过"国家企业信用信息公示系统"查询

正确答案：D

（2023年客观题—单选）

（二）上市公司经营信息检索

相对一般公司，上市公司的经营信息更容易获取。《中华人民共和国公司法》《中华人民共和国证券法》《上市公司信息披露管理办法》等法律法规对上市公司的信息披露都有具体的规定。特别是《上市公司信息披露管理办法》，对上市公司的信息披露有详细的要求。例如，第三条规定"信息披露义务人应当及时依法履行信息披露义务，披露的信息应当真实、准确、完整，简明清晰、通俗易懂，不得有虚假记载、误导性陈述或者重大遗漏"；第七条规定"信息披露文件包括定期报告、临时报告、招股说明书、募集说明书、上市公告书、收购报告书等"；第十四条、第十五条分别对年度报告、中期报告、中期报告的内容做了详细的规定。因此，我们可以通过公开的渠道找到上市公司的经营信息。

获取上市公司的经营信息的渠道有很多，其中包括信息披露指定媒体、证券交易所网站、上市公司官网、财经类网站等。

（三）企业商标检索

商标是企业的重要资产，在申请商标之前要先进行类似商标查询。查询商标，可以使用中国商标网（https：//sbj.cnipa.gov.cn/sbj/index.html？c＝0）提供的商标查询系统。中国商标网是国家知识产权局旗下专门负责商标事务的网站，公众可以登录这个网站，免费查询商标信息，但前提是必须注册，且注册时需要手机号码和电子邮箱双验证。中国商标网提供以下多种商标查询方式：

1. 商标近似查询。在这种查询方式下，可以按照图形文字等商标组成要素查询。例如，查找商标图案中含有一个月亮和五个星星的商标。通过商标近似查询，用户可以了解是否存在相同或者类似商标。

2. 商标综合查询。在这种查询方式下，用户可以按照商标号、商标名称、申请人名称、国际分类等字段查询某一商标的具体信息。

3. 商标状态查询。商标在注册申请和存续过程中有多种状态。用户在商标状态查询中可以通过商标的申请号或注册号查询商标在业务流程中的状态信息。对商标申请者来说，通过这个查询可以了解所申请的商标在注册申请流程每一个时间节点上的状态，对公众来说，可以查询每一个商标的当前状态。

4. 商标公告查询。根据《中华人民共和国商标法实施条例》第九十六条规定，商标局发布《商标公告》，刊发商标注册及其他有关事项。《商标公告》采用纸质或者电子形式发布。商标公告的电子版，可以通过"商标公告查询"入口查询。

【真题链接】

国家药监局曾发布关于广州中尚生物科技有限公司飞行检查结果的通告（2023年第39号），披露该企业存在违规行为。该企业于2023年申请的商标是（　　）。

A. 妆典　　　　B. 克莱儿　　　　C. 伊莎薇雅　　　　D. 仙萃诗

正确答案：B　　　　　　　　　　　　　　　　（2023客观题—单选）

实操解析：

第一步：筛选关键信息，文献类型是商标；申请人名称是广州中尚生物科技有限公司；查询网站是国家知识产权局中国商标网；时间限定是2023年。

第二步：进入国家知识产权局中国商标网。

第三步：设置检索条件，在首页选择"商标网上查询"，逐项进行登录验证点击"商标综合查询"（见图4-28），在"申请人名称"对应搜索框内输入"广州中尚生物科技有限公司"进行检索（见图4-29）。

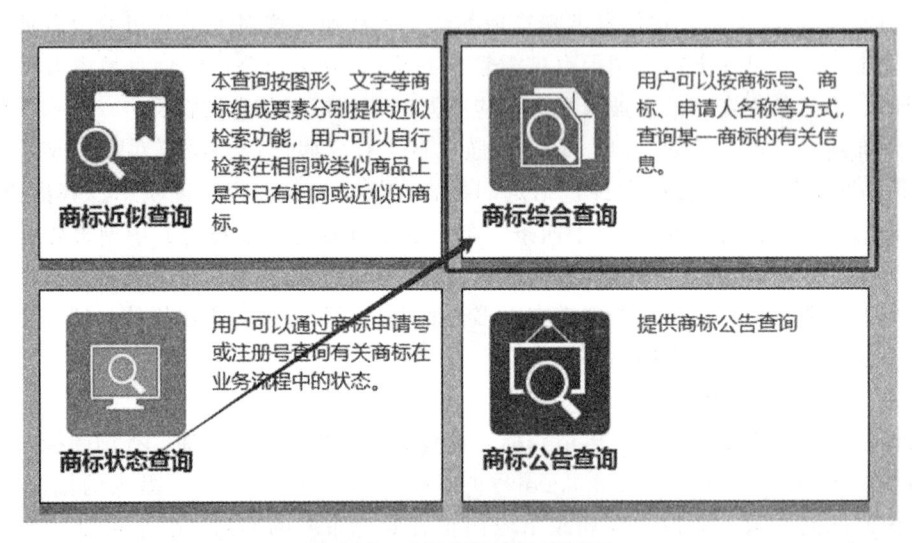

图 4-28　中国商标网检索页面

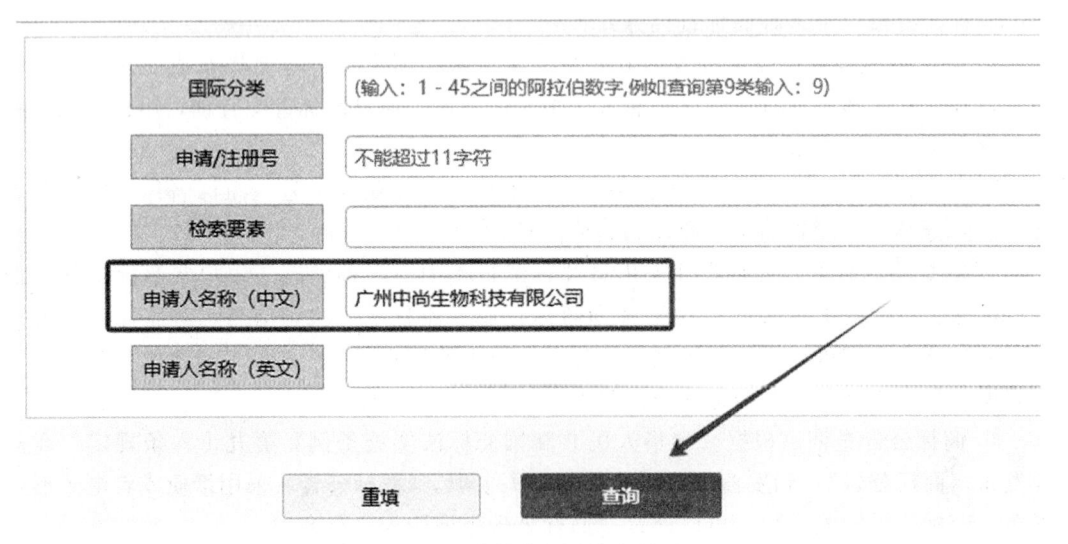

图 4-29　中国商标网检索页面

第四步：查看检索结果，浏览该查询结果相关内容（见图4-30），可知正确答案为B选项。

序号	申请/注册号	国际分类	申请日期	商标	申请人
1	78614318	3	2024年05月15日	FACUIYAN	广州中尚生物科技有限公司
2	73820733	3	2023年08月31日	肌汐私定	广州中尚生物科技有限公司
3	73801064	44	2023年08月31日	肌汐私定	广州中尚生物科技有限公司
4	69540099	5	2023年02月13日	克莱儿	广州中尚生物科技有限公司
5	69506418	32	2023年02月10日	芮梵纳	广州中尚生物科技有限公司

检索到56件商标

图 4-30　中国商标网检索结果页面

四、医药卫生信息检索

常去的医院、看病的医生、护理的护士，到底有没有资质？吃的药品、戴的口罩、用的化妆品，到底有没有问题？充斥电视、广播、报纸、互联网等媒体的"三品一械"（药品、保健食品、特殊医学用途配方食品、医疗器械）广告，到底可不可信？其实，这些问题可以通过查询得到答案。去哪儿查呢？本节会告诉你几个权威的官方查询平台，可以帮我们做出判断。

（一）医卫资质信息检索

查医卫资质信息，可以去国家卫生健康委员会的官网。在国家卫生健康委员会官网"服务"栏目可以查询很多医卫项目、名单、资质等信息，其中包括器官移植机构、辅助生殖机构、爱婴医院名单、医院执业登记、产前诊断技术医疗机构等。

（二）药品、医疗器械、化妆品信息检索

根据《药品注册管理办法》规定，我国对药品实行注册管理，在我国研制、生产、上市的药品都要先注册。根据《化妆品监督管理条例》规定，化妆品分为特殊化妆品和普通化妆品，我国对特殊化妆品实行注册管理，对普通化妆品实行备案管理。

根据《医疗器械监督管理条例》规定，我国对第一类医疗器械（低风险）实行产品备案管理，第二类（中风险）、第三类（高风险）医疗器械实行产品注册管理。这些注册和备案信息，由国家药品监督管理局负责向公众免费开放，公众可以通过国家药品监督管理局的官网免费查询。

(三)"三品一械"广告审查信息查询

广播、电视、报纸、互联网等媒体中经常会出现各种保健食品、药品和医疗器械的广告，如果你想知道这些广告有没有夸大其词或者是否是虚假宣传，可以到相关网站查一下审查信息。根据我国《药品、医疗器械、保健食品、特殊医学用途配方食品广告审查管理暂行办法》规定，未经审查不得发布药品、医疗器械、保健食品和特殊医学用途配方食品广告。

国家市场监督管理总局提供的"三品一械"广告审查结果信息查询平台，系统提供"三品一械"四个品类的检索入口，并提供多个查询字段。

课后习题

1. 多选题：通过下列哪些途径可以获知国内期刊论文的全文？（　　）
   A. 纸质期刊　　　B. 期刊官网　　　C. 中国知网　　　D. 百度学术
2. 单选题：最新版的《中文核心期刊要目总览》，图书馆事业、信息事业类别的核心期刊数目有（　　）。
   A. 17　　　　　B. 18　　　　　C. 19　　　　　D. 20
3. 单选题：关于专利"一种基于蜂王浆的胶原蛋白肽组合物及其制备方法"，下列说法正确的是（　　）。
   A. 申请人是河南金瀚食品有限公司　　B. 发明人是3人，其中1人是杨少波
   C. 申请号是 CN202310657945.4　　　D. 公开号是 CN118216606A

课后习题参考答案

1. ABCD　　2. B　　3. D

第五章 信息表达与传播

学习目标：

1. 了解信息阅读与理解、信息整合、信息表达与传播的基本概念。
2. 掌握常用的信息阅读与整合方法、常用的信息表达工具和功能、网络信息传播分类和应用。
3. 具有独立思考和解决问题的能力，能够针对具体的问题或项目需求制订信息分析计划；具有批判性思维能力，能够评估和验证信息来源的可靠性和有效性；具有创新思维和创新能力，能够运用信息分析技术提出新的解决方案或改进建议。
4. 能够独立完成信息收集、整理、分析和报告撰写的全过程；能够运用数据分析工具进行数据处理、分析和可视化表达；能够运用文本挖掘技术从大量文本信息中提取关键信息、分析主题和趋势；能够运用信息表达工具有效表达信息、传递信息。

导入情景：

张明是一名计算机专业的大学生，他想带领团队成员研发一款"网络谣言鉴别器"应用程序，旨在分析和识别社交媒体上的假新闻，帮助用户辨识信息真伪，维护信息真实性。进入实际开发阶段前，需要先对网络谣言的发展历史和研究现状进行全面客观的调研并生成调研报告。随着项目的推进，他面临着越来越多的思考：如何确保项目开发调研收集到的信息的准确性和完整性？怎样运用先进的分析工具和技术提高信息处理的效率和质量？更重要的是，如何通过信息技能落实产品的落地和推广。

第一节 信息阅读与理解技巧

在信息多元化的时代，无论是工作、学习还是生活，我们都需要在大量的信息中迅速提取出关键内容，以更高效地处理和利用它们。信息阅读与理解能力已成为人们在获取、处理和应用信息时的基本信息技能。

一、信息阅读与理解能力概述

阅读是获得信息的重要途径和手段之一，阅读能力是一种对阅读内容理解、分析、概括和联想的综合性能力。作为一种信息技能，信息阅读与理解能力涉及如何高效地阅读信息源，理解其内容、结构与含义，并能够从中提炼出关键点。它可以帮助个体在海量信息中准确抓取所需内容，为后续的信息处理、分析和应用奠定基础。在信息检索与处理的过程中，有效的阅读与理解是确保信息利用效率与准确性的关键。

二、信息阅读方法和阶段

(一) 常用阅读方法

对于信息内容，因其表现形式不同而采用不同的理解方式，信息的阅读方法多种多样，可以根据阅读目的、材料类型和个人习惯来选择（见表 5-1）。

表 5-1　　　　　　　　　　　　常用阅读方法

方法	作用	适用场景
浏览	快速查看文本信息，抓住主要信息和结构。	适用于获取文章或判断是否深入阅读。
扫读	初步了解结构和主题，快速寻找特定信息或关键词。	适用于查找数据、事实或特定细节。
快速阅读	训练快速阅读技巧，提高阅读速度。	适用于需要快速获取大量信息的情况。
精读	仔细阅读，深入理解、分析文本信息的内容。	适用于新概念、理论或复杂材料等内容的深入学习和批判性分析。
深度阅读	深入分析和理解文本，包括作者意图、文本结构和深层含义。	适用于学术研究和深度学习。

同时，可以每天固定时间进行阅读，以持续阅读来培养阅读习惯和提高阅读能力。每种阅读方法都有其适用的场景和优势，选择合适的阅读方法可以提高阅读效率和理解能力。

(二) 信息阅读阶段

信息阅读分为初读、通读、精读和整体阅读四个阶段。初读用于筛选信息，通读掌握大概内容，精读深入消化和吸收有用信息，整体阅读则是把握信息主题。阅读过程，特别是精读，已进入信息分析阶段，通过对比问题与信息中的理论、实验和方法，寻求答案。

1. 初读（筛选信息）。

(1) 方法：初读时，应首先关注文本的标题、副标题、目录、引言和结论部分。这些部分通常会提供文本的大致内容和主旨。此外，可以通过快速浏览文本的段落开头和结尾句子，以及注意关键词和短语，来初步判断文本的重要性和相关性。

(2) 使用场景：当面对大量阅读材料，如教科书、论文、报告等时，初读可以帮助你快速筛选出与自己学习、研究或兴趣相关的内容。在图书馆或网上搜索资料时，初读可以帮助你快速浏览多个文档，选择有价值的文献进行深入阅读。

(3) 优点：提高阅读效率，节省时间。快速了解文本结构和主题，为深入阅读做准备。

(4) 实践技巧：在通过电脑、手机等电子产品阅读时，使用手指或笔作为指引，快速滑动页面或屏幕，练习快速浏览和扫视技巧，提高眼睛捕捉信息的能力。

2. 通读（掌握大概内容）。

(1) 方法：通读时，应从头到尾完整阅读文本，注意段落间的逻辑关系和主要观点。

可以边读边做笔记，记录关键信息和观点，以便后续回顾和总结。

（2）使用场景：在开始深入研究某一主题或课程之前，通读相关书籍和文章，以建立基础知识和了解背景。在做阅读理解题或分析文章结构时，通读全文有助于把握文章主旨和段落间的逻辑关系。

（3）优点：对文本有一个全面的了解，为后续深入阅读打下基础，有助于形成对文本的整体印象和认知。

（4）实践技巧：使用不同颜色的笔或标记工具来区分不同类型的信息（如重点、疑问、总结等），以练习快速阅读和归纳总结技巧，有助于更好地把握文本主旨。

3. 精读（深入消化和吸收有用信息）。

（1）方法：精读时，应逐字逐句阅读文本，深入理解其含义和背景。对于难以理解的部分，可以通过查阅相关文献资料、寻找相关知识课程等方式辅助理解。同时，可以做笔记或撰写总结，以便后续复习和应用。

（2）使用场景：学习专业知识或深入研究某一主题时，需要对相关文献进行精读以获取准确的信息和观点。准备考试或撰写论文时，需要对相关材料进行精读以提取关键信息。

（3）优点：深入理解文本的内容和观点，形成自己的见解和认识，有助于提高学术水平和批判性思维能力。

（4）实践技巧：使用高亮、下划线或批注等方式来标记关键信息和观点。尝试用自己的话复述文本内容，以检验自己的理解程度。

4. 整体阅读（把握信息主题）。

（1）方法：在完成初读、通读和精读后，再次回到文本进行整体阅读。此时，应回顾和总结文本的主要内容和观点，形成整体认识。可以将文本中的信息与自己的知识体系进行关联和整合，以便更好地理解和应用所学知识。

（2）使用场景：在完成一本书或一篇长文的阅读后，需要进行整体阅读以巩固所学内容。在撰写综述性论文或进行课程总结时，需要对相关文献进行整体阅读以把握研究主题和趋势。

（3）优点：巩固所学知识，形成完整的认知体系，有助于提高综合运用所学知识的能力。

（4）实践技巧：尝试用思维导图或概念图等工具来整理和总结文本内容。与同学或老师讨论和分享自己的阅读心得和见解，以促进思考和交流。

三、信息素养大赛阅读与理解能力要求

大学生信息素养大赛，主要考查学生根据所给题目检索与利用信息的能力，通常要求参赛者具备快速、准确获取和处理信息的能力。参赛者通过浏览阅读题目，对给定文字进行分析、理解、把握，来确定所给题干的主题，提取检索点，提炼检索词，确定检索方式与检索工具，进行针对性检索，从而为下一步解决问题做好准备，再根据检索结果调整检索策略，直至获取满意的检索结果。

（一）参赛者信息的筛选和辨别能力

在海量信息中，能够快速、准确地筛选出与主题相关、内容准确的信息，是信息素养

能力的基础。这要求参赛者具备对信息来源的可靠性、信息内容的真实性以及信息价值的判断能力。

（二）参赛者的阅读速度和阅读深度

阅读速度体现了参赛者处理信息的效率，而阅读深度则反映了参赛者对于信息的理解程度。期望参赛者不仅能够快速浏览信息，更能够深入理解信息的内涵，把握信息的核心要点。

（三）参赛者信息的综合分析和评价能力

参赛者需要能够将筛选出的信息进行整合，分析信息之间的关联性和逻辑性，形成自己的观点和判断。同时，还需要对信息的优缺点进行客观评价，提出改进意见和建议。

（四）参赛者的信息应用能力和创新思维

参赛者应该能够将所获取的信息应用于实际问题解决中，展现出信息的实用价值。同时，参赛者要发挥创新思维，提出新颖的观点和解决方案，体现信息素养的创造性和拓展性。

四、信息阅读与理解能力培养

大学生在学习生活中通过信息阅读与理解，不仅能够提高学术能力，还能够培养批判性思维、创新能力和社会责任感，为未来的学术研究、职业发展和个人成长打下坚实的基础。

（一）日常学习阶段——"多读、多记、多想"

1. 多读。在日常学习生活中，对自己加强阅读训练，通过阅读不同类型的文章，包括小说、新闻、学术文献等，增加阅读内容的多样化，减少阅读障碍，提高快速捕捉内容主旨和细节信息的能力，培养深度思考和适应不同文本信息的理解能力。加强阅读速度训练，每天为自己设定固定的阅读时间，学习掌握速读技巧，限制阅读时间，提高阅读速度，快速获取关键信息。

2. 多记。阅读的同时，养成做笔记或总结关键点的习惯，反思学到的知识和自己的理解过程，加深对关键词的记忆和培养理解能力。

3. 多想。在深度阅读时，主动提问、思考，培养批判性思维能力，学会从不同角度分析问题，评估信息的来源、结构和内容，有效判断信息的可靠性，促进批判性思维的运用。

（二）备赛阶段——"多练、多看、多计"

为了有效提高信息阅读与理解能力，快速准确做题，在信息素养大赛备赛阶段，参赛者可以从以下几个方面进行阅读与理解能力培养。

1. 多练。通过往届真题或模拟题进行多次练习与模拟，培养审题技巧，通过快速浏览题干和选项，寻找特定信息，如日期、人名、地点等内容，每次练习后，仔细分析错题，看是否存在阅读不细、理解偏差或是时间管理不当等问题，进而针对性改进。信息检索练习可以利用数据库和搜索引擎等工具，提高查找资料的效率和准确性。批判性思维训练则通过讨论、写作和案例分析等方式，增强分析和评估信息的能力。

2. 多看。首先，通过多观察练习，培养快速识别文本中关键词和短语的能力，特别是专有名词、术语、数据和概念等内容。其次，利用上下文线索来推断关键词或复杂概念的含义，这有助于加深对文章内容的理解。同时，分析段落结构，通过快速浏览题干获取大意，并学会在阅读过程中寻找并标记关键词，以便于快速回顾和加深记忆。

此外，通过多看的实践，练习使用关键词进行有效的信息检索，这是提高信息素养的关键技能。根据题干信息，尝试预测可能的问题方向或所需答案类型，如事实性、分析性或预测性问题，这将有助于提前构思答案框架或查阅相关资料。最后，深入思考题目背后的考查目的，理解出题人的意图，从而有针对性地调动和准备相应的知识。

3. 多计。通过多计时的练习方法，可以有效提高大赛期间信息阅读与理解的速度和准确性。即使是在模拟练习阶段，也要严格控制时间，模拟真实比赛环境进行计时练习。在练习过程中，合理分配阅读时间，根据题量和题型预设每道题的阅读时间，确保有足够时间理解并作答所有题目。遇到难题不要停留过久，标记后继续下一题，保证整体进度，最后如有时间再回头解决。

五、信息素养大赛阅读与理解技巧

信息素养大赛试题类型主要为客观题和主观题，其中客观题比赛时间为 60 分钟。在客观题的整个比赛过程中，高效准确地阅读理解题干至关重要。

（一）阅读与理解原则

信息素养大赛所给题干字里行间都能体现出考查意图，这就需要参赛者认真仔细阅读题干和选项，可以遵循以下几个原则。

1. 把握整体原则。在阅读题干要求过程中必须遵循把握整体原则，把握题目的主题和层次，在头脑中形成一个立体的印象，化零为整，这样作答起来才有针对性。

【例题：2023 大赛真题】

小明想在国家图书馆的馆藏目录中查找一本关于 Python 的当年新书，他不清楚准确书名，只知道该书由清华大学出版社出版，作者姓吕。他可以有效利用的检索点有几个？

A. 5 个　　　　　　B. 4 个　　　　　　C. 3 个　　　　　　D. 2 个

思路解析：从整体把握图书检索点，并在以上信息中进行对应。据题干分析："关于 Python"为主题、"当年新书"为出版年份、"清华大学出版社"为出版社、"作者姓吕"为著者信息。因此，本题选 B。

2. 强调重点原则。试卷题目中可能包含无关信息，如果不能过滤无关信息，准确锁定检索重点，以及命题者的考查意图，而只是匆忙根据片面信息进行检索，往往会浪费考试时间，导致题目时间分配不合理。

3. 注意显著特征原则。题干中通常会包含一些显著的特征或关键词，这些特征或关键词往往直接指向问题的关键或解答的线索。在阅读题干时，要特别注意这些显著特征，如特定的数字、专有名词、时间节点、特殊符号等。它们可能直接关联着题目的答案，或者提供了解答问题的关键信息。通过抓住这些显著特征，参赛者可以更快速地定位问题的核心，提高解题效率。同时，这有助于参赛者在解答过程中避免遗漏关键信息，确保答案的准确性和完整性。

【例题：2023 大赛真题】

工业和信息化部运行监测协调局发布的数据显示，2023 年 1—10 月，电信业务总量（按上年不变价）为 15044 亿元，比上年同期增长（　　　）。

A. 6.5%　　　　　B. 16.6%　　　　　C. 28.2%　　　　　D. 32.2%

思路解析：本题中"2023年1—10月"为显著的时间特征，根据这个检索点可以快速定位本题答案为 B。

4. 逻辑推理原则。信息素养大赛的题目往往需要通过逻辑推理来解答，在阅读题干时，要运用逻辑推理能力，分析题目中的逻辑关系，找出其中的规律，以便更好地解答题目。

【例题：2023大赛真题】

根据我国相关法律法规，下列哪些情况适用于知识产权保护？

A. 一位作者在网络出版平台连载自己的原创作品

B. 一家旅游公司推出一款全新设计的旅行线路

C. 一个企业原创的集成电路布图设计

D. 一名园艺爱好者培育的花卉新品种

思路解析：这道题目考查的是对知识产权保护范围的理解与逻辑推理能力，无法通过检索直接获得答案，需要分析每个选项中的情况，看它们是否属于知识产权法所保护的对象。A项涉及的是著作权，著作权是知识产权的重要组成部分，保护的是文学、艺术和科学作品的原创性表达；B项旅行线路更多的是一种服务，可能涉及商业秘密等，但一般不属于知识产权法的直接保护范围；C项属于知识产权的一种，受保护的是集成电路中具有独创性的布图设计；D项植物新品种权在我国的知识产权法体系中也是受到保护的，它保护的是经过人工培育的或者对发现的野生植物加以开发，并具备新颖性、特异性、一致性和稳定性的植物品种。因此，本题正确答案为 ACD。

5. 联系实际原则。信息素养大赛的题目往往与现实生活密切相关。在阅读题干时，要联系实际，将题目中的信息与现实生活相联系，以便更好地理解题目，找出解答的线索。

（二）理解与阅读技巧

1. 对照考查范围。通过快速阅读，对题干进行初步认知，确认该题干是属于信息基础知识、信息获取、信息伦理、信息管理与利用，还是信息意识的考查范围。

2. 识别关键词。快速浏览题干，圈画或标记出关键词汇。它们通常是问题的主题、动词（如"分析""比较""预测"）、限定条件（如时间、地点、范围）等，能帮助你迅速把握题目要求的核心。

3. 寻找判断知识点。仔细阅读题干，寻找和判断题干中的关键信息，确认检索工具和资源途径。锁定题干中的关键内容并将其转化为检索词、检索的字段，为下一步的平台检索限定检索范围，提高答题准确性。

【例题：2023大赛真题】

"厉行节约、反对浪费"，是中华民族的传统美德。为根治"舌尖上的浪费"，我国出台了多部国家标准，根据2023年6月发布的《餐饮业反食品浪费管理通则》，采用自助餐形式供餐时，餐饮服务提供者应该（　　）。

A. 提供相同规格的小型餐具

B. 对餐饮浪费行为进行批评和纠正

C. 发现浪费量大的餐品立刻中断上餐

D. 添加食品采取分次加工、少量多添的方式

思路解析：题干中第一句话是铺垫性的语言，接着简略描述文件发布目的，引入文件名称，并根据文件内容设置题干，确定题目围绕《餐饮业反食品浪费管理通则》展开，通过检索获取原文件内容，再通过文件内容查找确定题目答案。本题答案为 D。

4. 比对答案。确保完全理解题干要求，并比较所有答案选项，利用排除法快速剔除明显错误、存在矛盾或与题干要求不符的选项。应用演绎推理、归纳推理、假设检验等推理技巧辅助推理和筛选，权衡选项，缩小答案范围，并进行反向验证和逻辑检验。

【例题：2023 大赛真题】

在浏览一篇关于人工智能发展的新闻报道时，以下哪项是判断信息来源可靠性的关键因素？

A. 报道的字体和排版　　　　　　B. 报道的发布时间和地点
C. 报道作者的资质和背景　　　　D. 报道的评论数量和点赞数

思路解析：此题考查参赛者对于信息来源可靠性的判断能力。正确答案是 C，因为报道作者的资质和背景是判断信息来源可靠性的重要依据。

5. 理解题目要求。仔细阅读题目，注意题目的句法结构，确保完全理解题目的要求，避免因误解而答错。特别是复合句和条件句，这些往往隐藏着重要信息或条件限制。对于数据、年份、专有名词等细节信息，要特别留心，这些往往是解题的关键或陷阱所在。

6. 厘清逻辑关系。分析题干中的逻辑关系词（如"但是""因此""然而"），它们能揭示作者的意图转折或因果关系，帮助你更准确地理解题目意图。

第二节　信息整合与创新思维

信息整合与创新思维是信息利用能力的核心体现，可以将零散的、无序的信息联结成一个有价值的、可利用程度高的整体。在信息素养大赛中，信息整合和创新思维体现在参赛者能够将所获取的信息应用于实际问题的解决中，展现出信息的实用价值。同时，参赛者要发挥创新思维，提出新颖的观点和解决方案，以体现出信息素养的创造性和拓展性。

一、信息整合与创新思维概述

信息整合是信息处理过程中的一个关键步骤，需要将不同来源、不同格式和不同结构的信息进行收集、组织、关联和分析，整合成一个连贯、有意义的信息体系。在这个过程中，需要准确理解信息内涵并识别出信息之间的关系，揭示信息之间的内在逻辑，以便形成更高层次的信息结构或知识框架。有效的信息整合能够帮助个体或组织在海量信息中迅速找到关键信息，消除信息冗余和矛盾，提高信息利用效率。

创新思维是一种突破传统思维框架，以新颖、独特的方式解决问题的思考方式。它要求个体在面对问题时，能够根据已有的知识和经验，结合新的信息，从不同的角度和层面进行思考，从而提出具有创新性的解决方案。

信息整合和创新思维之间相辅相成。信息整合是创新思维的基础，为创新思维提供了必要的知识和信息，而创新思维则能够将这些信息转换为新的见解、解决方案和创新成

果。在信息整合的基础上，具备创新思维有助于进一步发挥信息的价值，发现新的规律、趋势和机会，为解决问题提供新的思路和方法。

二、信息整合能力与创新思维的培养

（一）提高信息整合能力的途径

1. 明确信息目的和需求。通过定义问题、分解问题，来准确分析问题，明确信息目的和信息需求，确定获取信息的类型、信息所服务的对象和所要达到的目标。明确目的和需求可以帮助我们更好地理解信息的意义和价值，选取更有效的策略来收集、整理相关信息。

2. 收集全面的信息。不同的信息来源具有不同的可靠性和可信度，针对信息需求，多角度、全方位收集信息，采用不同方法、选择不同信息获取渠道来获取信息，确保信息的完整性，同时要考虑信息的质量以及准确性，避免收集过多无关信息。

3. 整理和分类信息。根据一定的标准或规则将获取的信息划分为不同的类别或组别，使信息更加有序，再将分类后的信息进行系统化的组织和编排，将内容或外在特征相同或者相关的信息集中在一起，要求集中在一起的信息要有系统、有条理，按一定标识呈现某种秩序，并能表达某种意义。

4. 进行综合分析和思考。将不同来源和不同领域的信息进行综合分析和综合思考，将各种观点、证据和观察整合在一起，形成自己的理解和观点。思考信息之间的相互作用和综合效应，寻找更深入的想法。

5. 创造新的知识和见解。通过整合信息，尝试创造新的知识和见解。将不同领域的思想和概念进行交叉融合，提出新的观点和解决问题的办法，勇于提出和思考自己的独特观点，也可以帮助自己更好地应用整合的信息。

（二）培养创新思维的方法

1. 保持批判思维。培养深入思考和审视问题的能力，不局限于现有的答案和解决方案，要深入挖掘问题的本质和内在联系，把握问题的核心，找到有效的解决方案。同时，要敢于发现问题、提出问题，学会挖掘潜在问题，从而进行改进和创新。

2. 培养发散思维。学会从不同的角度看待问题，尝试多种可能的解决方案，将不同的概念、事物或思维领域进行联系和比较，发现事物间的联系以及事物内部的逻辑关系，融合上位思考、下位思考能力，拓宽自己的思维视野，跨学科、跨领域进行联想、类比和思考，有助于发现新的视角和思考路径，从而产生创新的思路和想法。

3. 不断学习和更新知识。保持学习的习惯，通过不断学习和了解最新知识来拓宽自己的思维和培养创新能力。同时，关注行业动态和技术发展，以便及时把握新的机会和挑战。

4. 培养解决问题的能力。通过解决各种实际问题来锻炼自己的创新思维。可以从生活中的小问题入手，尝试用不同的方法来解决它们。也可以参与一些创新项目或比赛，以完善自己的创新思维和能力。

5. 寻求反馈和建议。与他人分享自己的想法和解决方案，并寻求他们的反馈和建议。这种反馈和建议可以帮助自己发现不足和需要改进的地方，从而不断完善自己的创新思维。

三、信息整合能力与创新思维要求

大学生信息素养大赛旨在考查学生在信息获取、分析和加工处理等方面的能力,要求参赛者通过浏览题目要求,确定信息需求,有针对性地收集信息并分类整理,将处理后的信息与实际情况紧密结合,进行深入的分析、思考,并通过新的组合、加工和创新,产生新的价值。具体考查方向有以下几个方面。

1. 参赛者的信息理解与获取能力。参赛者需要能够准确理解题目要求,明确信息需求,并根据信息需求,多角度、全方位收集信息。参赛者还需要能够采用不同方法、选择不同信息获取渠道更全面地获取信息,在保证收集信息完整性的同时,判断信息的权威性、准确性、时效性以及合法性等。

2. 参赛者的信息分类与整理能力。参赛者需要能够采用合理的分类标准和整理方法对收集到的信息进行分类整理,也需要具备熟练使用信息管理工具或其他辅助软件的能力,以便高效管理信息。在分类整理过程中,参赛者还需要注意信息的完整性和准确性,确保信息不被遗漏或误改。

3. 参赛者的信息分析与综合能力。参赛者需要能够独立对分类整理后的信息进行深入分析,挖掘信息的内在联系和规律,理解信息的深层含义。参赛者还需要能够将不同来源的信息进行综合,形成自己的理解和观点,并可以将分析结果与实际情况相结合,进行深入的思考和决策。

4. 参赛者的信息加工与创新能力。参赛者需要能够对信息进行加工处理,以满足不同的需求和应用场景,还要具备一定的创新意识,能够将所学知识、技能和经验与实际情况相结合,提出新颖、实用的观点和想法,或将新技术、新方法应用于信息加工过程中。

四、信息素养大赛考查形式

在大学生信息素养大赛中,对学生的信息整合与创新思维能力的考查主要通过主观题的形式进行,特别是通过调研报告这一形式来深入评估学生的综合能力。自2019年大赛举办开始,主观题部分均采用调研报告的形式,题干要求学生能够利用检索工具查找相关资料,并阐述检索过程,撰写出具有逻辑性和创新性的调研报告。下面将详细阐述调研报告的撰写步骤,通过这些步骤展示如何有效整合信息,体现创新思维的运用。

（一）明确调研目的和主题

1. 确定调研的主题、范围,明确调研的目的。调研主题与目的决定了进行调研所需材料的选择、报告结构设置、标题拟定等,明确调研主题和目的是顺利编写出高质量研究报告的基础。创新思维的应用可以帮助参赛者从不同视角审视问题,以启发新的调研方向。

2. 设计调研方案。初步构思调研报告的内容结构,据此确定调研方法,如文献搜集、问卷调查、访谈、实地观察等,制定合适的调研方案,列出详细的调研计划和时间表,设计调研问卷或访谈提纲。

（二）搭建信息收集渠道

确定与研究主题相关的关键词,选择合适的检索方式来优化搜索结果,并利用好搜索引擎、学术数据库等专业工具来搜集和组织信息,确保信息来源广泛且具有权威性。保持创新思维的开放性，接收不同背景和视角的信息，可以促进信息的全面性和新颖性。

（三）信息筛选与整理

1. 信息收集。按照调研方案进行数据收集，收集与调研主题相关的各种信息和数据。收集过程要确保数据的准确性、可靠性和完整性，对数据进行初步整理和分析。数据一般有三种来源，第一种是调研者直接参与调研收集得来的直接数据，第二种是调研者从搜集到的文献中得到的数据资料，第三种是基于上述两种数据，经过调研者进一步加工分析收集到的数据。

在信息素养大赛调研报告制作时，一般使用的是从文献中得到的数据资料。在此阶段，信息整合能力体现在如何高效地收集、筛选和整理这些信息上，这就要求学生需要具备敏锐的洞察力去识别与研究主题密切相关的信息，评估信息来源的可靠性和权威性。

2. 数据整理与分析。剔除冗余与错误数据，对收集到的数据按照一定规则进行分类、编码和整理，将其整合成一个统一的数据集，利用电子表格、数据库、引文等工具来组织和存储信息。采用一定的分析方法，或使用统计软件或者分析工具对数据进行深入分析，比如计算均值、中位数、众数、标准差等统计量，绘制直方图、折线图、散点图等图表，对数据进行描述性分析；或者在描述性分析基础上，使用统计方法（如回归分析、方差分析、因子分析等）对数据进行建模和预测，找出数据之间的联系和趋势。在此过程中，具备创新思维可以帮助我们识别出数据之间潜在的一些模式和关联。

3. 拟定大纲。拟定提纲是写好调研报告的必备条件，拟定提纲的过程就是对报告结构间逻辑关系再认识的过程。从这个过程可以看出各模块的内容安排是否合理，逻辑关系是否正确，层次是否清晰，全篇内容结构是否均衡等。提纲的编写程序主要包括三个步骤。

首先，根据主题的需要，勾画出研究报告的大致结构，并组织好各模块间的逻辑关系。然后，将经过归纳、整理和选择的数据、材料合理分配到各个模块，完成对该部分内容的填充，观察现有数据资料是否足够、是否符合该部分内容要求。最后，各部分的小框架完成以后，再重新审查各部分之间的逻辑关系，保证各部分内容之间连贯顺畅，逻辑严密。在该过程中，创新思维能力有助于我们明确调研问题，识别问题的核心和关键点。

（四）信息呈现

1. 撰写报告。将整理好的信息按照逻辑顺序排列、形成清晰的结构后，就可以开始撰写报告。强调调研的背景、目的和重要性，详细描述调研方法、样本选择和数据收集过程，详细介绍所采取的信息分析方法，以及采取该方法的原因和优缺点，展示数据分析结果，结合调研目的对结果进行分析，总结调研的主要发现和结论，并提出建议或改进方案等。此外，还需要结合题目要求，清晰地呈现信息搜索、筛选和整理的过程和结果。在这个阶段，创新思维不仅可以体现在提出创新的假设或理论上，也可以体现在为了满足不同的调研需求而设计新的研究方法上，还可以体现在选择不同的视角看待问题上，具备创新思维有助于我们发现新的解决方案和观点。

为了获得一篇高质量的调研报告，在具体撰写报告的过程中，需要注意以下事项：

（1）要选择合适的文档编辑工具。

（2）调研报告结构要清晰完整，内容逻辑性强、条理明确；合理使用标题和子标题来组织内容，有助于文档结构清晰，提高文档的可读性和逻辑性。

（3）可借助图表、图形等工具直观展示数据和分析结果，以便更直观地展示数据特点。

（4）使用相关专业术语，提高文档的专业性、学术性。

（5）使用专业的参考文献管理工具整理参考文献，做到参考文献引用规范。

（6）通过页面及正文格式设置，对文档内容布局进行编辑，保持文档格式的一致性。

（7）选择合适的文档格式进行导出。

2. 报告审查与修改。首先纵观调研报告全文，考虑研究报告的整体构架，确保报告的逻辑性和连贯性。检查研究报告的标题和正文内容是否相符，结构安排是否妥当，有无调整的必要；确认数据、分析过程、结论推导是否正确、充分、恰当。然后顺着调研报告内容的前后顺序，逐段修改和推敲，仔细检查报告的语法、拼写和格式是否正确；图表设计及位置是否符合要求，编号是否遗漏；引文内容及格式是否存在差错；各个内容结构之间的衔接是否连贯；使用的序号是否统一；标点符号是否准确、通顺、合理等问题。

将上述各项程序做完，调研报告的撰写工作便进行到最后一步——定稿。在修改定稿之前，还要认真通读研究报告全文，做最后的检查，确认没有任何差错。保持思维的灵活性，根据反馈调整研究方向和结论，确保报告的实用性和创新价值。

五、信息素养大赛主观题解析

【例题：2023年全国高职高专信息素养大赛主观题】

人工智能（Artificial Intelligence，简称AI）是一门研究、开发用于模拟、延伸和扩展人的智能的理论、方法、技术及应用系统的技术科学，是新一轮科技革命和产业变革的重要驱动力量。目前，AI在很多领域都得到了广泛应用，如自动驾驶、医疗诊断、金融分析等。AI的发展不仅改变了我们的生产生活方式，也为社会带来了各种挑战。请结合自己的兴趣和所学专业，全面调研AI的应用现状、发展趋势、伦理安全等内容，在此基础上形成一份调研报告。

要求：

1. 采用两种以上类型的检索工具（如专业数据库、搜索引擎、政府官方网站等）查找资料，阐述检索过程；

2. 报告引用的资料应规范标注，全文控制在1500字以内（不含图表）；

3. 报告以Word格式保存并提交。

首先，明确调研的信息需求。通过浏览题干，可以识别题干中的关键词，调研主题为"人工智能"，锁定研究范围为应用现状、发展趋势、伦理安全等相关内容，并结合撰写要求制定信息收集策略，拟定大纲，根据不同搜索引擎所包含的信息类型更有针对性地收集信息。利用学术论文数据库可得知人工智能技术的发展现状、发展趋势等内容，利用政府官方网站可检索得知与人工智能技术相关的法律法规，利用综合搜索引擎可基本掌握人工智能技术当前在哪些领域应用较为广泛，利用专利数据库也可得知人工智能技术的应用现状及发展趋势。

其次，搭建检索渠道，制定检索策略并实施检索，进行信息收集。人工智能可替换为AI，结合人工智能的内涵，可知人工智能的下位词包含图像识别、文字识别、深度学习等内容，采用不同的检索词，可以使得检索结果覆盖范围更加全面广泛。构造检索式，采用合适的检索技巧，获得更加全面、准确的检索结果。在此过程中，学生可根据题干内容，结合自身所学专业和兴趣，创新性地选取调研角度，如医学专业的学生可以详细调研不同的人工智能技术在医学领域的应用现状，图像识别技术在医学影像领域的应用、智能机器人在临床手术中的应用等。学生可根据自身所学专业或兴趣自拟角度。

再次，分析整理得到的检索结果。将得到的检索结果按照其规律、特性进行分类整理，剔除无关、错误信息，采用词频统计、集中趋势分析等常用的信息分析方法，结合柱状图、条形图及词云等工具分析并直观展示检索结果，根据信息分析结果得出调研结论。在得出结论时，基于调查结果提出创新性的建议或者方案，创新思考能力可以帮助我们提炼出独到的见解，为报告提供有价值的参考。

最后，整合得到的信息。结合题目要求和拟定的调研大纲，按顺序整合调研信息，形成一份完整的调研报告。

第三节 信息表达的方法和技巧

经过一系列信息筛选、整合后，信息需要借助文本、图表、图形等来呈现结果，确保信息的清晰化和可访问性。

信息表达的方法有很多，具有各自不同特点和应用的场景需求。有效利用不同的信息表达方式，可以提高工作和学习效率，更好地掌握知识，展示研究成果，更好地组织和管理信息，以及更便捷地与他人沟通和分享。

一、文档使用方法

(一) 文档的定义与发展

文档是信息表达中最常见、最基础的形式，在广义上可以被定义为记录、存储、传播信息或数据的书面或电子形式的材料。作为信息表达的重要方式，文档根据不同的使用目的和内容，可以分为多种类型，文档通常以文本、数据、表格和图表、文稿等多种方式呈现。具体地，文档可以分为以下几种类型。

1. 书面文档。通过手写、打印或复印等方式产生的纸质文件，如合同、报告、备忘录、信件、书籍等。这些文档通常包含文字、图像或其他形式的静态信息。

2. 电子文档。在计算机或其他电子设备中创建、编辑、存储和传输的文件。它们可以是文本文件（如.txt、.doc、.pdf等）、图像文件（如.jpg、.png等）、音频文件（如.mp3、.wav等）、视频文件（如.mp4、.avi等）或多媒体文件等。电子文档可以方便地进行编辑、复制、共享和搜索。

3. 结构化文档。在特定系统或应用程序中使用的，具有预定义结构和格式的文档，如数据库记录、XML文件、JSON文件等。这些文档通常用于存储和传输结构化数据。

4. 非正式文档。除了正式的书面和电子文档外，一些非正式的信息记录也可以被视为文档，如电子邮件、聊天记录、社交媒体帖子等。这些文档在日常生活和工作中同样具有重要的信息价值。

在数字化时代，文档不仅是纸质资料的电子化，它已经成为学习和研究的得力助手。

文档处理的多样化功能，如文字编辑、数据整理、图表绘制、协作共享等，能够极大地提高工作和学习的效率和质量。随着技术的不断进步发展和个人需要的变化，文档的应用场景也在不断扩展，文档的功能也将不断丰富和完善，为我们带来更多的帮助。

（二）常见文档格式（见表5-2）

表 5-2　　　　　　　　　　　　　常见文档格式

格式	软件工具	功能
.doc/.xlsx/.ppt 文档	Microsoft Office、WPS Office 等	用于创建格式丰富的文档，适合文档的反复编辑和格式调整
.txt 文档	Windows 文本文档	适用于简单的文本编辑和阅读
.pdf 文档	Adobe Acrobat 等	保持了格式的一致性，适合分发和提交最终版本的文档

（三）常用编辑工具及使用方法

文档的编辑功能使得各种文体的撰写变得更加高效。在通常情况下，需要通过一些工具和编辑功能来处理、整合，实现文档的结构化，提高文档的整体质量，以适用于各个场景。

1. 办公软件。办公软件具有对文本、表格、数据、图表、文稿等内容多样化的排版和处理功能，能够实现文档的反复编辑和格式排版。

（1）Word。Word 是一款功能强大的文字处理软件，主要用于创建、编辑、格式化和打印文档。它具有丰富的文本编辑功能，如拼写和语法检查、自动编号、样式和模板等，使文档编辑更加高效。此外，Word 还支持插入图片、图表、文本框等多媒体元素，使文档更加生动和形象。Word 广泛应用于各种领域，如教育、科研、商业等，是日常办公和学习中不可或缺的工具。

（2）Excel。Excel 是一款电子表格软件，主要用于数据录入、计算、分析和可视化。它拥有强大的数据处理能力，可以进行复杂的数学运算、统计分析、数据透视等。同时，Excel 还支持丰富的图表类型，如折线图、柱状图、饼图等，用于将数据以直观的方式呈现出来。Excel 广泛应用于财务、金融、数据分析等领域，是数据处理和分析的重要工具。

（3）PowerPoint。PowerPoint 是一款演示文稿制作软件，是将文档内容转换为幻灯片形式，主要用于会议、讲座等场合的信息演示，属于一种视觉辅助工具。它支持丰富的文本、图片、图表、音频和视频等多媒体元素的插入和编辑，使演示文稿更加生动和有趣。

2. 在线文档编辑工具具有创建、编辑、分享、协作各种类型文档的功能，是现代工作和学习中不可或缺的一部分。在进行团队项目或者合作研究时，在线编辑工具可以实现多人同时在同一文档上编辑，实现信息的实时共享和沟通，能够提高工作效率，促进团队协作，确保文档的安全和便捷性。常用的腾讯文档、金山文档等在线文档编辑工具，都有丰富的 Office 应用功能（见图5-1），支持多种文档格式，提供多种模板库，可针对性设置文档查看、编辑权限，所有编辑内容云端实时同步保存，可通过保存查看修改版本及编辑记录。

图 5-1　腾讯文档的功能

3. 其他工具。

（1）词频分析。词频分析工具是一种用于统计和分析文本中词汇出现次数的工具。这种工具在文本挖掘、自然语言处理、语言学研究等领域具有广泛的应用。其基本原理是通过统计文本中每个词汇出现的次数，来确定词汇的重要性、热点及其变化趋势。这种统计方法可以帮助用户快速了解文本的主要内容、主题和重点。

常用功能包括：

1）词频统计。统计文本中每个词汇的出现次数，并按照一定的顺序（如降序或升序）进行排序。

2）文本分词。将文本分割成独立的词汇单元，以便进行词频统计和分析。分词是词频分析的关键步骤之一，不同的分词方法可能对分析结果产生不同的影响。

3）关键词提取。基于词频统计结果，提取出文本中的关键词或短语。这些关键词或短语可以帮助用户快速了解文本的主题和重点。

4）情感分析。通过对文本中词汇的情感倾向进行分析，了解文本所表达的情感态度。这种功能在社交媒体分析、舆情监测等领域具有广泛的应用。

5）文本分类。将文本按照主题或类别进行分类。词频统计结果可以作为文本分类的依据之一，帮助提高分类的准确性和效率。

6）可视化展示。将词频统计结果以图表、词云等形式进行可视化展示，方便用户直观地了解文本的主要内容和结构。

7）操作实例。常用在线词云生成工具——微词云。在线词云生成平台，需要用户上传或者粘贴文本，然后自动生成词云图（见图 5-2）。

图 5-2　微词云操作流程

①应用场景：支持在线分词和词频统计、分析。通过在线工具，导入文件进行自动分词，分类统计词频，生成词云图。也可以以高被引文章为词频统计对象，通过高频词识别具体学科领域研究热点。这是大数据在科研领域的一种应用，可以统计文章题目高频词，也可以统计关键词、摘要的高频词。

②使用方法：导入文档，或者直接把文档复制粘贴，选取与中心主题契合的图形后就可以生成词云（见图 5-3）。为了更好地展示，词云生成后可以对生成的词云进行字体、字形、背景颜色的优化调整（见图 5-4）。

图 5-3　词云生成图

文档字频、词频统计可以发现具体文档中的高频字、词，从大数据的角度研究该文档的某些特征，是一种数据分析方法。

图 5-4 形状调整后的词云图

先进行字频统计、词频统计，对文本数据进行定量分析，然后使用这些统计数据创建一个词云。根据词频统计结果，以不同大小、颜色和字体展示文档中单词的频率，作为统计、分析结果的展示。通过统计，出现频率越高的词显示的字体越大，从而在视觉上突出文档中的关键信息。两者通常是相辅相成的，根据使用目的和需求，选择使用统计数据或者词云图。微词云可用于学术研究关键词分布、市场分析消费者需求高频词汇、社交媒体热门话题或标签等多种场合（见图 5-5）。

图 5-5 微词云产品和工具

· 112 ·

（2）信息可视化工具。信息分析可视化工具是一种将大量非数值型或抽象数据集以图形、图像等形式直观呈现出来的软件或技术，旨在帮助人们更好地理解和分析数据。

1）常用的信息可视化工具。

①Power BI。这是一款由微软开发的商务智能工具，能够在较短时间内生成各种酷炫的报表。它主要由 Power Query（数据查询）、Power Pivot（数据建模）、Power View（数据交互展示）等组件构成，能够支持多种数据源，提供丰富的数据分析和可视化功能。

②Excel。虽然 Excel 主要被视为一个电子表格软件，但它也具有一定的数据可视化能力。通过内置的图表功能，Excel 可以快速创建各种数据图表，如柱状图、折线图、饼图等，帮助用户直观地理解数据。然而，Excel 在颜色、线条和样式上的选择有限，可能难以满足专业出版物和网站的需要。

③Smartbi。这是一款商业智能工具，支持使用 Excel 作为报表设计器，完美兼容 Excel 的配置项。它支持 Excel 所有内置图形、背景图、条件格式等设计复杂的仪表盘样式，并且结合了数据仓库里的动态数据进行数据展现。

④思维导图软件。这类软件有 NRD Studio、Xmind、FreeMind、MindManager 等，可以将复杂的信息以思维导图的形式进行可视化。用户可以通过创建中心主题以及添加子主题、使用颜色、图标等方式来区分不同的主题和子主题，从而更好地理解和分析信息。

⑤大数据可视化工具。这是指将庞大的数据集通过图表、地图、仪表盘等可视化工具呈现出来，使人们能够直观地理解和分析数据。也可借助 CNKI、万方等学术资源平台自带的信息分析工具来完成数据的可视化。

2）用途和功能。信息分析可视化工具的功能和用途广泛，核心功能有以下几点。

①数据准备。大数据可视化工具通常具备数据预处理功能，能够对输入的数据进行清洗、过滤和分类，以确保数据的准确性和可靠性。

②数据清洗。这类工具能够检测并处理错误、异常值等，以保证数据的整体质量。此外，许多工具还支持用户自定义清洗规则，以根据特定需求进行数据筛选和处理。

③数据建模。信息分析可视化工具通常集成了多种数据模型，如聚类、分类、回归等，以便用户能够对数据进行深入分析。其通常提供简单易用的界面，使用户能够轻松地选择和运用不同模型进行数据分析。

④数据可视化。这是信息分析可视化工具的核心功能。它们可以将数据转化为图形、图像等形式，以直观的方式展示数据的分布、趋势、关联等信息。例如，信息地图、时间轴、组织结构图、规划图等都是常见的可视化形式。

⑤交互性。许多信息分析可视化工具支持用户与数据的交互。用户可以通过点击、拖动、缩放等操作来查看数据的详细信息，或者对数据进行筛选和排序。这种交互性使得用户能够更深入地了解数据。

3）操作实例。

①文献可视化分析图。在学术研究中，通常需要对文献进行数据分析，所有的学术资源数据库都有可视化分析功能，在线即可完成。分析生成通常与文本挖掘和数据分析紧密相关，通过高级检索，根据关键词和已选文章，可以对所有检索结果进行分析，也可以分析选定的结果（见图 5-6）。计量可视化分析后可见关键词共现网络，可以通过查看节点信息，发现关键词信息及总次数，也可以查看研究趋势分析、分布分析、关系网络分析、

对比分析情况。所有的学术资源数据库都可以对检索结果进行导出与分析，自动生成不同类型的可视化图表（见图5-7）。选择可视化图表中的一项或者多项主题，可以进行再次比较分析，自动生成新的图表。

图5-6　CNKI导出与分析菜单

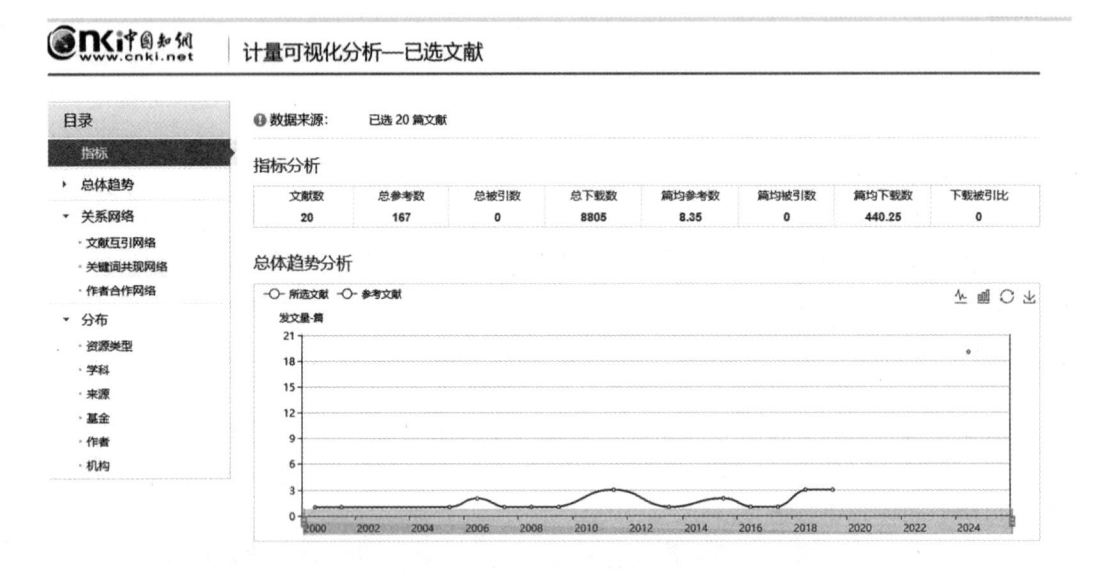

图5-7　CNKI计量可视化分析目录

②Xmind思维导图。思维导图是一种可视化的思维方式，有利于思路的整理，理清逻辑。可以利用多种结构来组织思想和信息，通过关系进行层次化组织主题。

第一步，Windows用户通过菜单栏的"文件"选项中的"新建"或者通过键盘快捷键Ctrl＋N进行新建（见图5-8）。

第二步，用户可以输入自己的想法，或从"模板"页面选择合适的使用场景、从图库中借鉴用户上传的思维导图作品，进行思维导图的创作。

第三步，通过编辑画布、文本、图片等基础操作，插入标记、笔记、编号等主题元素，让导图更具特色，并方便分类、查找，有效组织和管理信息，提高思维导图的可读性和实用性。

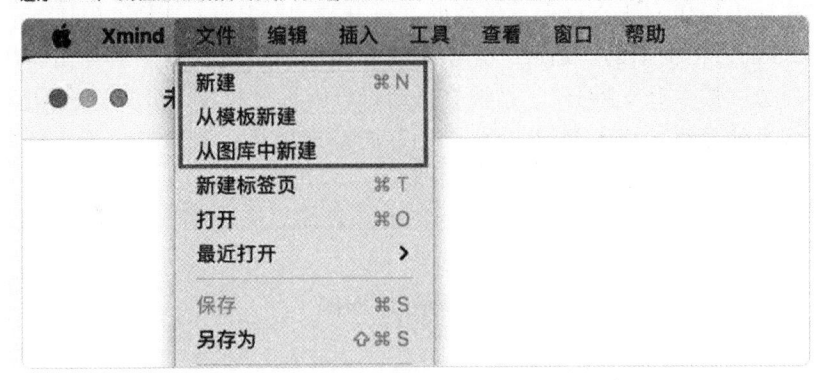

图 5-8 Xmind 操作页面

第四步，可通过调整导图样式、全局格式进行显示，提供演说、大纲、ZEN 三种模式，适合不同的使用场景。

第五步，用户如果需要分享导图的内容，可以导出 PDF 或图片等格式的文件进行分享。Xmind 目前支持导出 PNG、SVG、PDF、Excel、Word、OPML、TextBundle、PowerPoint、Markdown 等文件格式，也可以将导图用邮件、印象笔记等分享出去。

PDF 导出操作方法：点击菜单栏文件→导出→PDF（见图 5-9），可以选择导出思维导图、大纲模式或演说模式的 PDF，在内容处选择导出当前画布或者当前文件，还可以选择是否保留背景颜色和水印。如果想导出横版的 PDF，可以点击菜单栏文件→打印，找开打印设置界面，将布局选为横版，然后在打印机设置中选择"另存为 PDF"进行保存。

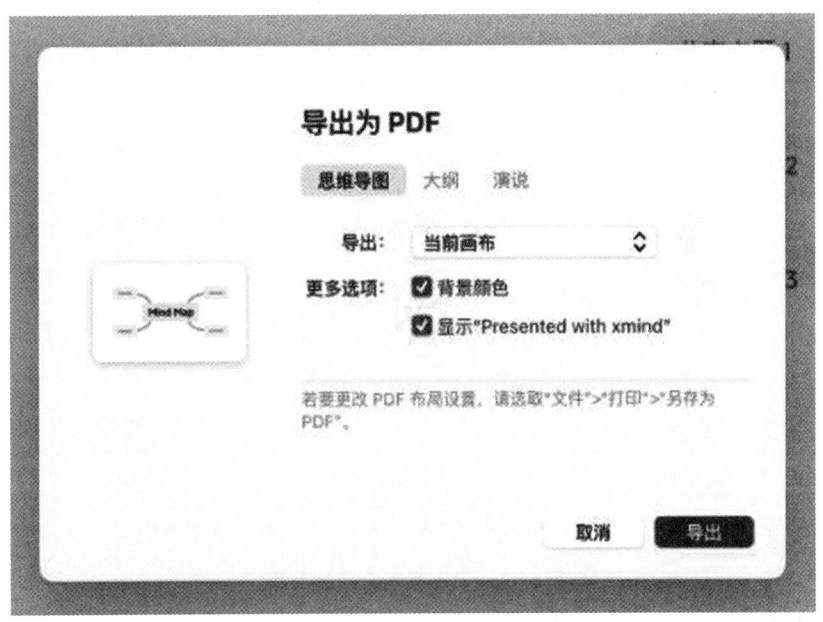

图 5-9 Xmind 导出为 PDF 页面

当对导出的思维导图图片的清晰度有更高要求时，可以尝试使用导出 2 倍或 3 倍的方式来放大导图。倍数越高，导图的清晰度也越高。

图片格式导出操作方法：点击菜单栏的文件→导出→PNG/JPEG（见图 5-10），在导出 PNG/JPEG 的对话框中的"缩放"选项中选择缩放的倍数。当想要导出每个分支的内容时，可以勾选"按主分支拆分"，系统会自动将导图拆分成各个分支导出 PNG。可以选择导出透明背景的导图，插入 PPT 时会有更好的呈现效果。若想导出无水印的文件，可以取消勾选"显示'Presented with xmind'"。

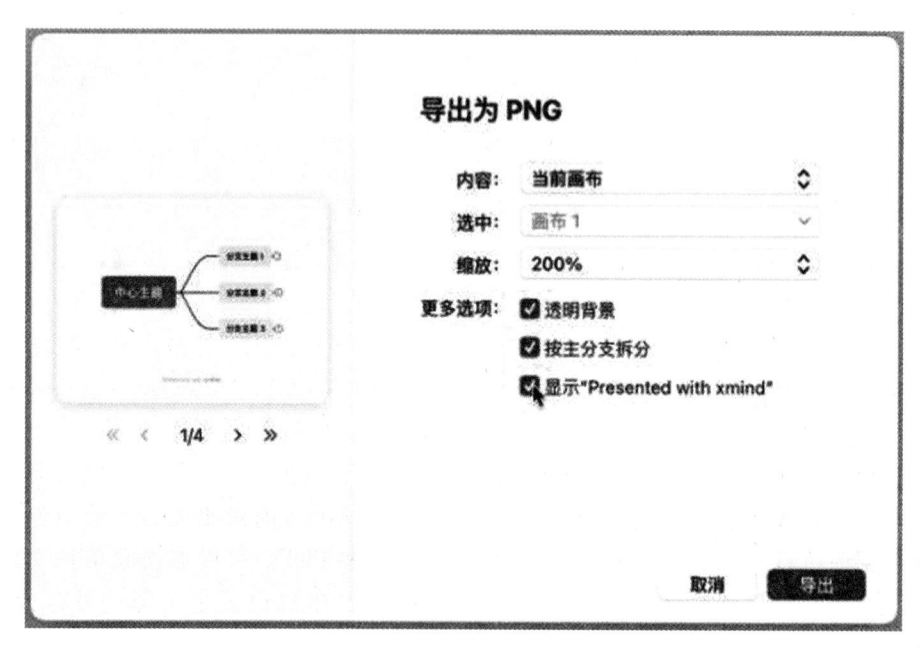

图 5-10　Xmind 导出为 PNG 页面

（3）问卷工具。在线调查工具不仅支持在线调查统计，还有在线测试、投票等，具有强大的共享功能（见图 5-11）。

图 5-11　问卷星部分功能页面

问卷工具是一种用于设计和分发调查问卷的软件或平台，它可以帮助研究人员、市场分析师、教育工作者等轻松创建、管理和分析调查问卷。市面上的问卷工具平台众多，如问卷星、腾讯问卷、Google Forms、SurveyMonkey 等，其特色功能和优势也不尽相同。

在线问卷是目前经常采用的数据收集方法，适用于多种场景。可以利用在线问卷工具，迅速创建并分享问卷，不受地点和时间限制，高效、便捷地收集数据。常用功能包括以下几个。

1) 问题设计。问卷工具的首要功能是设计问题。用户可以通过简单的拖放操作或代码编辑来创建问卷，并添加各种类型的问题，如单选、多选、填空、评分等。

2) 问卷收集。问卷工具支持通过多种渠道分发问卷，如电子邮件、社交媒体、网站链接等。一些工具还提供扫描二维码填写问卷的功能，方便移动设备的用户参与调查。

3) 数据分析。在线问卷工具通常都提供数据分析功能，支持实时数据分析，自动整理和呈现数据。一旦收集到问卷数据，问卷工具会提供丰富的数据分析选项，如生成表格、图表、交叉分析报告等。这些功能有助于用户快速了解调查结果，并发现数据中的规律和趋势。

4) 成员协作。一些问卷工具支持多人协作编辑问卷和分析数据。这使得团队成员可以共享资源、讨论问题和制定策略，提高工作效率和准确性。

5) 安全保障。问卷工具应确保收集的数据是安全的，并防止未经授权的访问。它们通常提供数据加密、密码保护、访问控制等安全措施，以保护用户数据的安全性和隐私性。

二、图片

图片是非常直观的信息表达方式，易于吸引注意力，能够迅速传递视觉信息。无论是在新闻报道、社交媒体还是网络广告中都发挥着重要作用。

（一）图片作为信息载体的优势

1. 表达直观。图片可以直观地展示信息，让复杂的概念或数据快速被理解，有助于提高信息记忆力，促进信息快速传播。

2. 吸引力强。图片通过视觉元素传递情感，视觉认知和冲击力更强，容易引起情感共鸣，增强信息的吸引力和影响力，加速信息传播。

3. 信息量大。一张图片可以整合大量丰富信息，提供比文字更为紧凑和高效的信息传递方式。

4. 传播即时。图片可以即时传达信息，还可以克服语言障碍，实现信息的传递一致。

5. 兼容性好。不同的图片格式可以在不同的操作系统和设备上无缝展示、使用，也可以与视频、音频结合使用，增强信息表现力，提升传播效率。

（二）常见图片格式

图片可以根据不同的标准进行分类，常见的图片格式及特点见表 5-3。

表 5-3　　　　　　　　　　　　常见的图片格式及特点

格式	特点
.jpg/.jpeg	最常用的图片格式，适用于照片和图像的存储。
.png	该格式支持透明背景，常用于 PPT、图像处理和网页设计中。
.gif	该格式的图片最大特点是支持动态图片和透明背景，常用于制作简单的动画和表情包。分为动态 gif 和静态 gif 两种。
.tiff/.tif	专业打印文档中最常用的格式，支持高颜色深度和分辨率。
.bmp	Windows 操作系统中标准图像文件格式，包含图像信息较丰富，支持高颜色深度，几乎不进行压缩，文件占用存储空间较大。

不同格式的图片各有特点，适用于不同的应用场景。在使用过程中，可以通过修改文件名后缀或者使用一些转换工具进行相互间格式的转换。

（三）图片检索与获取

1. 图片检索。互联网上有很多专业的在线图库，保存了大量图片资源，为用户提供图片检索入口，除了传统的图片搜索平台，还有图标、纹理等特殊图片搜索系统。可以通过设计素材类的导航网站，发现更多的图片资源。

（1）关键词检索。根据需要的图片内容，确定关键词，用具体的关键词进行匹配搜索。可以通过设定图片颜色、图片大小、图片格式等进行高级搜索，更加精准。

（2）以图识图。通过上传图片，在互联网上搜索与该图片相似或相关的其他图片，它是图片搜索的一种创新方式（见图 5-12）。以图识图以它高效、准确的特点运用在各种场景中。常用场景有两种：第一，通过小图搜大图，也可以通过单张图片找到系列图片。第二，查找图片来源。直接通过图片网址输入、截图粘贴、直接拖拽等方式进行查找，利用结果筛选，进行选择。

图 5-12　百度识图搜索框

2. 获取方式。

（1）复制图片。把图片复制到剪贴板上，在文档中粘贴使用。

（2）单张图片下载。一般情况下，在图片上点击右键进行直接复制，以文件的形式进行保存。

（3）多张图片下载。如果一个网页中有多张图片需要下载保存，可以通过浏览器文件菜单保存网页全部，该网页中的图片就会全部在同名文件夹里。或者保存网页为图片，此时，该网页将以 PNG 格式的长图片形式保存。

（4）文生图、图生图。明确需要生成的图片类型、风格和内容，包括场景、人物、颜色、氛围等内容，选择不同的人工智能大模型，尽可能详细提供与生成图片内容相关的文本提示描述，以指导模型生成想要的图片。图片创作完成后，根据初步生成图片进行再次提示修改生成，在生成结果中查看和调整属性，调整图像风格、分辨率、颜色等。还可以通过上传不同格式的图片，生成相似风格的图片。

（四）图片编辑常用功能

图片处理，通常是通过图片处理软件，对图片进行处理、修改、编辑等，使其更好地满足视觉需要。随着图片处理软件和图片处理技术的日益成熟和发展，图片的处理功能愈加丰富，图片处理方式越来越便捷高效。

1. 截图。

（1）使用 Windows 自带截图功能，用键盘快捷键 PrintScreen 截图，并利用 Ctrl＋V 快捷键进行粘贴。它可以单独使用，截取整个屏幕，也可以和 Alt 键配合使用，截取当前窗口。

（2）使用键盘快捷键组合，如 WIN＋Shift＋S 等对需要区域进行屏幕截图（见图5-13）。

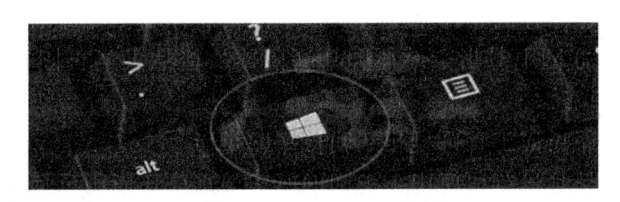

图 5-13　键盘 WIN 图标

（3）使用工具截图。目前，浏览器或者即时通信工具都自带截图功能，可以截取任何区域，截图后还可以进行裁剪、文字提取、马赛克等图片编辑，也可以另存为文件。

2. 剪裁。用来调整图片的尺寸和构图。

3. 旋转。用来修正图片的方向。

4. 调整大小。根据应用场景不同，图片在使用过程中，需要对比例、文件体积、分辨率进行调整。可以通过使用电脑自带的图片编辑功能，对图片的体积输出进行压缩，也可以运用在线网站实现图片的比例大小调整、分辨率处理、模糊变清晰、一键抠图等，保证图片的品质（见图 5-14）。

5. 优化设计。通过调整、修改、添加图片的颜色和文字，使图片和主题的风格或内容更符合、形状更美观生动。

6. 格式转换。图片格式间的转换可以通过软件、在线工具等多种方式实现，要根据不同用途选择合适的图片格式，结合应用特点调整尺寸和格式。

（1）jpg 转换 png。通过 PhotoShop 等专业软件和在线网站，可以直接上传需要转换的 jpg 图片，进行单张或者批量的图片转换。

图 5-14 佐糖在线网站图片处理功能

（2）静态图片转换动图。在当今数字时代，动图是非常流行的一种图片格式，它不仅可以有静态效果，还可以有动态效果展示，能够以简洁有趣的方式传达信息，在社交媒体和聊天应用中吸引人们的注意力，越来越受欢迎。制作动图可以通过工具软件，上传多张静态图片进行合成，可以添加文字、背景和纹理，增加不同的特效，合成完毕后还可以再添加文字、图片、二维码、水印，选择自定义尺寸和形状输出。

（五）图片的使用原则

1. 图片在确定使用前，在明确要传达的信息和使用目的。

2. 选择与信息表达内容紧密相关的图片，增强信息的相关性和说服力。在应用文体（如学术论文、调研报告等）中，要尽量采用主题明确的原创图片，并为图片提供辅助简短文本说明，图片序号在正文中进行标注。

3. 对图片的格式、分辨率、色彩等方面进行优化设计，保证图片具有足够的分辨率。

4. 使用版权合法的图片，不对图片进行拼接、伪造，确保图片的合规性。

三、视频制作

视频是一种动态的信息表达方式，作为综合性的媒介形式，它融合了文字、声音、图像等视觉和听觉元素，以立体和动态的形式展现内容，增强了信息的直观性和主动性，在信息传播中发挥着多方面重要作用。

（一）视频作为信息载体的优势

1. 直观生动。视频通过页面和声音直接展现信息，连续的图像变化展现事物的发展过程和动态效果，相比文档和静态图片，其吸引力和感染力更强。

2. 高效传递。通过画面、旁白、字幕、解说、音乐等多通道表达，视频能够同时传递视觉和听觉信息，无论是新闻报道、产品展示还是教学演示，都能直观呈现，降低理解难度，提高了信息传播效率。

3. 传播影响力更强。视频具有较强的叙事和情感感染力，信息表达更直接，代入感强，容易引起情感共鸣，有助于提升信息说服力和影响力。

4. 应用广泛。视频被广泛应用于各个领域，它可以通过图文、演示、示范、讲解等形式，清晰传达信息内容，促进知识技能的有效表达与传播。

（二）常见视频格式

视频格式是存储视频的文件格式，每种视频格式都有其独特的技术特性、优缺点以及适用场景。要想选择合适的视频格式，通常需要对文件大小、压缩效率、兼容性、编辑需求、流媒体支持等因素进行的综合考量（见表5-4）。

表5-4 常见视频格式及特点

常见视频格式	特点	适用场景
AVI	由微软公司开发，是一个开放且传统的视频格式，支持多种编码器。可以存储未压缩、压缩的视频和音频数据，兼容性好，易于编辑和处理。	本地视频的存储和编辑。文件体积通常较大，不适合于网络传输和流媒体播放。
MOV	支持多种编解码器，包含丰富的元数据，可以提供高质量视频效果和多轨道功能，常用于存储高质量的视频和音频，适合专业视频制作和编辑。	广泛用于电影和专业视频制作。
WMV	由微软公司开发，专为网络流媒体设计的视频格式，能在较低比特率下保持相对好的视频质量。	常用于在线视频流、网络演示、远程教育、视频点播等场景，目前使用已逐渐减少。
MP4	目前最流行的视频格式之一。支持多种编解码器，支持高质量视频和音频压缩，具有高压缩比、文件尺寸较小的特点，可以兼容多种操作系统和设备，便于跨平台使用。	广泛应用于网络视频、移动设备视频内容、流媒体、游戏、应用程序视频资源等。

在当前互联网环境下，MP4格式因其出色的跨平台兼容性和高效压缩能力，成为最被广泛接受和使用的视频格式。不同的视频格式可以通过软件、在线工具进行相互转换。

（三）视频制作流程

视频的制作通常要经过素材的拍摄采集和后期剪辑制作两个阶段。视频制作的关键因素主要有清晰的图像、声音，合适的视觉效果，适当的背景音乐，恰当的转场效果和流畅的剪辑。

1. 原创素材的采集。

（1）根据视频的播放平台和制作要求（时长、格式、分辨率等）确定视频为专业还是业余，选取拍摄使用的设备及后期用来剪辑制作的软件。如果对画面清晰度要求不高，普通手机和中等配置的电脑都可以满足拍摄和制作需求。

（2）制订视频拍摄计划，撰写拍摄脚本。1）对视频的拍摄内容、场景、角色、风格等做好规划设计。2）视频内容不涉及政治、宗教、色情、暴力、歧视等敏感性话题；不侵犯他人肖像权、隐私权。3）除了自己创作脚本，也可以借助人工智能大模型，根据拍摄计划和需求，填写创作主题，生成创作脚本，为视频创作提供参考。

（3）拍摄尽量采取多角度、多机位方式进行，通过远景和近景配合采集视频。拍摄地点尽量采光充足，利用自然光和人工光源，创造理想的光照效果，使画面光线均匀，画质清晰。为保持画面的稳定,可使用三脚架、拍摄云台等拍摄设备。同时,掌握镜头运动技巧,运用推拉、摇移等动作,增加视频的视觉动态感。

(4)为避免视频出现杂音、噪音,保证视频声音的良好呈现,在视频拍摄时尽量选择不过于空旷的拍摄地点,在拍摄过程中同步使用收音器、录音笔进行声音的录制。

2. 网络素材的搜集。

在视频制作需要引用他人作品以丰富视频内容时,可以通过网络完成视频素材的搜集。搜集素材时不仅要关注视频内容,还要注意清晰度、素材质量、与视频主题契合度、版权等几个方面内容。搜集方法有以下几种。

(1)搜索引擎或者视频平台直接搜索。直接在搜索引擎或视频平台输入关键词进行精准搜索(见图 5-15),为保证素材质量,可以选定主流平台进行一站式查找,然后通过筛选功能,按上传时间、分辨率等条件进行排序和筛选。

图 5-15　哔哩哔哩网站搜索页面

(2)订阅或者购买专业视频素材库。素材网站(见图 5-16)和专业视频素材库,都提供了海量经过版权许可的视频素材,可以根据需要快捷搜索、预览、下载使用,高效又精准(见图 5-17)。

(3)人工智能大模型 AI 视频工具。通过视频主题创建,创作生成相关视频素材。目前,国内已有多家大模型公司推出了视频生成相关技术和平台,创作生成的视频可以再次提交指令进行细节的修改完善。不同的 AI 模型设定生成视频的时长限制不同,通常在几秒到几分钟不等。

(4)搜集到的素材,导出下载前,需要预览完整视频,确认素材有无损坏、水印、剪切,且内容是否符合视频主题。确保所选素材的分辨率、帧率、编码格式等参数无误,以便顺利导入剪辑软件并保证最终输出的视频质量。同时,要遵循视频的版权和使用权原则,确保素材的合法使用。

图 5-16　熊猫办公视频搜索网页

图 5-17　觅知网视频搜索结果网页

3. 剪辑加工。

视频的剪辑加工是指对原始素材、搜集到的素材的挑选、组织、调整与合成。通过 Premiere Pro、剪映等剪辑工具，对视频进行美化编辑，给视频添加字幕、配音、画面转场，并进行效果设计。在剪辑加工时，需要统筹规划视频整体思路，选取适合视频内容的剪辑风格，强调突出主题表达，再使用剪辑功能，对视频音频、镜头、转场等进行优化设计。

（1）声音和画面组合剪辑。声音和画面的组合是视频制作的重要环节，把视觉与听觉元素有效地进行融合，以创造出统一而有表现力的视听感觉。声音和画面的同步可以用以下两种方法剪辑：第一，在声音和画面的切换点同时进行剪切。这种剪辑方法可以保证声音和画面的连贯性。第二，在一个画面未完全结束时，开始接入下一个画面，利用声音的延续来连接两个不同的画面，打造出更好的视听效果。

（2）编辑加工。选择合适的视频剪辑工具，对于视频制作整体流程很重要。要熟悉视频剪辑工具，学习掌握剪辑工具中的常用功能。使用时间轴下的剪辑工具，先通过对视频素材剪切、复制、删除等基本操作，进行快速粗剪，构建大致的框架，再逐步细化每个镜头画面，在特定的内容和位置进行统一调色、添加背景、抠图、转场及一些特效等，在音乐轨道上对音频进行去噪、音量调整、添加音乐和音效等方面的处理，增强视频的声音效果。

（3）字幕生成。视频制作完成后，为视频内容添加上字幕，可以提高观看体验，让视频看起来更专业。字幕可以智能识别生成，但在智能字幕生成过程中难免会有遗漏或错误，所以需要注意严格校对字幕内容，并设定一致的字体、大小、位置等样式格式。

（4）导出。视频剪辑加工全部完成，选择输出视频格式，把制作好的视频进行导出。分辨率、帧率、码率值越高，视频的清晰度和播放流畅度越强。但是，如果视频原素材分辨率较低，即使设置较高的分辨率导出，清晰度也不会提升得很明显。开启 HDR 视频导出会让视频呈现出高动态范围，整体拥有更好的动态效果，在保存视频时，画面会做出一定的调整处理，色彩画质会有所损失，需要后期调整以达到完美的效果。如果视频素材本身具有 HDR 特性，专业制作的要求比较高时，导出时应该开启该效果。

（四）视频编辑常用功能

目前，国内外视频剪辑工具有多种，各有特点，适合不同用户群体对视频剪辑的需求。比如，剪映、爱剪辑、迅捷视频等简单易学的视频编辑工具，带有全面的剪辑功能，支持变速，有多样滤镜和美颜的效果，有丰富的素材库、曲库资源。

熟悉视频制作常用功能，对于视频剪辑有很大的帮助。不同的剪辑工具功能叫法有所区别，但功能和用法基本相似，下面以大家熟悉的视频编辑工具剪映中的部分功能为例，提供参考。

1. 素材导入与管理。对素材按场景或者时间进行重命名和分类，方便后续查找和使用。

2. 剪切或分割是视频剪辑的基本技巧之一。通过剪切或分割，可以将一段视频分割成两段或多段，在时间轴上找到需要剪切的点，进行剪切，快速自由分割。剪切后，可以删除不需要的部分，将需要的部分拖动调整到合适位置。

3. 变速。将视频的显示速度变慢或变快，实现对视频节奏快慢的掌控。速度变慢，视频时长就会对应延长，可能出现画面失真、卡顿现象，需要通过智能补帧辅助生成顺滑效果。

4. 音频分离。可以将导入的素材进行画面与声音的分离。分离出的画面和音频可以再次编辑使用。

5. 抠像。通过自定义、色度抠像，将视频片段中主体多余的部分去除。色度抠像，适用于绿幕的抠图，使用取色器，移动调整，就可以完成抠图。智能抠像还可以为抠像进行描边。

6. 镜头追踪。静止物体借助运动的物体实现同步运动的效果。选择跟踪对象或者自定义跟踪区域，可完成追踪效果。

7. 蒙板。通过选择不同形状遮盖视频画面的一部分。配合参数调整大小、角度、羽化一起使用，可以让画面融合更流畅（见图 5-18）。

8. 画中画。在原有的画面中新增一个或多个图片、视频素材，让原有素材内容更丰富，形式更生动。与蒙板、抠图等其他功能配合使用，可以达到视频叠加、融合、转场等效果。

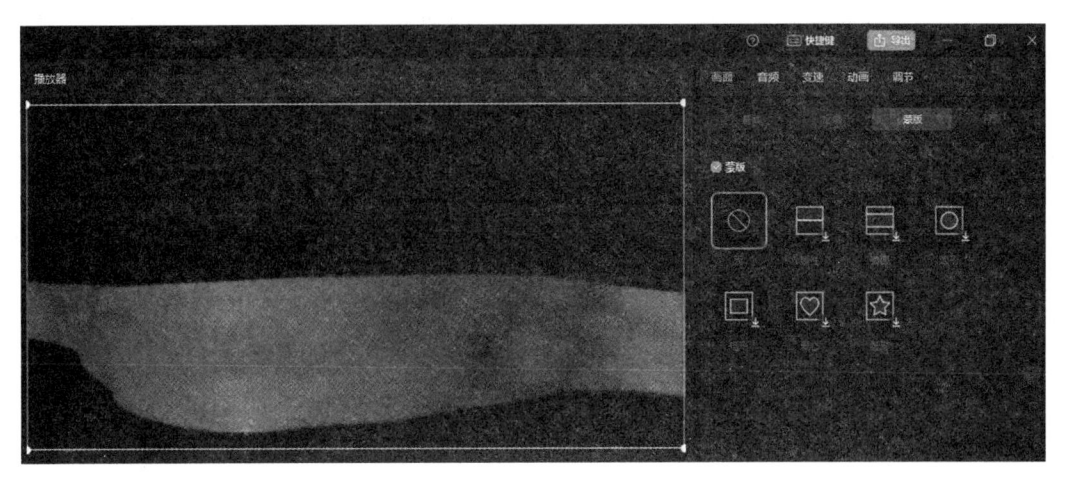

图 5-18　剪映中蒙板功能

9. 定格。将视频的某一帧暂停或延长，以产生特别的视觉和叙事效果。
10. 音频。可以为视频添加音乐，从本地拍摄视频中提取音乐，增加音效，进行同步录音。
11. 文字。为视频画面添加上文字，可以准确传达画面信息。通过文字模板进行样式、字体、动画效果设定，能够增强画面的信息表达力。
12. 动画。动画分为入场、出场、循环动画三种。入场动画是场景中片段出现的动画；出场动画是场景中片段消失的动画；循环动画就是一直循环重复的动画。
13. 关键帧。帧是视频的基础单位，关键帧是记录某一时间点视频的所有信息，至少是以两个数量出现，而且参数是有区别的。通过关键帧可对比信息变化，使视频有动画的效果（见图 5-19）。

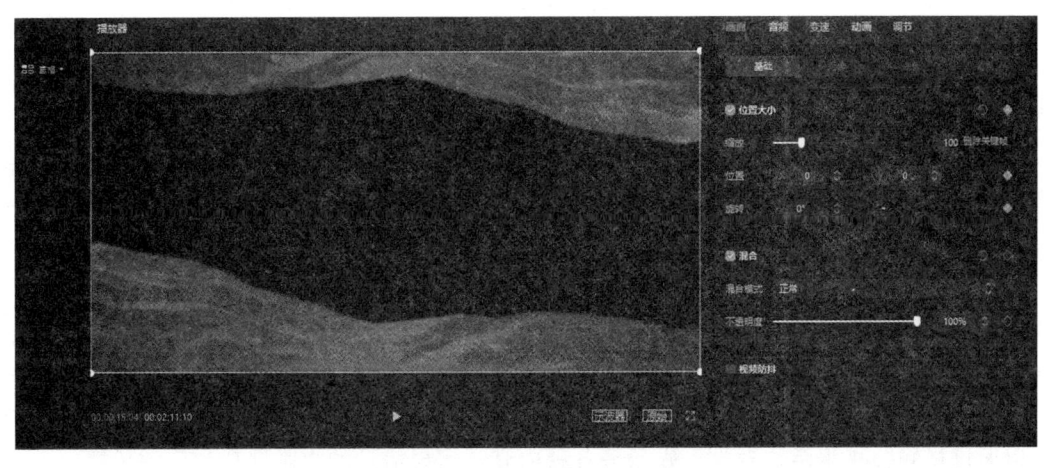

图 5-19　剪映关键帧功能启动

14. 转场。把不同的视频片段进行连接，并设定多种画面片段的转场效果，可以让视频看起来更加流畅、专业，适度使用可以为视频增加可视感。编辑工具提供了多种转场效果，将其应用到两个剪辑片段之间，视频可以平滑地过渡。可以通过调整转场效果的持续时间来适应视频的整体节奏。

15. 调节。可以对视频画面的亮度、对比度、饱和度、光感等内容进行调节，促进画面质量的提升。亮度的值越低画面越暗，值越高画面越亮。对比度的值越低画面过渡感越弱，值越高画面过渡感越强。饱和度的值用来表示画面颜色的深浅，值越低画面的颜色越浅，值越高画面的颜色越深。锐化的值越低画面边界越模糊，值越高画面边界越清楚。

除了使用专业剪辑工具的常用功能完成视频的剪辑，市面上的剪辑工具、在线平台和应用都提供了更为方便快捷的编辑选择，支持一键成片、图文成片、PPT转换等多种视频生成方式，适合快速制作和分享视频。

第四节 信息传播的方式和渠道

一、信息传播概述

（一）信息传播

原生信息在经过一系列的深加工并制作成产品后，还要按照用户的需求将其传递给用户。这些信息只有进行有效的传递，才能为用户所利用，产品本身的社会价值和可使用价值才能得以实现。可见，信息传播是信息分析活动必不可少的环节。

信息传播是信息从信息源传递到信息接收者的过程，信息传播需要通过载体进行，不同载体的传播方式对于信息传播的效果不同。

通过报纸、杂志、书籍、广播、电视等方式进行信息传播的传统媒体，受众群体稳定，在特定时间段内大规模传播信息，适合长期宣传和影响力渗透，在信息传播领域仍然具有较大的影响力，扮演着不可或缺的角色。随着信息技术的发展和人们信息需求的多样化，信息传播方式与渠道的未来发展趋势将更加多元化和个性化。本节主要关注网络信息传播的相关内容。

（二）网络信息传播的分类

1. 根据传输平台分类。

（1）社交媒体。社交媒体平台如微博、微信等，是人们日常交流和信息传递的重要渠道。用户可以在这些平台上发布状态、分享文章、参与讨论，实现信息的快速传播和互动。

（2）博客和论坛。博客是个人信息传递的重要方式，通过博客可以实现个人观点的表达和分享，吸引粉丝关注和交流。论坛则是用户就某一主题进行讨论和交流的场所，信息在这里得到汇聚和扩散。

（3）视频平台。如央视频、抖音等视频平台，以视频为主要形式进行信息传递。用户可以通过视频分享生活、教学、娱乐等各种内容，实现信息的直观展现和广泛传播。

（4）新闻客户端。新闻客户端是新闻信息传递的重要平台，用户可以通过客户端获取各类新闻资讯，了解时事动态。这些平台通常具有实时更新、个性化推荐等功能，以满足用户对信息的需求。

（5）电子邮件。电子邮件是一种个人之间信息传递的重要方式，用户可以通过电子邮件进行私密的信息传递和交流。在竞争情报领域，电子邮件也是企业间传递商业信息、建立商业联系的重要工具。

2. 根据传输内容分类。

（1）文本信息。通过文字、符号等文本形式传递的信息，如社交媒体上的文字状态、电子邮件等。

（2）图像信息。通过图像、图形等形式传递的信息，如社交媒体上的图片分享、视频平台上的封面图等。

（3）视频信息。通过视频形式传递的信息，如视频平台上的视频内容、新闻客户端中的视频新闻等。

（4）音频信息。通过声音形式传递的信息，如社交媒体上的语音消息、在线音频课程等。

二、电子邮件

电子邮件（E-mail）是一项经典的互联网服务，是互联网上使用最多和最受用户欢迎的一种应用，它通过电子邮箱，不仅可以传递文字信息，而且可上传声音、图像和任何附件。作为信息交流的重要工具，电子邮件以它更加正式和私密的特点，极大地促进了信息的传递和交流，在求职、商务合作、沟通等方面发挥着不可替代的作用。

（一）电子邮箱分类

1. 免费邮箱。目前，国内外有多个邮件服务商为用户提供免费邮件服务，用户可以通过服务商网站进行注册后使用。免费邮箱通常以提供服务的服务商作为邮箱的域名，通常只允许创建一个账户，提供的存储空间有限，需要通过清理邮箱来保存信息；支持基础的邮件收发、垃圾邮件过滤等功能，管理功能有限。虽然也提供电子邮件的安全防护功能，但不如企业邮箱严格。

2. 企业邮箱。企业邮箱使用企业自有的域名，没有广告，相对于免费邮箱。企业邮箱安全性、稳定性、保密性更强。当前，很多企事业单位都在使用以自己为域名的企业邮箱。企业邮箱提供的存储空间更大，并支持创建多个账户，可以根据需求进行灵活调整，集中管理账户，有更多增值服务，便于协同办公，提高团队协作效率，提升企业形象。

（二）电子邮件信息传播方式

电子邮件的信息传递方式多样，用户可以根据使用需求来选择和应用。

1. 点对点传递。发送者将邮件直接发送给一个或几个特定的接收者。这种方式适用于个人之间的通信或者小范围内的信息交流，是最常用的电子邮件传播方式。

2. 群发传递。发送者将同一个邮件，发送给较多的、不特定人群，接收者可能通过某种方式订阅了邮件列表。

3. 转发传递。邮件接收者将收到的邮件再次发送给其他人，通过这种方式，信息可以在更广泛的范围内传播。

4. 抄送和密送传递。抄送功能允许发送者在不让收件人知道彼此的情况下，将邮件副本发送给其他收件人。密送则是一种隐蔽的抄送方式，只有发送者知道密送给了谁。

5. 邮件列表传递。邮件列表是一种常见的电子邮件信息传递方式。创建邮件列表，可以向大量用户发送相同或相似的信息。通常只有列表管理员可以向列表发送邮件，列表成员可以回复邮件进行讨论。

（三）电子邮件撰写与设置

在信息化的今天，一封精心编辑的电子邮件能够有效传递信息，展示专业的形象。电子邮件一般由发件人、收件人、邮件主题、正文和附件几个部分组成。

1. 电子邮件的撰写。

（1）主题清晰。收件人对电子邮件格式有要求，首先应按照要求发送，如果没有要求，就需要使用简短的语句概述电子邮件的内容，规范电子邮件命名，方便收件人快速识别邮件的重要性。

（2）正文明确。电子邮件的正文一般由恰当的称呼、开头简短的问候、核心的内容和结尾致谢几个部分构成。正文内容避免复杂、冗长，力求信息直接、易于理解，正式邮件中慎用表情符号和缩写。如果需要收件人回应，需要在电子邮件正文中添加上如"请在周几前回复确认"等内容。要合理使用段落、列表和标点符号，对正文内容进行编辑，同时完成字体、颜色等内容设置，也可以通过模板工具进行美化设计，提升电子邮件的可阅性。

（3）附件上传。通过"添加附件"，可以上传包含多种格式的附件（见图5-20），如果附件过大，需要通过超大附件进行上传（见图5-21）。上传的附件最好用PDF格式，以保持文档格式的一致性，上传附件的文件名要规范，方便收件人查看。

电子邮件发送前，一定要对收件人地址、正文和附件内容进行校对，一旦发现错误，及时使用邮件撤回功能将邮件撤回。

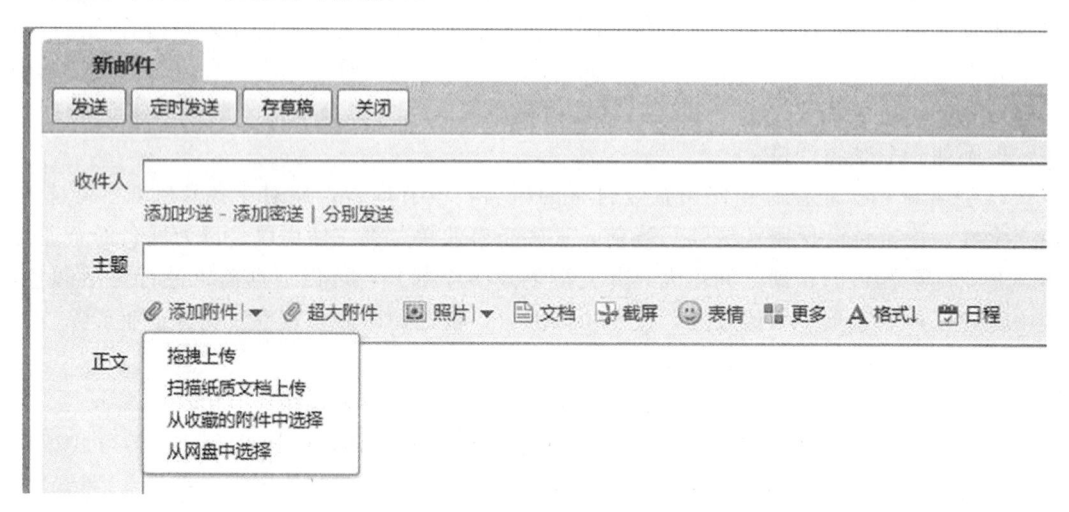

图 5-20 "添加附件"下拉菜单

图 5-21　超大附件添加页面

2. 电子邮件的功能设置

（1）为邮件设置个性化签名。设置好邮件个性签名，可以有效体现职业化程度。设置内容可以含有姓名、学校、专业、联系方式等（见图 5-22）。

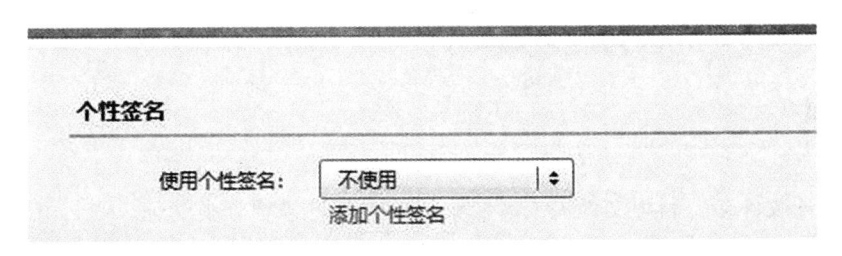

图 5-22　个性签名

（2）合理使用自动回复。电子邮件的自动回复功能可以有效管理邮件，保持与邮件发送者的良好沟通。要合理使用自动回复，编写自动回复内容，设置好时间范围，及时取消自动回复设置（见图 5-23）。

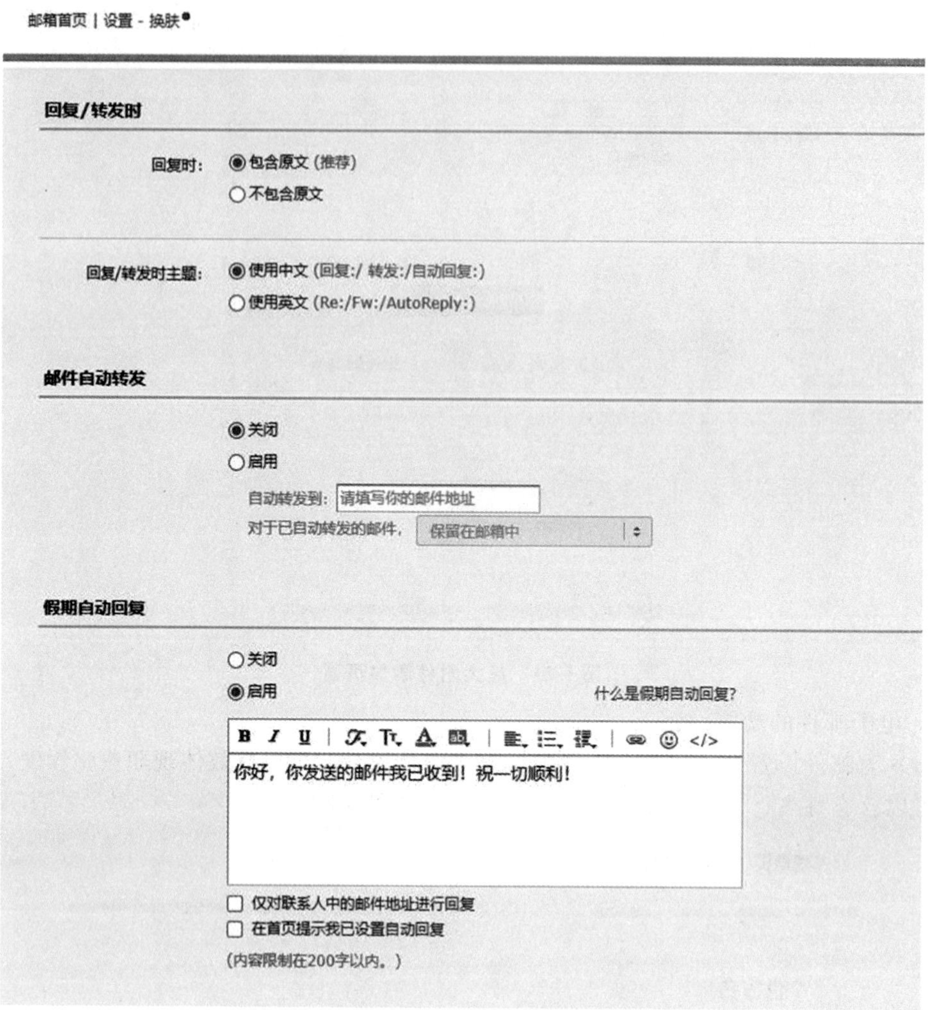

图 5-23　回复及转发设置

（3）管理收件箱。利用文件夹或者标记标签对邮件进行分类管理，一封电子邮件可以设定多个不同的标签，开通标签功能后，文件夹还可以继续使用。利用邮件客户端对邮件进行优先级别标记，区别紧急和非紧急邮件。定期对垃圾邮件进行清理，保持收件箱有序整洁（见图 5-24）。

图 5-24　邮箱设置

(4) 利用日程提醒。通过电子邮件中的日历功能创建日程，优化自己的学习和生活计划，提高时间管理能力。对重要的邮件设置提醒，确保不错过重要信息。对于需要回复的邮件，应尽快给予回复（见图 5-25）。

图 5-25　日程设置

（5）信息安全保护。在电子邮件使用过程中，要注意个人信息和密码的保护，学会辨别接收电子邮件信息的真伪，客观评估邮件来源的权威性和内容可靠性。

探究任务：

用电子邮箱发送一份个人求职简历，通过撰写电子邮件，学会清晰、准确的信息表达方法，掌握电子邮件规范格式的应用。

三、社交媒体

案例分析：

奥运会传播变革

近年来，随着移动互联网的普及，奥运会的传播方式经历了革命性的变化。在奥运会期间，通过不同社交媒体平台的在线视频、直播、互动体验等多元化应用，实现了奥运赛事信息的即时传播和用户的高度参与，构建了全民互动的奥运社区氛围。

这一变革不仅展现了社交媒体在大型体育赛事传播中的独特优势和信息传递特点，还体现了社交媒体在现代信息传播中的核心作用。

社交媒体作为一种基于互联网的交互式平台，具有发布动态、分享文章、上传图片和视频、评论互动等功能，用户可与其他用户互动和建立社交网络，根据自身需求选择不同平台进行信息发布和交流。社交媒体不仅是信息传播工具，更是一个集创意展示、品牌建设、用户互动等功能于一体的综合平台。理解和掌握社交媒体的传播特点及应用场景，不断提升在这一领域的实践能力和创新思维，对于提升个人信息技术应用能力和谋划未来职业生涯都至关重要。

（一）社交媒体内容类型

社交媒体平台以其多样化的表现形式吸引了大量用户，国内外社交媒体平台不断演变，功能和用户体验也在不断升级，从文本分享、视觉展示，再到短视频、直播等内容形式逐渐涌现，社交媒体内容类型发展迅速，呈现出多样化的特点。

1. 图文。图文作为信息传播基础的表现形式，依然凭借着广泛适用性和便捷性，保持着不可替代的位置。精练的文字搭配高质量图片的形式，能够迅速吸引用户的注意力，有效传达信息，适用于快速分享日常生活、表达观点，满足用户多样化的信息需求。此外，用漫画、图表等形式充实图文内容，可以更加直观地展示复杂信息，增强图文内容的吸引力和可读性，成为快速传播信息的首选。

2. 音频。音频作为更侧重于听觉的媒介，以其各具特色的平台风格，在社交媒体中成为不可或缺的形式。它以一种轻松交流的方式，用声音的力量，展现出独特的魅力。音频以独特的社交媒体表现形式减少了视觉干扰，满足了用户不同场景下信息的获取需求，营造出更加私密和真实的社交空间，适合于知识分享、人物访谈等场景。

3. 视频。视频通过视觉与听觉的双重调动，提供了更丰富、更直观的体验，在社交媒体上具有很高的吸引力，成为增长速度最快的传播形式。短视频平台和中长视频平台都发挥着自身优势，在发展中博弈升级。其中，短视频以短小精悍，易于传播的特点，迅速占据了用户的碎片化时间，为创作者与观众架起情感桥梁，成为当下信息传播的主要方式。

4. 直播。作为一种实时视频传播形式，直播为社交媒体带来了实时互动的新维度，增强了社交媒体的即时性和参与感。直播可实现实时播放，主播与观众间即时互动沟通，促进鼓励双方直接和真实地交流。近年来，直播在社交媒体上非常流行，为在线教育、品牌宣传、个人IP打造等提供了有效传播渠道，展现了强大的影响力和传播价值。

目前，越来越多的社交媒体平台在整合资源，可以一个账号、一个后台将相同的内容同步更新和发布到多个平台，平台属性的界限越来越模糊。

（二）社交媒体信息的获取

社交媒体传播的信息量极大，不仅是交流互动平台，也是不可或缺的信息检索渠道。各个社交媒体平台都内置了个性化的推荐算法机制，根据用户网络浏览轨迹向用户自动推荐相匹配的信息。用户可以通过增加获取信息的时间和途径来增强获取信息的深度和广度，突破平台推荐信息的局限，建立信息转移。这一过程不仅可以丰富个体知识体系，也可以促进信息的广泛传播和深度挖掘。

1. 关键词搜索。通过社交媒体平台的搜索功能，输入相关的关键词进行搜索（见图5-26），就能够查看到与关键词或标签主题高度相关的内容，挖掘到更多的信息。用户也可以通过限制时间范围、特定账户、内容类型、搜索范围等条件进行高级搜索，提升信息筛选精准度。

图 5-26　微博搜索页面

2. 关注和订阅。有目的地选择关注或订阅相关用户、机构或话题标签来获取信息的更新。社交媒体都有相关的认证通道，选择有标记的认证用户或者组织，获取的信息源的准确性和质量会更高。当前，很多政府机构都开通了新媒体账号，并为用户提供新闻或者政务、便民服务（见图 5-27）。

图 5-27　工业和信息化部微信公众号

3. 热点趋势。通过热点搜索工具可以查看热门话题和热搜榜单，了解当前用户关注度较高的信息和趋势。(1) 平台自带热点工具：大多数社交媒体平台自带热点工具，具有热门话题、热搜、热点等各类榜单。(2) 综合类热点网站：作为第三方网站，集合了多个社交媒体平台热榜内容，了解热点信息的视角更全面。

（三）社交媒体信息的筛选

学会有效筛选信息，评估信息真伪，有助于提高工作和学习效率、提升决策效果、促进信息传递。

1. 查看信息出处。查看信息的原始发布者是否具有权威性和专业性。通常，专业媒体、官方机构或行业专家学者发布的信息内容更具有权威性、更值得信赖，可以优先选择。判断一个社交媒体账号是否具有权威性，可以从以下几个方面进行考量。

(1) 账号认证情况。在通常情况下，经过平台官方认证的账号更具有权威性。官方媒体、政府机构、知名企业或公认的专家学者往往会在平台进行认证，账号后面会显示认证标志和认证内容（见图5-28）。

图5-28 《人民日报》微博账号

(2) 内容的质量与专业性。权威账号发布的内容一般质量更高、内容更专业，通常包含来源的引用、数据支持或专家评论。

(3) 公信力与可信度。通常与账号的声誉、发布信息的准确性和真实性相关联，账号的公信力和可信度是判断其权威性的关键因素。

2. 核实信息真实性。高质量的专业资源通常会提供引用和参考来源，以表明作者进行了深入研究并支持其观点。不要仅凭标题或摘要判断信息的真实性。点击链接阅读全文或者查看完整视频，了解完整的信息背景，有助于更全面地评估信息的可靠性。尤其在问答社区获取学习资源时，一些回答可能带有主观色彩或偏见，这可能对学习者造成误导，需要学习者保持批判性思维，对信息进行筛选和鉴别。在对比多种信息来源时，需综合考虑不同观点和信息，避免仅依赖于单个回答，同时要提高信息来源的可靠性，既可以借助相关的学术文献、专业书籍或其他可靠来源，对内容进行验证和补充，也可以将社交媒体上用户的评论和反馈作为核实信息真实性的辅助手段。

3. 检查信息时效性。社交媒体上很多信息可能存在时效性问题，有些内容可能已经过时，又被转载或者二次创作重新发布。因此，需要注意内容的更新情况和可靠性，检查信息的发布日期，确保它是最新的，而且准确无误，与当前实际情况相符。

（四）社交媒体的使用

根据不同社交媒体平台的特性，结合文字、图片、视频等多种形式，策划创作有吸引力、有价值的内容，并对作品内容定期更新，保持一定的发布频率。同时，充分利用社交媒体平台提供的工具和功能，如标签、话题、广告推广等，来增加内容的覆盖范围和可见性，也可以与其他社交媒体用户合作，通过联合创作等方式扩大信息传播的范围。

1. 内容创作。

（1）了解目标受众，确定选题方向。内容的创作需要了解该社交媒体的目标受众，可以先利用数据类网站或者小程序检索自己选定创作领域或者主题的高频词、热门话题，掌握用户在该时期的需求、关注，并结合年龄特点、兴趣偏好等信息为创作内容提供方向和灵感，这样创作的内容针对性更强，也更容易产生共鸣，从而提高信息的传播效率（见图5-29）。

图 5-29　新榜网站话题榜

（2）掌握内容编辑技巧。

1）优化标题。标题是内容的第一印象，使用简洁、具有吸引力的词语准确表述内容主题，以突出吸引力和引导力。标题关键词可以选用行业热词、检索关键词等，契合文案的内容，通过使用数字量词、疑问句、强有力的词语和加上限定人群增强标题效果。

2）不同社交媒体平台的文案表达和创作方法有所区别，但文案的内容都要遵循结构清晰、逻辑严密、语言精练、内容丰富的创作原则。根据社交媒体平台特点，匹配合适的内容长度，对文案适当分段，段落第一句突出内容核心，以清晰传达整段信息。比如图文类社交媒体平台，可以通过文案对图片内容进行说明、描述和延展，让用户更完整地理解图文的信息表达。视频类社交媒体平台，可以通过引入热点、借鉴素材等方式输出信息。

3）内容优化处理。不同的社交媒体平台有不同的内容展示风格，使用高质量的图片和视频、音频能够更好地提升内容效果，从视觉和听觉上带来更完整的体验。好用的图文排版工具不仅可以提供很多模板素材，还拥有图片搜索、智能做图的功能；视频、音频剪辑工具可以完成视频、音频分割，效果处理等编辑工作（见图5-30）。

图 5-30　135 编辑器功能展示

（3）持续学习。在社交媒体使用中，要多关注行业趋势、追踪热门话题，分析社交媒体推荐的优秀传播案例，通过持续地学习与观察，吸取创作灵感。原创作品在社交媒体平台更受保护和欢迎，社交媒体平台为了提高创作者的原创水平，设置有创作中心，其中有很多优秀的实用性很强的教程可供创作者学习（见图 5-31）。

图 5-31　抖音创作者学习中心

2. 内容发布及管理。社交媒体上发布的内容虽然广泛，但每个社交媒体平台都有作品发布规则，要认真学习平台的各项规则，并严格遵守，在日后尽量避免违规操作。注意判断是个人原创作品还是转载作品，引用涉及的素材要在内容中标注，作品内容中不出现相关限制性言论或者内容，保障社交媒体账号运营良好。同时，为了吸引更多的关注，可以将同一个作品同时发布在多个社交媒体平台，利用社交媒体平台的高流量进行推广，通过转发、上热门、互动等方式提升作品和社交媒体账号曝光度，增加粉丝黏性，做好发布内容的扩散和引流。

3. 数据分析与优化。数据分析在各个领域中都有很大的应用价值，已经成为不可或缺的工具。使用数据分析工具对社交媒体中大量数据进行收集和分析，以此来追踪内容表现、用户行为、视频趋势、广告价值等内容，可以更好地了解各种现象和发展趋势，调整优化内容策略。

（1）内容分析。通过浏览量、点赞、评论、分享等指标可以了解不同类型内容的受欢迎程度，从而优化发布内容，确保内容多样性和连续性，增强品牌影响力（见图5-32）。

（2）用户分析。可以利用数据分析，分析用户活跃度、活跃时段、兴趣偏好和用户画像，有利于把握作品发布时间和话题趋势，提高互动效率，让作品内容更受欢迎（见图5-33）。

图 5-32　某账号数据中心内容分析

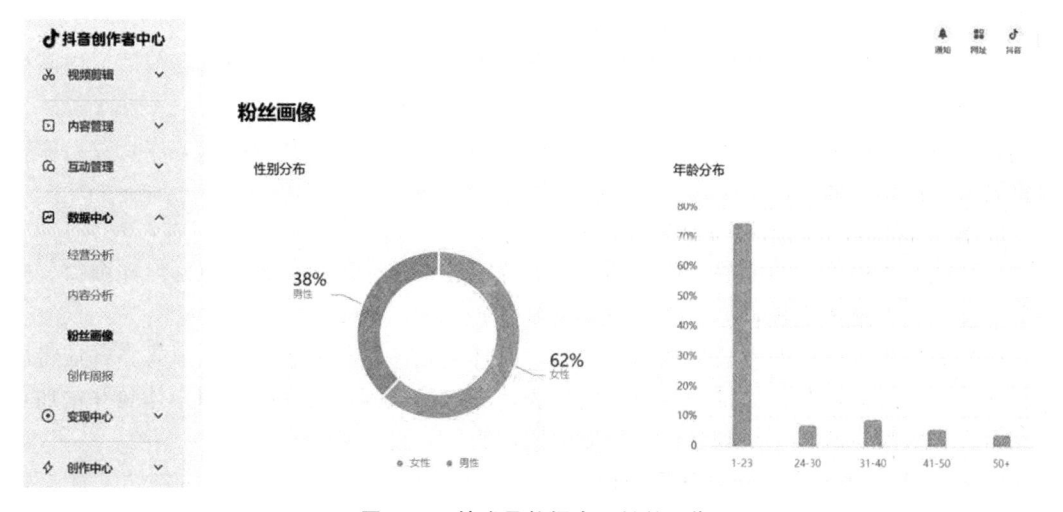

图 5-33　某账号数据中心粉丝画像

（3）增量分析。通过视频播放完成量、粉丝增长率、关注趋势、播放终端占比等指标分析，可以有效评估社交媒体上运营的内容，更好确定未来的内容方向。

除了大多社交媒体平台创作中心或者数据中心提供的数据分析工具之外，国内还有一系列第三方数据分析工具，能够横跨多个社交媒体平台，帮助用户更深入地对社交媒体上的数据进行分析。

探究任务：

用户不仅可以通过社交媒体平台获取到信息，将所获取的信息运用到工作、学习和生活中，还可以利用不同社交媒体平台进行信息的传递。

1. 大学生如何利用社交媒体平台进行创新创业项目或者职业规划？
2. 作为新时代大学生，如何利用社交媒体平台为家乡文旅尽一份力？

四、网络广告

网络广告作为信息传播的一种方式，在当今社会中扮演着越来越重要的角色。随着网络技术的迅速发展，网络广告优势日益突出，也促进了互联网广告受众的不断扩大，从而使得网络营销打破了传统地域和时间限制，成为企业和组织宣传品牌、产品或服务的有效工具。通过网络广告相关内容的学习，大学生能够掌握网络营销的基础知识体系和发展趋势，提高实际操作技能，培养创新思维和技术应用能力，适应未来市场需要。尤其是网络广告内容的制作和实施过程，是信息整合能力和创新思维的有效体现，不仅能促进网络广告内容的多样化和高质量，在策略和技术应用上不断推进，还可以让网络广告达到更好的传播和营销效果。

（一）网络广告的表现形式

基于网络传媒的多样化，网络广告的形式也呈现出多样化。

1. 按广告呈现方式不同可分为三种。

（1）横幅广告是最早、最常见的网络广告形式，通常出现在网页的顶部、底部和两侧，通过静态或动态图像、文字，醒目的颜色和创意布局，以视觉设计吸引力来展示广告内容。

（2）视频广告通过情感传递力的表达，利用视听结合方式，在视频内容前后或中间展示广告内容，传递丰富信息，增加广告的影响力和传播效果。

（3）富媒体广告包含视频、动画、音频等多种媒体元素，如互动游戏、广告等，能够提供更丰富的用户体验。

2. 按广告植入方式不同可分为两种。

（1）硬广告通常目的明确，广告的展示方式比较直接、固定，容易识别，如弹窗、横幅等，会对用户造成干扰，广告效果更容易量化。

（2）软广告以间接的方式传递品牌信息，设计上更注重与内容融合，形式多样地将广告信息融入，更为隐蔽，如推荐内容中的广告、论坛帖子等，旨在提升用户体验并增加点击率。广告效果更侧重于品牌建设和长期的影响力。

3. 按广告计费方式不同可分为两种。

（1）免费广告通常依赖于社交媒体个人账户等私域流量，覆盖范围有限，推广效果和可见度不易预测和控制，依赖于广告内容的创意和个人社交网络的建立。

(2) 付费广告呈现的位置一般比较醒目,社交媒体平台都会进行标注,有更多专业服务和工具,可以根据用户行为、兴趣等对目标受众、投放时间精准安排,带来更快速的精准的推广效果。

4. 按广告发布渠道不同可分为四种。

(1) 行业网站广告能够更加精准触及目标受众,提升品牌知名度,实现广告目标。

(2) 搜索引擎广告可以通过搜索引擎中关键词进行精准匹配,直接响应用户的查询需求,精确地将广告内容提供给正在搜索相关信息的用户,具有很强的针对性和实用性。

(3) 电子邮件广告是利用电子邮件直接传递信息的网络营销方式。

(4) 社交媒体广告可以通过社交媒体信息流的嵌入、热门话题等形式进行原生的内容形式融入。通常以帖子、故事等形式出现,与用户日常交流无缝对接,能够提高广告的参与度和转化率。

(二) 网络广告的实施

网络广告的实施需要经历广告策划、广告制作、投放广告、广告营销等过程,在实施的关键环节中,借助一些专业工具可以有效提升广告内容和质量。

1. 广告策划阶段。

(1) 市场调研分析。网络广告实施的第一步是需要了解目标受众,确定广告目标。使用在线问卷调查工具进行在线调研,可有效收集到相关信息。通过分析目标受众年龄、性别、地理位置、教育水平和收入水平等人口特征,兴趣爱好、习惯和上网行为等行为特征,设备使用特征,将广告投放到相应的平台和用户群体,提高广告的曝光率和转化率。

(2) 创意构思。确定了广告目标,接下来就需要对广告内容进行设计,结合广告主题,突出吸引力法则和用户参与度。

2. 广告制作阶段。

选择适合网络广告的广告形式,如图文广告、视频广告、动态广告等,以吸引用户的注意力。广告内容的制作通常涵盖图形设计、动画制作、视频编辑以及结合设计多个方面。制作网络广告需要多种技能和创意,基于广告具体要求、不同广告形式选择合适的编辑工具,这样可以有效提升广告吸引力和转化率,从而达到更好的市场推广效果。

(1) 图像设计。常用具有强大图像处理、修饰和矢量图形设计功能的专业软件,完成广告的图片编辑、修饰和创意设计,创建标志、图标、插图等图形设计。当然,通过在线图形设计平台中提供的大量模板和设计元素,也可以快速完成一个简单的广告设计(见图5-34)。

图 5-34 稿定设计网站部分模板

（2）音频制作。音频剪辑工具大多提供音效素材库，支持对音频进行分割、复制、调音等编辑方式，可以完成对音频的混合、控制和效果处理。常用音频剪辑工具有迅捷音频转换器、喜马拉雅云剪辑、Au 等（见图 5-35）。

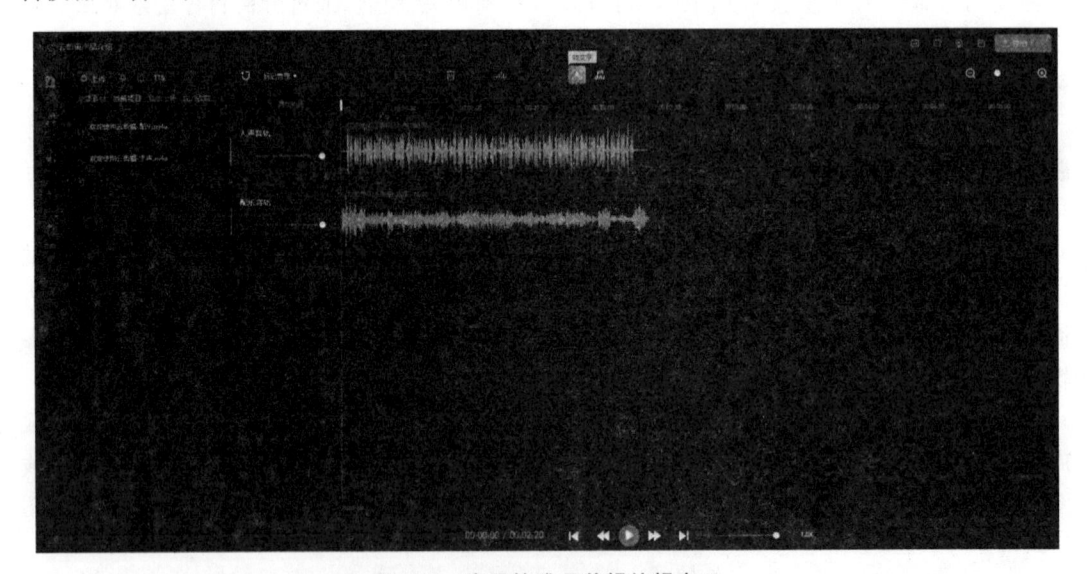

图 5-35 喜马拉雅云剪辑编辑窗口

（3）视频编辑。专业的视频编辑软件，可以为广告提供丰富的剪辑、调色、特效和音频的处理，有助于制作出高质量的视频广告。

（4）H5 制作。在线 H5 海报制作工具和平台，可以提供 H5 模板，一键生成 H5 页面，设计制作海报、长图、游戏等多种类型的交互内容。易企秀、人人秀等都是常用的 H5 海报制作工具（见图 5-36）。

3. 广告投放阶段。

（1）投放平台的类型。在广告投放中，要广泛选择平台，覆盖多个有影响力的渠道，确保广告能够触达大量的潜在客户。

图 5-36　易企秀功能界面

1）社交媒体平台。国内主流的社交媒体平台具有用户基数大、活跃度高和互动性强的特点，成为很多网络广告重要的投放渠道。可以通过社交媒体平台提供的广告位、弹窗等来投放广告。

2）搜索引擎平台。通过关键词的搜索，提升广告的在线可见度，适合有明确需求的用户定向。

3）新闻资讯平台。通过信息流广告，结合新闻和平台用户阅读内容对广告进行展示，吸引用户注意。

4）视频及直播平台。通过视频和直播内容吸引用户注意。

5）电商平台。通过商品、店铺推广、广告活动等形式，利用电商平台的流量进行产品展示和用户触达。

6）音频平台。在音频平台插入音频广告，适用于在听书等场景下的用户。

7）社区与论坛。针对特定行业、兴趣或者需求的平台，适合精准定位特定用户群体，如汽车之家。

（2）投放平台的选择。一要了解不同平台的用户基数和市场占有率，以及用户在线行为习惯，选择与目标受众相匹配的平台。二要对投放平台提供的广告形式和功能进行研究比较，选择合适的投放形式。三要评估不同平台的广告费用和预期回报，对广告成本效益进行分析，选择广告投放性价比高的平台。

（3）广告投放注意事项。一是多平台投放，不同平台的受众不同，广告投放效果不同，在多个平台上进行广告投放，可以提升广告的覆盖面。二是注意平台规则，每个广告平台都有自己的规则和限制，要确保内容和行为符合规则。三是对投放平台进行管理，提高工作效率和协同能力，制定广告内容发布计划，管理不同平台的内容发布时间和频率，保持广告内容的一致性和持续性。

4. 营销与优化阶段。

(1) 效果跟踪与分析。一方面，了解数据分析工具。新媒体平台自带的数据分析功能可以直接分析广告播放情况。另一方面，对用户行为进行分析。对于无法从后台获取的数据，可以借助第三方工具进行深入挖掘和分析。当前，国内关于网络广告行为分析的工具有很多，提供数据看板、行为分析、用户管理、转化归因、营销管理、AB 测试等多个板块的高阶分析功能，以数据分析助力企业达成用户全生命周期增长。

(2) 广告投放的优化与调整。根据广告的表现（点击率、转化率等）来评估和选择最佳投放平台，并不断调整和优化广告策略。

课后习题

1. 在撰写研究报告时，以下哪种做法是不恰当的？（　　）
    A. 引用他人的观点或数据时，注明出处。
    B. 为了使报告更具说服力，可以适当夸大或篡改数据。
    C. 报告中的数据和观点应该基于可靠的信息源。
    D. 在撰写报告前，先进行充分的文献回顾和资料收集。
2. 下列关于信息整合的说法，哪项是错误的？（　　）
    A. 确定整合信息的主题和目的。
    B. 将所有收集到的信息原封不动地堆砌在一起。
    C. 分析和评估信息的可靠性和相关性。
    D. 使用逻辑和条理清晰地组织信息。
3. 在进行信息搜集时，以下哪项不是常见的信息来源？（　　）
    A. 公开出版物　　　　　　　　B. 社交媒体平台
    C. 个人直觉　　　　　　　　　D. 专业数据库
4. 在评估信息的质量时，以下哪个因素是不重要的？（　　）
    A. 信息的来源是否权威可信。
    B. 信息的时效性，即是否是最新发布的。
    C. 信息的语言是否流畅易读。
    D. 信息是否包含足够的细节和证据支持其论点。
5. 在 Excel 中，如何计算某一列数据的总和？（　　）
    A. 使用 SUM 函数　　　　　　B. 使用 AVERAGE 函数
    C. 使用 MAX 函数　　　　　　D. 使用 IF 函数
6. 在 Word 文档中，如何快速查找某个特定的词语或短语？（　　）
    A. 使用"替换"功能　　　　　　B. 使用"查找"功能
    C. 使用"段落"设置　　　　　　D. 使用"字体"设置

课后习题参考答案

1. B　　2. B　　3. C　　4. C　　5. A　　6. B

第六章　信息伦理与法律法规

学习目标：
1. 了解信息伦理的基本原则，网络版权的法律框架，个人信息的定义和分类。
2. 掌握个人信息的收集和使用原则，以及如何在网络环境中合法使用他人作品。
3. 具有网络安全意识，能够识别和防范常见的网络安全威胁。
4. 能够提高个人信息保护的能力，维护个人和公共信息安全。

导入情景：
假设你是一名大学生，最近你的一位同学在社交媒体上无意中泄露了自己的个人信息，结果遭遇了网络诈骗。这个事件引起了你对于个人信息保护的兴趣，你开始研究如何在数字时代保护自己和他人的隐私安全。通过学习信息伦理、网络版权和个人信息保护的相关知识，你希望能够提高自己和周围人的网络安全意识。

请思考：
信息伦理是什么？哪些信息伦理失常行为涉及违法行为？

第一节　信息伦理原则与案例分析

随着信息技术的飞速发展，信息伦理成为一个备受关注的领域。信息伦理涉及信息的收集、处理、存储、传播和使用等各个环节，旨在确保信息的合理使用和保护个人的权利与利益。本节将探讨信息伦理的主要原则，包括尊重隐私、诚实守信、公平公正、责任担当和知识产权保护等方面。同时，通过分析常见的信息伦理失常案例，如人肉搜索、学术不端和网络欺诈等，揭示这些行为对个人和社会造成的危害。

一、信息伦理概述

（一）信息伦理的概念

信息伦理一般指信息道德或信息伦理学，是伦理学的一个分支，专注于信息技术领域中的道德问题和行为准则。这门学科起源于 20 世纪 80 年代，它的前身是计算机伦理学。随着信息技术的快速发展，信息伦理学逐渐从计算机伦理学中独立出来，成为一个更广泛的研究领域，它不仅包括计算机技术，还涵盖网络、人工智能、大数据等现代信息技术的伦理问题。信息伦理要求信息的产生、处理、存储、传播和使用等各个环节都应符合道德和法律的要求。

（二）信息伦理的主要原则

1. 尊重隐私。个人隐私权是指个人有权控制自己的个人信息，包括个人生活信息、通信和数据不被他人非法获取和使用。尊重隐私原则是确保个人生活免受不当干扰和保护个人信息不被非法使用的行为准则。在数字化时代，这一原则尤为重要，因为技术进步极大地增加了个人信息被收集、存储和处理的可能性，也增加了隐私泄露的风险。尊重隐私是维护个人尊严和自由的基本要求。在信息社会，尊重隐私有助于建立信任关系，保护个人免受身份盗窃、诈骗和其他形式的网络犯罪的侵害。

隐私权通常包括以下几个方面：一是个人生活隐私，个人有权保护自己的私生活不受公共窥探。二是通信隐私，个人通信内容，包括电话、邮件和私人消息，应受到保护。三是空间隐私，个人的物理空间，如住宅，不应受到非法侵入或监控。四是信息隐私，个人信息，包括身份信息、财务信息、健康记录等，应得到妥善保护。

【真题】

2020年全国高职高专院校信息素养大赛（判断题）

为确保收集个人信息的合法性，对个人信息控制者的要求包括不应以欺诈、诈骗、误导的方式收集个人信息等。上述要求是国家标准（标准号：GB/T 35273—2020）中明确规定的。

A. 错误　　　　　　　　　　　　B. 正确

答案：B

尊重隐私是信息伦理中的一个核心原则，它要求在信息技术的广泛应用中，采取必要的措施保护个人隐私权。通过透明性、最小化收集、目的限制和信息安全的实践，可以在享受信息技术带来便利的同时，维护个人的隐私和尊严。随着技术的发展，尊重隐私的实践也需要不断适应新的挑战，通过法律、伦理和技术的协同努力，构建一个更加安全的数字世界。

2. 诚实守信。诚实守信原则是确保信息交流的真实性、可靠性和诚信度的基本准则。这一原则要求个人和组织在信息活动中保持诚实，不进行欺诈、误导或虚假陈述，以及遵守承诺和约定，维护信息的完整性和信任度。在信息社会中，诚实守信是构建信任关系、维护社会秩序和促进信息交流的基础。信息技术的快速发展使得信息传播速度极快，一旦存在不诚实或不守信的行为，其负面影响也会迅速扩散，导致信任危机和严重的社会问题。

诚实守信的内涵包括以下几个方面：一是真实性，提供的信息应真实无误，不能歪曲事实。二是完整性，提供全面的信息，不故意遗漏关键信息。三是一致性，言行一致，承诺应兑现。四是信用性，建立和维护良好的信誉，赢得他人的信任。

诚实守信是信息伦理中的关键原则之一，对于维护信息的真实性、完整性和信任度至关重要。通过准确无误、公开透明、保护知识产权和遵守承诺的实践，可以在信息技术的广泛应用中建立和维护信任关系。面对新的挑战，个人和组织应不断加强诚实守信的意识，通过法律、伦理和技术的协同努力，促进信息社会的健康发展。

3. 公平公正。公平公正原则要求确保信息技术的使用和信息资源的分配不会导致社会不公或歧视，保障所有人平等获取和利用信息的权利。这一原则对于维护社会正义、促进信息社会的和谐发展具有重要意义。在信息社会中，公平公正是实现社会资源优化配置、保障公民权利和促进社会稳定的关键。在信息技术快速发展和广泛应用的情况下，如果不加以适当的伦理约束和规范，可能会导致信息资源的不平等分配，加剧社会不公现象。

公平公正包括以下几个方面的内容：一是平等性，所有人应有平等的机会获取和使用信息资源。二是正义性，信息技术的使用不应导致社会不公或歧视。三是透明性，信息资源的分配和信息技术的使用应公开透明。四是可及性，信息资源和服务应使所有社会成员容易获取。

公平公正是信息伦理中的核心原则之一，对于保障信息资源的合理分配、维护社会正义和促进信息社会的和谐发展至关重要。通过非歧视性、资源均衡、机会均等和责任分配的实践，可以在信息技术的广泛应用中实现公平公正。面对新的挑战，个人、组织和社会应共同努力，通过法律、伦理和技术的协同作用，推动信息社会的公平和正义。

【案例分析】

虚假好评

2024年初，某知名电商平台发现部分商家存在异常好评现象。经调查，这些商家通过支付报酬的方式，雇佣人员进行虚假好评，以此提升商品销量和店铺信誉。电商平台对涉事商家进行了严厉处罚，包括商品下架、店铺关闭等。市场监管部门对涉嫌虚假宣传的商家进行了调查，并依法进行了处罚。涉事商家被要求对受误导的消费者进行赔偿。

商家通过虚假好评欺骗消费者，违反了信息真实性原则，破坏了网络诚信体系。虚假好评破坏了市场的公平竞争环境，对诚实守信的商家构成不公。消费者基于虚假信息做出购买决策，其知情权和选择权受到侵害。根据相关法律规定，虚假宣传和商业欺诈是违法行为，涉事商家需承担相应的法律责任。

此案例反映了网络虚假评价对信息伦理和市场秩序的破坏。电商平台和监管部门的及时反应，体现了对信息伦理失常行为的零容忍态度。同时，这也提醒所有商家，遵守信息伦理和法律法规是企业长远发展的基石。此外，加强法律教育和提高公众的法律意识，对于维护网络空间的秩序和促进社会和谐也具有重要意义。

4. 责任担当。责任担当原则要求个人和组织在信息技术的使用和管理中承担起相应的责任，确保其行为的道德性和合法性，并对可能产生的后果负责。这一原则是维护网络信任、保护信息安全和推动信息技术健康发展的关键。在信息社会中，责任担当是构建网络信任的基石。随着信息技术的广泛应用，个人和组织在信息的收集、处理、存储和传播过程中拥有了越来越大的影响力。因此，他们在享受信息技术带来的便利的同时，也必须承担起相应的责任。

责任担当包括以下几个方面的内容：一是行为责任，对自己的行为负责，确保其符合道德和法律规范。二是结果责任，对行为可能产生的后果负责，包括对他人和社会的影响。三是改正责任，当行为造成负面影响时，应采取适当措施进行改正。四是预防责任，采取措施预防可能出现的不当行为和负面后果。

责任担当是信息伦理中的核心原则之一，对于维护网络信任、保护信息安全和推动信息技术健康发展至关重要。通过合法合规、道德自律、透明公开和持续监督的实践，可以在信息技术的广泛应用中实现责任担当。面对新的挑战，个人、组织和社会应共同努力，通过法律、伦理和技术的协同作用，推动信息社会的责任文化建设。

5. 知识产权保护。知识产权保护原则要求个人和组织在使用、创造和管理知识产权的过程中，尊重和保护他人的智力成果，确保其合法权利得到充分尊重和保护。这一原则是促进创新、维护公平竞争和推动社会文化进步的关键。在知识经济时代，知识产权保护是激励创新和维护创新者权益的基石。随着知识产权在经济和社会发展中的作用日益凸显，个人和组织在知识产权的创造、使用、管理和保护过程中扮演着越来越重要的角色。因此，他们在享受知识产权带来的利益的同时，也必须承担起相应的责任。

知识产权保护包括以下几个方面的内容：一是尊重原创，尊重他人的知识产权，不侵犯他人的专利权、著作权、商标权等。二是合法使用，在使用他人的知识产权时，应获得授权或许可，遵守相关法律法规。三是维权行动，当知识产权受到侵犯时，应采取法律手段维护自身合法权益。四是创新激励，通过知识产权保护，激励个人和组织投入创新活动，促进科技进步和文化繁荣。五是教育普及，加强对知识产权重要性的宣传教育，提高公众的知识产权意识。

【真题】

2019年全国高职高专院校信息素养大赛（多选题）

专利权的法律保护具有时间性，下列说法正确的是（　　）。

A. 中国的发明专利权限为20年，均自申请日计算

B. 外观设计专利权期限为15年，均自申请日计算

C. 技术专利权期限为10年，均自申请日计算

D. 中国的实用新型专利权期限为10年，均自申请日计算

答案：ABD

知识产权保护是知识经济中的关键原则之一，对于激励创新、维护公平竞争和推动社会文化进步至关重要。通过法律规范、伦理自律、国际合作和技术手段的协同作用，可以在知识产权的广泛应用中实现有效保护。面对新的挑战，个人、组织和国家应共同努力，通过法律、伦理和技术的创新，推动知识产权保护体系的完善和发展。

二、常见信息伦理失常案例分析

信息伦理失常行为指的是在信息技术使用和管理过程中违反道德规范和法律规定的行为。这些行为不仅损害了个人利益，还可能对社会秩序和网络安全造成威胁。

【真题】

2023年全国高职高专院校信息素养大赛（多选题）

近年来，各大互联网平台上的网暴现象明显增多，为依法惩治网络暴力违法犯罪活动，有效维护公民人格权益和正常网络秩序，最高人民法院、最高人民检察院、公安部在2023年起草了《关于依法惩治网络暴力违法犯罪的指导意见（征求意见稿）》，该文件提到，实施网络暴力违法犯罪，具有下列哪些情形之一的，应当从重处罚？

A. 针对未成年人、残疾人实施的

B. 利用"深度合成"技术发布违法或者不良信息，违背公序良俗、伦理道德的

C. 网络服务提供者发起、组织的

D. 组织"水军""打手"实施的

答案：ABCD

(一)"人肉搜索"

"人肉搜索"是一种网络行为,它利用网络社区的力量来搜索和公开特定个人的个人信息,如真实姓名、家庭住址、工作场所、电话号码、财务信息等。人肉搜索并非由搜索引擎算法自动完成,而是通过网络用户的手动参与,利用社交网络、论坛、博客等平台搜集目标个体的信息。这种行为往往涉及大量用户的协同作业,有时甚至形成有组织的"搜索行动"。这种行为通常未经受害者同意,可能会对个人的隐私权造成严重侵害,甚至导致网络欺凌或其他形式的骚扰。

"人肉搜索"现象的产生,可以归因于多方面因素:首先是网络搜索引擎技术的进步,使得信息检索变得更加容易;其次是网络的匿名性和跨越时空的特性为信息的广泛传播提供了条件;最后是社会中存在的盲目跟风现象,以及人们对于新奇事物的好奇心和追求满足感的心理。这种现象引发的网络伦理问题包括对个人隐私权的侵犯、对网络系统安全的威胁,以及对社会秩序稳定性的破坏。在没有核实的情况下传播的信息可能导致误解和不公正的结果,可能触犯法律,涉及侵犯隐私、诽谤等。

"人肉搜索"是一种复杂的社会现象,它涉及信息伦理的多个方面。虽然有时它被看作民间正义的体现,但更多时候它侵犯了个人隐私,带来了一系列负面影响。因此,需要通过立法、教育、技术和社会自律等手段来进行规范,保护个人隐私,维护网络环境的健康发展。

(二)学术不端

学术不端行为属于违背信息伦理的范畴。学术不端行为,如剽窃、抄袭、伪造数据、篡改他人研究成果等,不仅违反了学术界的诚信原则,也违背了信息伦理中的真实性、公正性和诚信性等基本原则。

中华人民共和国教育部令第 40 号对学术不端行为进行了明确界定,并规定了高校在预防和处理此类行为时应遵循的原则与步骤。同时,国家新闻出版署发布的《学术出版规范 期刊学术不端行为界定(CY/T 174—2019)》进一步细化了学术不端行为的分类,明确列出了抄袭、数据造假、结果篡改、署名不当等行为,并针对这些行为给出了具体的定义。常见的学术不端行为见表 6-1。

表 6-1　　常见的学术不端行为

序号	学术不端行为	简要描述
1	剽窃	未经授权使用他人的作品、观点或研究成果,并将其作为自己的成果发表
2	伪造数据	故意制造虚假的实验结果或数据,以支持研究假设或论点
3	篡改数据	选择性地报告或修改实验数据,以使结果看起来更加显著或符合预期
4	双重发表	将相同的研究成果在不同的出版物上重复发表,而没有适当地引用或声明
5	虚假署名	在研究成果上添加未对研究做出实质性贡献的人的名字,或未将做出贡献的人列为作者
6	不当引用	未能正确引用他人的文献,或故意忽略关键的参考文献

续表

序号	学术不端行为	简要描述
7	学术欺诈	在学术申请、评审或报告过程中提供虚假信息或隐瞒重要事实
8	不当的同行评审	在同行评审过程中存在偏见、利益冲突或不公正的评价
9	滥用学术资源	未经授权使用或滥用学术资源，如未经许可使用数据库、软件或实验材料
10	学术不端的指导和监督	教师或导师未能指导学生遵守学术规范，或未能发现和纠正学生的不端行为

学术不端行为不仅违背了学术界的规范，也违反了信息伦理的基本原则，对学术界的健康发展和信息的诚信传播造成了负面影响。

（三）网络欺诈

网络欺诈是一种利用互联网进行的诈骗行为，它违背了信息伦理中的诚实守信、公平公正和责任担当等原则。网络欺诈指的是通过互联网或相关技术手段，采用虚假信息、隐瞒真相或利用技术漏洞等方式，欺骗他人以获取非法利益的行为。常见的网络欺诈形式见表 6-2。

表 6-2　　　　　　　　　　常见网络欺诈形式

序号	网络欺诈形式	简要介绍
1	钓鱼网站	伪造正规网站的页面，诱使用户输入敏感信息，如用户名、密码等
2	网络钓鱼邮件	通过发送看似合法的电子邮件，诱使用户点击链接或下载附件，进而窃取信息
3	在线诈骗	通过虚假的在线交易或服务，骗取用户的金钱或个人信息
4	身份盗窃	窃取个人身份信息，冒充他人进行非法活动
5	虚假广告	发布虚假的产品或服务广告，诱导用户支付或提供个人信息
6	投资诈骗	以高回报为诱饵，骗取用户投资，实际上并无投资项目
7	彩票/赌博诈骗	声称用户赢得了彩票或赌博奖金，要求先支付税费或手续费
8	技术支持诈骗	假冒技术支持人员，声称用户的电脑存在问题，要求远程访问或支付费用
9	勒索软件	通过恶意软件锁定用户的文件或系统，要求支付赎金以解锁
10	社交工程	利用社交技巧操纵个人，获取敏感信息或访问权限
11	虚假慈善	假装慈善机构或灾难救援组织，骗取捐款
12	虚假工作机会	提供虚假的工作机会，要求求职者支付费用或提供个人信息
13	网络恋爱诈骗	在线建立虚假的恋爱关系，骗取受害者的金钱或个人信息
14	仿冒应用	开发与流行应用相似的恶意应用，窃取用户数据或访问权限
15	虚拟货币诈骗	利用虚拟货币的匿名性，进行诈骗或非法交易

续表

序号	网络欺诈形式	简要介绍
16	虚假优惠券/折扣	提供看似合法的优惠券或折扣码，实际上是为了传播恶意软件或收集信息

网络欺诈是信息伦理领域一个严峻的问题，它不仅侵犯了个人的财产安全，也破坏了网络环境的信任基础。为了有效应对网络欺诈，需要法律、技术、教育等多方面的共同努力。通过提高公众意识、加强法律监管和技术防护，可以逐步构建一个更加安全和诚信的网络环境。同时，这也是对未来信息伦理的一个重要考验，要求我们不断适应技术发展，更新伦理规范，保护网络空间的道德秩序。

【案例分析】

2024年，三门峡市陕州区公安机关通过侦查发现，朱某伙同孙某、李某、雷某、姚某，通过"无古无事""小李处事""观事处事"等网络账号，制作发布有关三门峡市某铝业公司等多家企业的虚假不实信息，损害企业声誉，借机索取删帖费，非法获利共计8万余元；朱某、孙某以为他人提供有偿删帖服务进行非法经营活动，非法获利共计9万余元。2024年3月，审判机关对该案依法作出一审判决，朱某等人犯敲诈勒索罪、非法经营罪，分别被判处有期徒刑和相应处罚。

这是河南省委网信办根据全省"清朗"系列专项行动公布的违法案例。朱某等人通过发布不实信息损害企业声誉，侵犯了企业的名誉权，违反了信息伦理中的尊重原则，也违反了信息真实性原则，破坏了网络诚信体系。他们利用不法手段索取删帖费，非法获利，违反了信息活动的合法性原则。朱某等人的行为构成了敲诈勒索，这是一种严重的违法行为，也是信息伦理的重大失常。

此类行为破坏了网络环境的健康发展，对社会信任和网络秩序造成了负面影响。朱某等人的行为最终受到了法律的制裁，这体现了法律对信息伦理失常行为的惩处和预防作用。该事件反映出部分人缺乏基本的道德教育和法律意识，需要加强社会道德建设和法律普及教育。该事件也提醒企业需要提高自我保护意识，建立应对网络虚假信息的机制。

通过这一案例我们可以看到，信息伦理失常行为不仅会对社会和个人造成损害，也会受到法律的严惩。加强信息伦理教育、完善法律法规、强化网络监管以及提高公众的法律意识和道德水平，对于维护网络空间的秩序和促进社会和谐具有重要意义。

三、如何遵循信息伦理原则

在信息时代，无论是公共部门、企业还是个人，都应积极遵循信息伦理原则，以维护网络环境的秩序、保护个人和他人的权益、促进网络空间的健康发展。

（一）公共部门层面

公共部门的信息伦理对于维护政府的公信力、保护公民权利、促进社会公正和提高行政效率具有重要意义。随着信息技术的广泛应用，公共部门在提供服务、管理公共资源和保障公民权益等方面面临着一系列伦理问题和挑战，涉及政府部门和公共机构在信息收集、处理、存储和传播过程中应遵循的道德规范和行为准则。

1. 政策与技术并重。公共部门需要制定和完善与信息伦理相关的政策法规，明确信息收集、处理和传播的行为准则，并采用先进的信息技术手段，如加密和访问控制，保护数据安全和隐私。

2. 公众参与与伦理教育。鼓励公众参与信息政策的制定和实施过程，确保政策的透明度和公众的知情权。同时，对公共部门的工作人员进行信息伦理教育，提升他们的伦理意识和责任感。

3. 监督与跨部门合作。建立有效的监督和问责机制，确保信息伦理政策得到执行。面对未来趋势，公共部门应利用智能化技术提高效率，加强跨部门合作，优先考虑伦理问题，并持续更新信息伦理政策和规范，以适应技术发展和社会变化。

公共部门应积极应对隐私保护、数据安全、信息公开、公平获取和责任归属等方面的挑战，通过制定政策、技术保障、公众参与、伦理教育和监督机制等措施，提高信息伦理水平，维护公民权益，促进社会公正。同时，公共部门也应关注信息伦理的未来趋势，不断适应技术发展和社会变化，为建设一个安全、公正、高效的信息社会作出贡献。

（二）企业层面

企业信息伦理实践是指企业在商业运作、技术开发和日常管理中遵循的一系列道德规范和行为准则，特别是与信息技术相关的方面。这些实践有助于企业建立良好的社会形象，提升用户信任度，实现可持续发展。

1. 伦理规范与制度制定。企业应建立一套明确的信息伦理制度，包括隐私保护、数据安全、诚实守信、公平竞争和知识产权保护等方面，并将其融入企业文化和日常运营中。

2. 技术与管理并行。企业需要引进先进的安全技术和管理措施，包括加密、访问控制、员工培训、监督审计机制以及危机应对计划，以保护数据安全，并应对技术发展带来的挑战。

3. 适应未来趋势。企业应关注信息伦理的未来趋势，如伦理智能化、伦理多元化、合作治理和用户参与，以适应全球化和信息技术快速发展的背景，确保企业的可持续发展和社会责任感。

企业信息伦理实践是企业社会责任的重要体现，对于维护企业的长期利益和可持续发展至关重要。面对不断变化的技术环境和法律要求，企业需要不断加强信息伦理的建设和实施，以赢得消费者和社会的信任。通过制定明确的制度、投资先进技术、加强员工培训和建立有效的监督机制，企业可以在信息技术的快速发展中坚守伦理底线，实现商业成功与社会责任的双赢。

（三）个人层面

个人网络行为遵循信息伦理原则对于维护网络环境的秩序、保护个人和他人的权益、促进网络空间的健康发展具有重要意义。用户应提高信息素养，谨慎分享个人信息，对网络信息保持批判性思维。

1. 树立正确的信息伦理意识。了解信息伦理的基本概念和原则，如尊重他人隐私、不侵犯知识产权、不传播虚假信息等。通过自我教育和学习网络安全知识，提高自己对信息伦理问题的认识和敏感度，培养批判性思维和道德判断能力，提高个人网络安全防护能力，对自己的网络行为负责。

2. 严格遵守信息伦理规范。在使用信息资源时，要尊重他人的权利和利益，遵循法律法规和道德准则，不随意泄露他人的隐私信息，不进行网络欺诈、诽谤等违法行为。同时，提升网络伦理意识，在传播信息时，要确保信息的真实性和可靠性，不传播虚假、误导性信息，不侵犯知识产权，不参与危害网络安全的活动。

3. 积极参与信息伦理建设。关注信息社会中的伦理问题，同时教育和引导他人遵守信息伦理原则，共同营造一个健康、和谐的信息环境。

随着社会的发展和技术的进步，个人网络行为的伦理考量成为网络文明建设的重要组成部分。个人在享受网络带来便利的同时，也应承担起相应的伦理责任，通过以上措施，提高自身的网络伦理水平。通过公共部门、企业、个人的共同努力，可以促进信息伦理的实践，构建一个更加安全、公正、诚信的信息环境。

第二节　网络版权与侵权行为界定

网络版权作为知识产权的重要组成部分，近年来得到了越来越多的关注。随着互联网的普及和数字技术的发展，网络版权保护面临着诸多挑战。在这种背景下，了解网络版权的相关知识，对于个人和企业来说都具有重要的现实意义。本节将对网络版权的相关内容进行详细介绍，包括网络版权的定义、保护对象、相关法律以及常见的侵权类型和侵权行为界定等。同时，探讨如何合法使用他人作品，以帮助读者更好地理解和遵守网络版权法。

一、网络版权概述

网络版权是指在互联网环境下，著作权人对其创作的作品享有的一系列法律权利。它通常包含两层含义：一是指传统作品被上传至网络环境下，著作权人所享有的权利；二是对于专为网络传播创作的作品，如网页、网络音乐、网络视频等，著作权人享有的权利。

（一）网络版权与版权

网络版权与版权在很多基本原则上是一致的，但由于网络环境的特殊性，网络版权在某些方面具有其独特性，需要特别的法律规范和技术手段来保护。随着互联网技术的不断进步，网络版权的保护机制也在不断发展和完善（见表6-3）。

表6-3　　　　　　　　网络版权与版权的多维度分析

维度	网络版权	版权
定义	指著作权人对其作品在网络环境下所享有的权利	指作者对其创作的文学、艺术和科学作品所享有的一系列权利
权利内容	除了传统版权的权利内容外，还包括信息网络传播权等网络环境下特有的权利	包括人身权（如署名权、修改权等）和财产权（如复制权、发行权等）

续表

维度	网络版权	版权
保护期限	与传统版权相同，一般为作者生前及死后50年	一般为作者生前及死后50年（不同国家规定可能有所不同）
保护范围	主要针对网络环境下的作品，如网页、网络音乐、网络视频等	适用于所有类型的原创作品，包括书籍、音乐、电影、美术作品等
技术挑战	除了复制和盗版问题外，还面临链接、下载、网络传播等更为复杂的技术问题	主要面临复制和盗版问题
法律适用	除了依据著作权法，还可能涉及《信息网络传播权保护条例》等专门针对网络环境的法律法规	主要依据著作权法等相关法律法规
保护手段	除了传统手段外，还利用技术手段，如数字水印、版权过滤等进行保护	侧重于传统的版权登记、行政执法、司法诉讼等手段
公共利益	在平衡作者权利与公共利益时，还需考虑网络开放性、信息自由流通等因素	平衡作者权利与公共利益，如合理使用、法定许可等
侵权行为	包括网络环境下的非法上传、下载、链接、传播等行为	包括未经授权的复制、发行、公开表演等
发展趋势	网络版权保护面临着技术发展带来的新挑战，如云计算、人工智能等新兴技术带来的版权问题	随着技术发展，版权保护也在不断适应新技术带来的挑战

（二）网络版权保护对象

常见的网络版权保护对象见表6-4。

表6-4　　　　　　　　　　网络版权保护对象

序号	类别	描述或示例
1	文字作品	电子书、博客、论坛帖子、新闻报道
2	音乐作品	歌曲、乐曲、背景音乐
3	影视作品	电影、电视剧、网络剧、动画、视频短片
4	图片和摄影作品	照片、插画、图表、3D模型
5	计算机软件	操作系统、应用程序、游戏软件、数据库
6	数据库	收集、组织和可以被访问的数据集合
7	网站内容	网页设计、网页文本、布局、图形用户界面
8	多媒体作品	结合文本、图片、音频和视频的交互式作品
9	学术作品	学术论文、研究报告、专著
10	广播作品	音频和视频广播

续表

序号	类别	描述或示例
11	应用程序（APP）	移动设备、电脑等的软件程序
12	在线教育内容	在线课程、电子教科书、教育软件
13	虚拟现实（VR）和增强现实（AR）内容	提供沉浸式体验的数字内容
14	电子地图和地理信息系统（GIS）数据	地理位置和相关数据服务的产品
15	用户生成的内容（UGC）	社交媒体、论坛等平台上的用户创造内容

上述对象在网络环境下的传播和使用，都受到网络版权法的保护。未经版权所有者许可，任何个人或组织不得擅自复制、分发、展示、表演或以其他方式使用这些作品。

网络版权保护的目的是鼓励创新和创作，同时确保版权所有者能够通过其作品获得合法的经济利益。为了实现这一目标，同时平衡社会公共利益，《中华人民共和国著作权法》第三十九条（以下简称《著作权法》）与《信息网络传播权保护条例》第七条引入了合理使用原则。这一原则允许在特定条件下，使用受版权保护的作品而无须获得版权所有者的许可，也不需要支付报酬。合理使用的情形包括但不限于以下几类：①个人学习、研究：个人为了学习或研究目的使用作品。②评论、批评：在评论、批评某个作品或说明某个问题时，适当引用已发表的作品。③新闻报道：新闻报道会不可避免地再现或引用已发表的作品。④教育使用：在学校课堂教学中少量复制已发表的作品。⑤图书馆和档案馆：为了陈列或保存版本需要复制收藏的作品。⑥免费表演：不以营利为目的的免费公共表演。

这项规定是为了平衡版权所有者的权益和社会公共利益，促进知识与文化的传播。然而，合理使用的判断并不简单，它往往需要综合考虑多种因素，包括使用的性质、使用的数量，以及使用对作品市场的影响等。这种综合考量确保了版权法的灵活性和适应性，使其能够适应不断发展变化的社会需求和技术进步。

【案例分析】

使用冰墩墩形象的侵权案例

2022 年北京冬奥会期间，冰墩墩作为吉祥物迅速走红，冰墩墩形象迅速成为网络热点，吸引了大量关注。随后中国各地市场监管部门发现多起未经授权使用冰墩墩形象的侵权行为。例如，一些网络商家和个人未经授权，在电商平台上销售带有冰墩墩形象的商品，或在社交媒体上发布带有冰墩墩形象的内容，用于商业宣传或个人盈利。

这些行为违反了《中华人民共和国著作权法》和《中华人民共和国商标法》的相关规定。针对有关冰墩墩形象的网络侵权行为，相关版权管理部门和执法机构迅速响应，采取了一系列措施，包括发出警告、查处侵权商品、关闭侵权链接等。

网络环境下的版权保护面临着诸多挑战。这一案例反映出网络用户版权保护意识的不足，以及版权执法在网络空间中的复杂性，同时显示了版权管理部门在版权保护方面的决心和行动力。

【真题】
2022 年全国高职高专院校信息素养大赛（判断题）

某同学为了学习相关技术,在学校图书馆复印了某本图书五分之一的内容。根据我国著作权法的规定,该同学的行为属于合理使用。

A. 正确　　　　　　　　　　　　B. 错误

答案:A

二、网络版权相关法律

信息伦理是指导信息活动中道德行为的规范,它强调在信息的收集、处理、存储、传播和使用过程中应遵循的道德准则。网络版权则侧重于法律层面,保护创作者的合法权益,确保其作品不被非法复制、分发或公开展示。信息伦理为网络版权提供了道德支持,鼓励个人和组织在尊重版权的基础上进行合法、合理的信息使用和传播。

国内外均出台了一系列旨在保护网络环境中的文学、艺术和科学作品的法律规范。这些法律法规不仅包括传统的版权保护,还特别针对数字化、网络化环境下的版权问题提供了法律依据。

(一)国际网络版权相关条约

1.《世界知识产权组织版权条约》(以下简称 WCT)是首个全面处理数字环境版权问题的国际条约,于 1996 年通过,2002 年生效,要求其成员国为作者提供网络环境下的版权保护,包括防止非法复制和分发作品。WCT 为作者提供了一系列新的权利,包括对数字网络传播进行控制,确保其作品在网络环境中得到保护。

2.《世界知识产权组织表演和录音制品条约》(以下简称 WPPT)于 2002 年生效施行,与 WCT 相辅相成,旨在保护表演者、唱片制品制作者以及广播组织的权利。它为这些群体提供了对其作品的复制、发行和公共传播的控制权。

3.《跨太平洋伙伴关系协定》(以下简称 TPP)是一项多边自由贸易协定,于 2018 年生效,其中包含全面的知识产权保护措施。它规定了成员国在版权、商标、专利和商业秘密等方面的义务,以促进创新和公平竞争。

4.《保护文学和艺术作品伯尔尼公约》是最重要的国际版权条约之一,自 1886 年首次签订以来,已多次修订。这是一项保护文学和艺术作品的国际协议,其规定了作品的版权保护应超越国界。该公约为成员国的作者提供了最低标准的版权保护,无论其作品在何处创作或首次发布。

(二)中国网络版权相关法律

1.《著作权法》于 1990 年首次颁布,随着社会的发展和技术的进步,经过了多次修订,以适应新的挑战和需求。最近的一次重要修订是在 2020 年,该修订版于 2021 年 6 月 1 日起施行。《著作权法》明确了作品的数字化形式,包括但不限于文本、音乐、电影、软件等,均受到法律的保护,为文学、艺术和科学作品的创作者提供了全面的保护,明确了版权的归属、权利内容、版权登记、版权许可和版权纠纷解决等规定。法律赋予著作权人对其作品进行信息网络传播的控制权,这意味着未经著作权人许可,他人不得将作品上传至网络提供下载或以其他方式在网络上传播。《著作权法》提供了版权纠纷的解决机制,包括行政投诉、民事诉讼等途径,以保护著作权人的合法权益。

【真题】

2023 年全国高职高专院校信息素养大赛(多选题)

根据我国相关法律法规，下列哪些情况适用于知识产权保护？
A. 一位作者在网络出版平台连载自己的原创作品
B. 一家旅游公司推出一款全新设计的旅行线路
C. 一个企业原创的集成电路布图设计
D. 一名园艺爱好者培育的花卉新品种
答案：ABCD

2.《中华人民共和国网络安全法》（以下简称《网络安全法》）是我国为了加强网络空间安全管理、保障网络信息安全而制定的基本法律。该法律于 2016 年 11 月 7 日由全国人民代表大会常务委员会第二十四次会议通过，并于 2017 年 6 月 1 日起施行。《网络安全法》涵盖了网络数据安全、网络运行安全、关键信息基础设施的保护、个人信息保护等多个方面，间接涉及了网络版权的问题。《网络安全法》强调了网络运营者收集和使用个人信息的基本规则，要求不得泄露、篡改、毁损个人信息，包括个人创作的作品。法律要求网络运营者加强对网络信息内容的管理，防止传播侵权作品，维护版权所有者的合法权益。《网络安全法》通过确立网络运营者的责任和义务，以及加强网络安全管理，为网络版权保护提供了法律支持。

3.《中华人民共和国反不正当竞争法》（以下简称《反不正当竞争法》）旨在规范市场经济秩序，防止和打击不正当竞争行为，保护消费者和经营者的合法权益。该法律自 1993 年实施以来，经过了多次修订，以适应市场经济发展和变化的需要。最新的一次重要修订发生在 2017 年，修订后的法律于 2018 年 1 月 1 日起施行。它涵盖了与网络版权相关的一些方面，尤其是在保护商业秘密和打击不正当竞争行为方面。《反不正当竞争法》保护商业秘密，包括技术信息和经营信息。在网络环境下，必须保证版权作品宣传的真实性和准确性，不得误导消费者，禁止经营者进行虚假或者引人误解的商业宣传。《反不正当竞争法》通过规范市场行为，为网络版权的保护提供了间接支持。

4.《信息网络传播权保护条例》（以下简称《条例》）是我国专门针对网络环境下版权保护制定的行政法规，于 2006 年 5 月 18 日由国务院颁布，并于同年 7 月 1 日起施行。《条例》旨在规范互联网上作品的传播行为，保护著作权人的合法权益，同时促进信息网络产业的健康发展。《条例》规定，信息网络传播权是指著作权人享有的通过互联网向公众提供作品的权利。该《条例》专门针对信息网络环境下的版权保护，规定了网络服务提供者和用户在版权方面的义务和责任，以防止网络侵权行为。《条例》的制定和实施，对于规范网络版权秩序、保护著作权人的合法权益、推动网络文化和信息产业的健康发展具有重要意义。它与《著作权法》等法律法规相互补充，共同构成了我国网络版权保护的法律体系。

国内外网络版权法律体系的建立和完善，为网络环境下的文学、艺术和科学作品提供了坚实的保护。从国际条约到国内立法，这些法律法规共同构筑了一个旨在促进创新、保护创作者权益、规范网络行为、维护市场秩序的全面框架。随着技术的发展和网络环境的不断演变，我国法律也在不断更新，以确保网络空间的版权保护与国际标准接轨，同时满足国内市场的需求。通过这些法律的实施，不仅加强了对著作权的尊重和保护，也推动了网络文化和信息产业的健康发展。

三、常见网络版权侵权类型与侵权行为界定

（一）网络版权侵权类型

网络版权侵权类型多种多样，涉及不同的领域和形式。常见网络版权侵权类型见表6-5。

表6-5　　　　　　　　　常见网络版权侵权类型

序号	网络版权侵权类型	简要描述
1	未经授权传播作品	未经版权所有者许可，通过网站等平台提供作品的播放或下载服务
2	短视频侵权	制作并上传短视频，未经授权使用受保护的音乐、画面等元素
3	网络游戏侵权	私自运营网络游戏，或在游戏中使用未授权的道具、角色等
4	NFT作品侵权	在NFT平台上铸造并销售未经授权的数字艺术作品或收藏品
5	账号租赁侵权	提供账号租赁服务，侵犯视频平台的合法权益
6	不正当竞争	利用虚假版权投诉导致竞争对手商品链接被删除
7	个人信息保护	非法获取、使用或出售个人信息，侵犯个人信息权益
8	"洗歌"侵权	对音乐作品进行轻微修改后，以新版本名义发布，侵犯原作品著作权
9	跨境侵权	通过境外服务器实施跨境侵犯著作权的行为
10	链接侵权	通过网站链接到受版权保护的内容，可能构成间接侵权
11	网络文学侵权	未经授权在网络平台上提供文学作品的阅读或下载
12	著作权登记欺诈	伪造版权登记材料，以虚假的版权所有者身份发起侵权投诉或诉讼

（二）侵权行为界定

近年来，我国实施了多项针对网络侵权盗版的专项打击行动。2023年，国家版权局联合工业和信息化部、公安部、国家互联网信息办公室等部门，共同发起了名为"剑网2023"的专项行动，这是我国在这一领域的第19次专项行动。此次行动重点关注体育赛事直播、点播影院、博物馆文化创新产品、网络视频、网络新闻、有声读物，以及电商平台、浏览器和搜索引擎等关键领域。在"剑网2023"行动中，共查处了1513起网络侵权盗版案件，关闭了2390家侵权盗版网站，并删除了超过244万条侵权盗版链接。

对于网络侵权行为，法律责任通常涵盖民事责任、行政责任和刑事责任三个方面。在实际案件中，具体责任需要根据案件的具体情况、侵权行为的性质和严重程度，以及相关法律法规的规定来确定。不同网络侵权行为的责任界定见表6-6。

表 6-6　　不同网络侵权行为的责任界定

序号	网络侵权行为	民事责任	行政责任	刑事责任	触犯的法律法规
1	未经授权传播作品	停止侵权、赔偿损失、恢复名誉	警告、罚款、没收违法所得	侵犯著作权罪	《著作权法》《信息网络传播权保护条例》
2	短视频侵权	停止侵权、赔偿损失、消除影响	罚款、没收非法财物	侵犯著作权罪、侵犯信息网络传播权罪	《著作权法》《反不正当竞争法》
3	网络游戏侵权	停止侵权、赔偿损失、恢复名誉	警告、罚款、没收违法所得	侵犯著作权罪、非法经营罪	《著作权法》《计算机软件保护条例》
4	NFT作品侵权	停止侵权、赔偿损失、恢复名誉	罚款、没收非法财物	侵犯著作权罪、诈骗罪	《著作权法》《网络安全法》
5	账号租赁侵权	停止侵权、赔偿损失、消除影响	罚款、没收违法所得	侵犯商业秘密罪、不正当竞争	《反不正当竞争法》《中华人民共和国合同法》
6	不正当竞争	停止侵权、赔偿损失、恢复名誉	警告、罚款、没收违法所得	损害商业信誉、商品声誉罪	《反不正当竞争法》《中华人民共和国电子商务法》
7	个人信息保护	停止侵权、赔偿损失、恢复名誉	警告、罚款、没收违法所得	侵犯公民个人信息罪	《中华人民共和国个人信息保护法》《网络安全法》
8	"洗歌"侵权	停止侵权、赔偿损失、恢复名誉	罚款、没收非法财物	侵犯著作权罪	《著作权法》
9	跨境侵权	停止侵权、赔偿损失、消除影响	警告、罚款、没收违法所得	相关跨国犯罪法律法规适用	《著作权法》以及相关国际版权条约
10	链接侵权	停止侵权、删除链接、赔偿损失	罚款、没收非法财物	根据具体行为可能构成的犯罪判定	《信息网络传播权保护条例》《中华人民共和国侵权责任法》
11	网络文学侵权	停止侵权、赔偿损失、恢复名誉	警告、罚款、没收违法所得	侵犯著作权罪	《著作权法》
12	著作权登记欺诈	停止侵权、赔偿损失、恢复名誉	警告、罚款、没收违法所得	伪造、使用伪造的公文、证件、印章罪	《著作权法》《中华人民共和国刑法》

(三) 如何合法使用他人作品

在网络上合法使用他人作品，需要遵循版权法的相关规定，尊重原创者的权益。

1. 了解与遵守网络版权法。重要的是深入学习和了解版权法的基本原则，这包括版权的自动产生、保护期限、权利内容以及合理使用等关键概念。此外，我们需要识别并确认哪些内容受到版权保护。同时，我们应当尊重数字版权管理（DRM）技术，并避免绕过或破坏这些技术措施。对于版权所有者而言，考虑版权登记是明智的选择，这可以在发生侵权时提供法律保护，同时应定期监控作品在互联网上的使用情况，以确保版权得到妥善保护。

2. 合理使用与授权获取。合理使用原则为我们提供了在特定条件下使用受版权保护作品的可能性。例如，在进行评论、新闻报道、教育和研究等活动时，可以依照"合理使用"（Fair Use）或"合理交易"（Fair Dealing）原则进行操作。然而，这通常需要我们获取版权所有者的明确授权，可能涉及直接联系作者、出版商或通过版权代理机构获取许可。我们还可以考虑使用公共领域的作品，这些作品由于版权期限已过或作者已将其奉献给公共领域，可以自由使用。另外，创意共享（Creative Commons）许可的作品允许在满足特定条件的情况下使用。

3. 尊重原创与注明版权。尊重原创作品和注明版权信息至关重要。即便我们的作品使用属于合理使用范畴或已经获得了授权，我们也需正确地注明作品的来源和版权信息，以尊重原作者的署名权。未经授权，我们应避免将受版权保护的作品用于商业目的，如广告、销售产品或服务等。同时，我们需要注意版权期限的问题，即使是已过期的版权作品，在使用时也要尊重作者的人格权，包括署名权和保护作品完整权等。如果我们在是否能合法使用某个作品上有疑问，应咨询版权律师或专业人士以获得指导。

合法使用他人作品是尊重知识产权和促进创意产业健康发展的重要部分。遵守版权法相关规定，不仅可以避免法律风险，还能维护一个健康的网络环境。

第三节 个人信息保护与网络安全意识培养

在数字化时代，个人信息安全和网络安全问题日益凸显，对个人和社会都构成了严重威胁。恶意软件、钓鱼攻击、深度伪造、生物识别信息泄露和数据泄露等网络安全威胁手段层出不穷，给人们的生活和工作带来了诸多风险和挑战。为了有效应对这些威胁，我们需要采取一系列个人信息保护和网络安全防护措施，包括增强安全意识、使用安全软件、掌握相关知识等。同时，政府和企业也应承担起相应的责任，加强法律法规建设、加强监督检查与审计、促进人才培养、加大宣传力度，共同构建一个安全、可靠的网络环境。

一、个人信息概述

个人信息是指以电子或者其他方式记录的能够单独或者与其他信息结合反映特定自然人身份或者特定自然人活动情况的各种信息。常见个人信息分类见表6-7。

表 6-7　　　　　　　　　　　　　常见个人信息分类

信息类别	示例和简要描述
身份信息	姓名、身份证号码、生物识别信息等，这些信息可以直接用来识别个人身份
通信信息	电话号码、电子邮件地址、通信记录等，这些信息涉及个人的通信交流
居住信息	家庭住址、工作单位地址等，这些信息可以反映个人的居住和工作情况
健康信息	个人的健康状况、病史、医疗记录等，这些信息涉及个人的身体和精神健康情况
财务信息	银行账户信息、信用卡信息、交易记录等，这些信息涉及个人的财产状况
教育信息	学历、专业、学校、成绩等，这些信息涉及个人的受教育背景
就业信息	工作单位、职位、工作经历、收入等，这些信息涉及个人的职业经历
在线活动信息	网络浏览记录、地理位置信息等，这些信息可以反映个人的网络行为习惯
个人偏好和兴趣	阅读偏好、兴趣爱好、生活习惯等，这些信息可以揭示个人的特点和倾向
其他信息	个人指纹、声纹、面部特征等生物识别信息

（一）个人信息的定义

个人信息的范围非常广泛，随着技术的发展和应用场景的增加，个人信息的种类和形式也在不断扩展。保护个人信息的安全，防止个人信息的泄露、滥用和非法获取，是当前法律法规和社会实践的重要内容。我国相关法律法规对个人信息的保护提供了明确的法律框架和指导。以下是对个人信息法律定义相关条款的详细阐述。

《中华人民共和国个人信息保护法》（以下简称《个人信息保护法》）第四条指出，个人信息是以电子或者其他方式记录的与已识别或者可识别的自然人有关的各种信息，不包括匿名化处理后的信息。

《中华人民共和国民法典》（以下简称《民法典》）第一千零三十四条通过"静态列举"的方式，明确了个人信息包括但不限于姓名、出生日期、身份证件号码、生物识别信息、住址、电话号码、电子邮箱、健康信息、行踪信息等。除了"静态列举"，个人信息的定义还包括"动态判断"，即在具体情境中结合某类信息对个人的敏感程度、收集使用可带来的财产价值高低及被泄露后可造成的损害大小等，综合判断个人信息的范围。

《网络安全法》对个人信息的定义体现在第七十六条中。根据该法律的定义，个人信息是指以电子或者其他方式记录的能够单独或者与其他信息结合识别自然人个人身份的各种信息。这一定义强调了个人信息的核心特征是"识别性"，即信息具有能够指向特定自然人的可能性。这意味着，即使某项信息单独看起来并不能直接识别个人，但如果它能与其他信息结合起来识别个人，则同样被视作个人信息，受到法律的保护。此外，《网络安全法》还明确了个人信息保护的立法宗旨，即保护个人信息权益、保障个人信息安全，同时对网络运营者收集、使用个人信息的行为提出了明确要求，如网络运营者在收集和使用个人信息时，应当明示收集、使用信息的目的、方式和范围，并获得信息主体的同意。

（二）个人信息的收集和使用原则

在法律层面上，个人信息的收集和使用遵循一系列原则，旨在保护个人隐私和数据安全，同时确保信息的合法、合理利用。参考《个人信息保护法》、中华人民共和国最高人民检察院关于《收集、使用个人数据宜遵循五项原则》等内容，个人信息的收集和使用主要遵循以下几项原则。

1. 合法与诚信原则。在处理个人信息时，必须遵循合法、正当、必要和诚信的原则，严禁通过欺骗、欺诈或强迫等不当手段获取个人信息。

2. 目的明确性原则。个人信息的处理应有明确和合理的目标，并且与该目的直接相关。收集的个人信息应限定在实现该目的所必需的最小范围内，避免不必要的过度收集。

3. 知情同意原则。在处理个人信息前，必须获得个人的明确同意。这种同意需要个人在充分了解情况的基础上自愿给出。

4. 最小数据原则。收集和使用个人数据应注意适当、相关和必要性。

5. 数据安全原则。负责收集、使用和发布信息的机构必须采取有效的管理和技术措施，确保个人数据的保密性和安全性。

6. 保证质量原则。在处理个人信息时，应确保信息的准确性和完整性，防止因信息错误或不完整对个人权益造成损害。个人有权要求更正或补充不准确的个人信息。

7. 公开透明原则。个人信息的处理应公开透明，要明确个人信息的处理规则，公开处理目的、方式和范围。

8. 安全责任原则。个人信息的处理者应对其处理活动负责，并采取必要措施确保个人信息的安全。

9. 目的一致性原则。如果个人信息的处理目的发生变化，应重新获得个人的同意。受托人应根据约定处理个人信息，不得超出约定的范围。

10. 个人参与原则。个人有权要求处理者解释个人信息的处理规则，并应建立一个便于个人行使权利的申请和处理机制。这些原则共同构成了个人信息保护的法律框架，旨在平衡个人信息的合理利用与个人隐私权的保护。遵守这些原则对于维护法律秩序、增强公众对数据处理者的信任以及促进社会和谐具有重要意义。

二、个人信息保护相关法律

个人信息保护是信息伦理的重要组成部分，它关注的是个人隐私和数据安全。信息伦理要求在处理个人信息时，必须遵循尊重隐私、数据最小化、知情同意和数据安全等原则。这些原则有助于防止个人信息的滥用和泄露，保护个人权益。网络版权保护和个人信息保护虽然关注的焦点不同，但都强调了合法、合规和道德的信息使用。网络版权保护的对象可能包含个人信息，如创作者的身份信息和与作品相关的个人数据。因此，在保护网络版权的同时，也需要注意个人信息的保护，避免在版权活动中侵犯个人隐私。个人信息保护在全球范围内都受到了高度重视，不同国家和地区根据其法律体系和文化特点，制定了相应的法律法规来保护个人信息。

（一）国际个人信息保护相关法律法规

1. 欧盟《通用数据保护条例》（GDPR）是一项旨在加强和统一数据保护法规的重要法律文件，它于2018年5月25日在欧盟全体成员国正式生效。GDPR的主要目标是保护欧盟公民的个人数据和隐私，同时规范个人数据的收集、处理和存储活动。它被认为是全球最严格的数据保护法规之一，赋予数据主体广泛的控制权，如知情权、访问权、更正权、删除权（被遗忘权）等。它不仅提升了个人数据保护的标准，也为数据驱动的商业活动设定了新的法律框架，对企业的数据保护责任提出了严格要求，不遵守规定的企业可能面临高额罚款。

2. 美国《隐私权法》是一项旨在保护个人隐私权的联邦法律，主要对政府机构处理个人信息的行为进行规范。美国是全球最早通过立法手段保护隐私权的国家。1974年，美国通过了《隐私法案》，保障公民的隐私权和知情权，并对联邦机构收集、使用及保护个人数据方面的行为进行了规范。随后，在1986年，美国实施了《电子通讯隐私法案》，进一步强化了对电子通讯隐私的保护。到了1988年，美国又相继制定了《电脑匹配与隐私权法》，以及专门针对儿童网络隐私的《儿童在线隐私保护法》。《隐私权法》的出台标志着美国在个人隐私保护方面迈出了重要一步，尽管存在一定的局限性，但它为后续的隐私权立法和实践奠定了基础。

3. 日本《个人信息保护法》是一项旨在保护个人信息的联邦法律，规范了个人和组织（包括政府机构、企业和非营利组织）对个人信息的处理。它于2003年通过，是较早实施的数据隐私法律之一，其后经过多次修订以适应社会和技术的变化。最新修订的《个人信息保护法》于2023年4月1日正式生效，规定了个人信息处理者必须遵守的一系列义务，包括根据利用目的的限制、适当的管理、向第三方提供信息的限制等，旨在保护个人信息的同时，促进数据产业的发展。

（二）国内个人信息保护相关法律法规

1. 《中华人民共和国刑法》（以下简称《刑法》）是中华人民共和国的一部基本法律，旨在规定和打击犯罪行为，保护国家、社会、公民的合法权益不受侵犯。《中华人民共和国刑法修正案（十二）》是最新的修正案，于2023年12月29日第十四届全国人民代表大会常务委员会第七次会议通过，并于2024年3月1日起正式实施。该修正案包括了对侵犯公民个人信息、拒绝履行网络安全管理职责、非法使用网络信息等行为的刑事责任规定。它明确指出，违反国家相关规定，向他人出售或提供公民个人信息，如果情节严重，将依法追究刑事责任。

2. 《个人信息保护法》是我国为了加强个人信息保护、规范个人信息处理活动、保障个人权益以及促进数字经济健康发展而制定的法规。该法律在2021年8月20日由第十三届全国人民代表大会常务委员会第三十次会议表决通过，并于2021年11月1日起正式施行。作为中国在个人信息保护领域的专门性法律，其目的在于加强个人信息的法律保护，规范信息处理行为。该法律明确了个人信息处理的合法基础，如基于个人同意、履行合同义务、法定职责或应对突发公共卫生事件等。同时，它强调了告知与同意的原则，要求信息处理者在处理个人信息前，必须向信息主体明确告知相关信息。对于敏感个人信息，如生物识别信息、医疗健康信息等，其提出了更严格的保护要求。

3. 《中华人民共和国数据安全法》（以下简称《数据安全法》）是我国为规范数据处理活动、确保数据安全、推动数据资源的开发利用、保护个人和组织的合法权益，以及维护国家主权、安全和发展利益而制定的法律。该法律自2021年9月1日起施行，是中国数据安全领域的基础性法律。它对"数据"进行了全面的定义，包括所有电子或非电子形式的信息记录，为数据安全提供了法律依据，并为数据的合理利用和数字经济的发展提供了法律支持。同时，该法律对数据的收集、存储、使用、处理、传输、提供和公开等环节提出了安全要求。

4. 《中华人民共和国网络安全法》是我国为了加强网络空间安全管理、保障网络信息安全、保护公民个人信息、维护国家安全和社会公共利益而制定的法律。该法律自2017年6月1日起施行，是我国网络空间安全法律体系中的基础性法律之一。它不仅为网络运营者提供了行为准则，也为公民的网络安全权益提供了法律保障。这部法律旨在建立一个安全、有序的网络环境，促进网络空间的健康发展，规定了网络运营者收集和使用个人信息的基本规则，要求不得泄露、篡改、毁损个人信息。

各国个人信息保护法律的制定和实施，旨在平衡个人信息的合理利用与个人隐私权的保护，同时促进数字经济的健康发展。不同国家的法律反映了各自的价值观念和利益考量，但普遍趋势是加强个人信息的保护，提高违法成本，并赋予个人更多控制自己信息的权利。

三、网络安全威胁与防护措施

数字时代的到来为人们带来了无限的可能性，包括对大量公共信息和私人信息的访问。然而，当个人信息被不加限制地"共享"时，往往会导致对他人网络隐私的侵犯、网络通信内容的泄露、网络生活的干扰以及个人网络空间的侵犯和破坏。个人信息的网络安全问题正变得越来越严重。

2024年5月，Verizon发布了《2024年数据泄露调查报告》（以下简称2024DBIR）。作为对安全从业者颇具参考意义的报告，2024DBIR基于大量现实事件进行研究支撑，共分析了30458起安全事件、10626起已确认的数据泄露事件，跨越94个国家。这一数量与前一年相比（16312起安全事件和5199起数据泄露事件）翻了将近一倍，再创历史新高。2024DBIR中"漏洞"成为本次研究的关键，勒索软件是超九成行业面临的最大威胁，涉及勒索软件或其他勒索攻击依然保持增长态势，占所有数据泄露事件的32%，同比去年增长近8%。同时，每个勒索软件攻击导致的损失成本中位数已从前两年的26000美元增至46000美元。2024DBIR对人为因素的影响计算指标进行修改调整，排除了滥用特权等主动恶意行为，从而为安全意识的影响提供更清晰的指标。但数据显示，依然有大约68%的安全事件涉及非恶意的人为因素，这表明"人"仍然是安全链中易受攻击的一环，同时也表明安全意识在减少漏洞对组织的影响方面仍有很大的空间。DBIR报告采用VERIS框架进行数据泄露事件分析，该框架将描述事件的核心分为四类（简称4A）：Actor（攻击者）、Action（攻击方式）、Asset（资产）和Attribute（属性），即谁（Actor）、采取什么行动（Action）、影响了什么资产（Asset）以及（Attribute）资产受到怎样的影响。

（一）常见个人信息网络安全威胁

1. 恶意软件（Malware）是一类未经授权而访问、损坏、窃取或破坏计算机系统、服务器、客户端设备或网络的软件，它可以在用户不知情或未经同意的情况下安装和运行。恶意软件包括病毒（Virus，需要宿主程序来复制和传播自身的恶意代码）、蠕虫（Worm，能够独立传播，通常利用系统漏洞传播）、特洛伊木马（Trojan Horse，伪装成合法软件，一旦安装，允许攻击者远程控制设备）、勒索软件（Ransomware，加密受害者的文件并要求支付赎金以恢复数据）、间谍软件（Spyware，用于监视用户行为，如按键记录和网站访问）、广告软件（Adware，显示不需要的广告，可能会侵犯隐私）、根套件（Rootkit，隐藏其存在并允许攻击者访问设备）、逻辑炸弹（Logic Bomb，在特定条件下触发恶意行为的软件）等类型。

它们会产生系统被破坏、个人信息和财务信息被盗等不良影响。

【案例分析】

WannaCry 案例

2017年，一款名为WannaCry的勒索软件在全球范围内爆发，影响了超过150个国家的数十万台计算机。WannaCry利用了Windows操作系统的一个漏洞，对用户的文件进行加密，并要求支付比特币作为赎金。

该勒索软件迅速传播，影响了个人用户、企业和公共机构，凸显了网络安全威胁的普遍性和跨平台特性。此类事件提醒个人和组织采取更严格的安全措施，如定期备份数据、使用安全软件等。

通过WannaCry勒索软件这一案例，我们可以看到网络安全威胁的严重性和多维度影响。它不仅对个人信息安全构成威胁，还可能对经济和社会运行造成广泛影响。因此，加强网络安全意识、采取有效的预防措施、建立应急响应机制至关重要。

2. 钓鱼攻击（Phishing）是一种网络诈骗手段，攻击者通过伪装成可信赖的实体，诱使用户泄露敏感信息，如用户名、密码、信用卡信息等。常见手段有电子邮件钓鱼（发送看似来自银行、在线支付网站或其他可信来源的伪造邮件，要求用户提供个人信息）、网站钓鱼（创建外观与真实网站极为相似的假冒网站，诱导用户输入登录凭证或其他信息）、电话钓鱼（通过电话进行社交工程，诱导个人提供敏感信息）、短信钓鱼（发送伪造的短信，通常包含一个链接，指向假冒网站或要求立即提供信息）。攻击者通过发送引诱性信息诱导用户点开某一链接或拨打一个电话号码，获取敏感信息，收集并利用这些信息进行诈骗或其他非法活动。

3. 深度伪造（Deepfake）是一种使用人工智能（AI）技术生成的伪造媒体，包括视频、音频和图片，其目的是使伪造内容看起来极其真实。通常使用一种称为生成对抗网络的机器学习模型，通过训练网络学习目标人物的面部表情、声音和其他特征，然后生成虚假的图像或视频。常见类型有名人模仿（伪造名人的不实言论或行为，用于诽谤或诈骗）、色情内容（非法将他人面部换到色情影片中）、诈骗（模仿亲人朋友或同事领导，以骗取财务信息或资金）等，主要通过社交媒体、通讯软件进行传播，给用户造成信息泄露、资金损失等影响。深度伪造技术展示了人工智能的强大潜力，也暴露了其可能被滥用的风险。

【案例分析】

印度大选期间的深度伪造视频

2024年4月印度大选期间，两位宝莱坞演员批评印度总理莫迪的假视频在网上疯传，但两名演员均表示未授权制作相关视频。而这两段视频在社交媒体上的浏览量都达数十万次。莫迪政府的两名高级官员也遭遇了AI假视频带来的尴尬。其中，一个伪造视频显示印度内政部长阿米特·沙阿谈及一个敏感议题，沙阿迅速辟谣。印度面临巨大的虚假错误信息风险，有了人工智能后，这些信息更能快速传播。

印度政府要求科技公司在公开推出"不可靠"或"未经测试"的AI模型或工具之

前，必须获得政府批准，这有助于确保技术的正当使用。为了应对深度伪造技术带来的挑战，一些机构和企业正在开发视觉深度伪造检测平台。这些平台利用 AI 技术来识别和防范深度伪造内容的传播。制定全面的人工智能法律，对滥用 AI 技术的行为进行规范和惩罚，是防范深度伪造的长远之计。

4. 生物识别信息泄露（Biometric Data Breach）是指个人生物特征数据，如指纹、面部识别、虹膜扫描、声纹或其他生物统计数据的未经授权获取和使用，这可能对个人隐私和安全造成严重威胁。攻击者可能通过公共或私人数据库非法获取生物识别信息，或利用社交工程、钓鱼攻击诱骗用户提供生物识别数据，造成身份被冒充、隐私被侵犯、财产受损等不良影响。用户及相关软件公司应对生物识别数据进行加密存储，使用安全协议传输生物识别数据，防止其在传输过程中被截获。生物识别信息泄露不仅威胁到个人安全，也可能被用于更广泛的犯罪活动，如身份盗窃、欺诈和间谍活动。因此，确保生物识别信息的安全是网络安全领域的一个重要课题。

5. 数据泄露（Data Breach）是指未经授权的个人或团体通过非法手段获取敏感或保密信息的行为。这通常涉及黑客攻击，如利用系统漏洞、弱密码等；或内部泄密，即组织内部人员故意或无意地泄露信息。数据泄露可能导致大量个人信息、财务数据等的丢失，给个人和组织带来严重后果。

【案例分析】

戴尔泄露 4900 万用户购物数据

戴尔科技公司是一家知名的电脑技术公司，其在线商店提供各种电脑硬件及相关产品。2024 年 5 月，戴尔向客户发送电子邮件通知，并发布了数据泄露警告，影响了 4900 万名用户。泄露的数据包括用户的姓名、收件地址、订单信息等，不包含用户的联系方式和支付信息，具体泄露原因未详细说明。

戴尔应加强其网站和数据库的安全措施，防止未来发生类似事件。相关企业应投资于先进的安全技术和定期的安全审计，以保护客户数据安全。用户的购物习惯、偏好和个人信息可能会被不法分子获取，增加了用户遭受定向广告、钓鱼攻击的风险，用户要定期更改密码，避免在不安全的网站上输入个人信息。

（二）个人信息保护及网络安全防护措施

个人信息保护和网络安全防护是多方面的，涉及技术、法律、管理和教育等多个角度，并关系到公共部门、企业及用户本人。

1. 公共部门层面。

从政府层面来看，个人信息保护和网络安全防护措施主要包括以下几个方面。

（1）完善法律法规建设，落实安全责任制度。政府通过制定和完善相关的法律法规来规范个人信息的处理和网络安全行为。例如，《个人信息保护法》明确了个人信息处理的合法、正当、必要和诚信原则，要求处理个人信息的活动应公开透明，并保证信息质量，防止因信息不准确对个人权益造成不利影响。各公共部门需建立数据安全责任制度，明确数据处理者的责任和义务，如《网络数据安全管理条例（征求意见稿）》所述，数据处理者应采取必要措施保障数据安全，建立数据安全应急处置机制。执法机关要加大对网络犯罪的打击力度，如针对电信网络诈骗犯罪组织专项治理行动。

（2）加强监督检查与审计，制定应急响应机制。政府需建立关键信息基础设施安全保护制度，强化供应链安全管理和重要数据安全管理，提升安全防护能力，并定期进行数据安全风险评估和监督检查，确保数据处理者履行数据安全保护义务。同时，建立数据安全审计制度，要求数据处理者定期进行合规审计。建立数据安全事件的应急响应机制，当发生数据泄露或其他安全事件时，能够迅速采取措施防止危害扩大，并消除安全隐患。

（3）促进人才培养，加大宣传力度。政府通过设立网络安全学院和专业，加强网络安全人才的教育和培训，为网络安全提供人才支撑；加强网络安全宣传教育，提升公众的网络安全意识，同时建立便捷的数据安全投诉举报渠道，接受社会监督。

通过这些措施，政府能够在宏观层面为个人信息保护和网络安全提供坚实的法律基础、监督管理和人才培养，从而构建一个更加安全的网络环境。

2. 企业层面。

从企业层面来看，保护个人信息和实施网络安全防护措施是企业社会责任的重要组成部分，也是维护企业信誉和避免潜在法律风险的关键。以下是企业可以采取的一些关键措施。

（1）制定隐私政策，遵循数据最小化原则。企业应制定明确的隐私政策，告知用户其个人信息如何被收集、使用、存储和共享，并确保遵守相关法律法规。仅收集提供服务所必需的个人信息，避免过度收集用户数据。对存储和传输的个人信息进行加密，使用强加密算法保护数据安全。实施严格的访问控制措施，确保只有授权人员才能访问敏感数据。

（2）加强员工培训，建立应急预案。部署防火墙、入侵检测系统、防病毒软件等防护措施，保护企业网络不受攻击。对存储和传输的个人信息进行加密处理，确保即使数据被截获，也无法被轻易解读。保持所有系统、应用程序和安全软件的最新状态，及时应用安全补丁。定期对员工进行网络安全和数据保护的培训，提高他们的安全意识和能力。对合作伙伴和供应商进行严格的安全审查，确保他们也遵守相应的数据保护标准。定期进行内部和外部的安全审计，评估潜在的安全风险，并采取相应的改进措施。制定并实施数据泄露应急预案，确保在发生数据泄露时能够迅速有效地响应。

（3）建立网络安全文化，加强用户教育。企业应在内部建立网络安全文化，使保护个人信息和网络安全成为每个员工的自觉行动，确保企业的数据保护措施符合国家和地区的法律法规要求。企业应制定清晰的隐私政策，明确告知用户其数据如何被收集、使用和保护，并确保透明度。通过透明的数据处理实践和积极的用户沟通，提高用户信任度。向用户宣传网络安全知识，教会他们如何保护自己的个人信息。

通过这些措施，企业不仅能够保护用户的个人信息，还能够提高自身的网络安全防护能力，从而在竞争激烈的市场中获得用户的信任和忠诚。

3. 个人层面。

针对大数据时代个人信息面临的网络安全威胁，我们必须采取综合性的保护措施，以确保个人信息的安全和隐私得到有效保护。

（1）增强安全意识，谨慎分享信息。要深入全面地了解网络安全的各项基本概念以及个人信息保护的重要性，深刻地认识到个人信息泄露可能带来的巨大风险。清晰准确地识别出哪些信息属于敏感信息，如身份证号、银行账户、密码等。要为不同的账户设置具有独特性且较为复杂的密码，并定期更换密码。积极启用多因素认证，如短信验证码、生物识别等，以此来增加账户的安全性。在社交媒体以及公共论坛上一定要极其谨慎地分享个人信息，坚决避免泄露敏感数据的情况发生。

【真题】

2022年全国高职高专院校信息素养大赛（多选题）

网络购物越来越盛行，我们在进行网络购物时要注意以下哪些事项以保障信息安全（　　）。

A. 向他人提供银行验证码　　　　　B. 随意点开网站的广告

C. 不轻信低价推销信息　　　　　　D. 注意保护个人信息

答案：CD

（2）使用安全软件，做好数据备份。要在个人所使用的设备上及时安装并且持续更新防病毒软件以及防火墙，以切实有效地保护设备不遭受恶意软件的侵害。认真仔细地审查手机应用和网站的权限设置情况，只授权那些确实必要的访问权限。坚决避免使用公共网络来进行敏感交易。始终保持操作系统、应用程序以及移动设备处于安全更新的状态，及时修复那些已知的安全漏洞。同时，还要按照一定的周期定期对重要数据进行备份，从而有效防止数据丢失或损坏。

（3）掌握相关知识，谨防网络欺诈。积极主动地参加网络安全教育和培训活动，大力提高个人信息保护以及网络安全防护方面的知识水平和技能素养。密切关注有关数据泄露的各类新闻报道，一旦发现涉及自己所使用的服务，就要迅速采取相应措施来有力地保护个人信息。坚决不点击那些来源不明的链接或附件，以此来有效防止遭受钓鱼攻击以及恶意软件的入侵。对于那些声称来自银行、政府机构或其他服务提供商的可疑电话或电子邮件，要始终保持高度的警惕性，一定要通过官方渠道核实。定期检查银行和信用卡账户的交易记录，争取第一时间发现并及时向相关部门报告可疑活动。绝对不要将所有的个人信息都存储在单一的服务器或平台上，应进行分散存储，切实降低潜在风险。

通过采取这些措施，可以大大降低个人信息泄露和遭受网络攻击的风险，保护自己的隐私和财产安全。

课后习题

一、单选题

1. 关于引用与抄袭的区别，下面哪个说法正确？（　　）

   A. 为防止被认定为抄袭，需要尽量避免在自己的文章中引用其他文献

   B. 引用只是少量使用他人文献中的观点和论据，大段落的引用一定是抄袭

   C. 使用他人文献内容时，改改关键词、调换一下语言的顺序，就不算抄袭

   D. 抄袭是把别人的结论当作自己文章的结论，引用是把别人的研究成果当作已知的知识

2. 非法获取、出售或者提供行踪轨迹信息、通信内容、征信信息、财产信息五十条以上等情形的侵犯公民个人信息罪，应当怎样处罚？（　　）

   A. 处三年以下有期徒刑或者拘役，并处或者单处罚金

   B. 处三年以上七年以下有期徒刑，并处罚金

   C. 处三年以下有期徒刑或者拘役

D. 处七年以下有期徒刑或者拘役，并处或者单处罚金

3. 一般来说，以下哪一项作为密码安全性更高？（   ）

A. tuGUAN379@ B. tsg845982348shig
C. 12387654321980 D. tushuguanTUSHUGUAN123

二、多选题

1. 国家相关部门围绕惩治学术不端问题发布了很多文件，以下哪些文件提到了治理学术不端行为？（   ）

A. 教研〔2013〕1号 B. 信息评价能力
C. 学位〔2010〕9号 D. 教育部令第40号
E. 教社科〔2009〕3号

2. 以下行为不属于合理使用校园网电子资源的是（   ）。

A. 以营利为目的将校园网电子资源提供给校外人员
B. 将校园网电子资源的合法使用权限提供给非合法用户使用
C. 使用Endnote整理下载到本地的校园网电子资源
D. 超过正常阅读速度，连续、集中、大批量下载校园网电子资源

3. 《中华人民共和国商标法》中规定，下列哪些标志不得作为商标使用？（   ）

A. 同"红十字""红新月"的名称、标志相同或者近似的
B. 带有欺骗性，容易使公众对商品的质量等特点或者产地产生误认的
C. 有害于社会主义道德风尚或者有其他不良影响的
D. 带有民族歧视性的

三、判断题

1. 根据《中华人民共和国网络安全法》，京东、淘宝等线上购物平台可以收集和分析用户注册或者购买商品的信息，用于平台数据或服务的优化。（   ）

A. 错误 B. 正确

2. 在不熟悉的公共场所应尽量关闭自动连接WIFI功能，避免掉入无线网络陷阱。（   ）

A. 正确 B. 错误

3. 深圳市某街道办在核酸检测贴纸上使用"冰墩墩"形象，被市民向奥组委举报侵犯知识产权。有观点认为，该活动不是出于商业目的，且对社会有益，应予豁免和鼓励。（   ）

A. 错误 B. 正确

课后习题参考答案

一、单选题

1. D   2. B   3. A

二、多选题

1. ACDE   2. ABD   3. ABCD

三、判断题

1. B   2. A   3. A

第七章 信息素养竞赛实战模拟与解析

学习目标：
1. 了解大赛题型的种类及构成。
2. 掌握大赛考查的知识点及常用的信息源网站，主观题的撰写步骤与技巧。
3. 具有对大赛题目信息进行分析、检索、整理、筛选的综合能力。
4. 能够运用个人知识储备，熟练检索大赛客观题题目和撰写文献调研报告。

导入情景：

小明是国内某高职高专院校的在校学生，准备参加今年的"全国高职高专院校信息素养大赛"。为了做好充分的准备，他找到指导老师询问了如下几个问题。
1. 大赛是如何进行的？
2. 大赛都包含哪些题型？
3. 大赛题目都包含哪些知识与技巧？
4. 如何撰写主观题题目？

第一节 竞赛题型介绍与解析

大赛试题分为客观题和主观题，学生使用电脑进行线上答题。答题完成后，比赛平台系统自动判分。

一、客观题

（一）题型介绍

客观题为开放式的检索题目。参赛者对题目进行分析后，运用某种网络检索途径或直观分析，得出答案即可（如例题1）。题型为单选题、多选题、判断题，单选题30道（每道题2分），多选题15道（每道题3分），判断题15道（每道题1分），总分120分，限时60分钟。

【例题1】

2022年"全国高职高专院校信息素养大赛"真题（单选题）

人们在理发店理发时，一般需要先用洗发水将头发洗净，而洗发水中的二甲基硅氧烷等化学成分会影响头皮健康。根据湖南省相关规定，理发时洗发水在头上停留的时间一般不能超过多少分钟？（ C ）

  A.5分钟   B.10分钟   C.15分钟   D.20分钟

(二) 题型解析

1. 熟悉考查范围。题目内容涵盖了信息基础知识、信息获取、信息甄别与评价（信息伦理）、信息管理与利用、信息意识。（如例题2－例题7）

【例题2】

2022年"全国高职高专院校信息素养大赛"真题（单选题）

关于引用与抄袭的区别，下面哪个说法正确？（ D ）（考查范围：信息基础知识）

A. 为防止被认定为抄袭，需要尽量避免在自己文章中引用其他文献。

B. 引用只是少量使用其他文献中的观点和论据，大段落的引用一定是抄袭。

C. 使用其他文献内容时，改改关键词、调换一下语言的顺序，就不算抄袭。

D. 抄袭是把别人的结论当作自己文章的结论，引用是把别人的研究成果当作是已知的知识。

【例题3】

2023年"全国高职高专院校信息素养大赛"真题（单选题）

通过国家图书馆特色资源可以查到民国三十七年出版的《健康与人生》一书，其目次不包括（ B ）（考查范围：信息获取）

A. 多梦与健康　　　　　　　　B. 花菜的营养成分

C. 工程人员的健康问题　　　　D. 养生之道

【例题4】

2023年"全国高职高专院校信息素养大赛"真题（判断题）

苗苗从某商场购物出来，发现自己停在路边的车的车窗上被贴上了"违法停车单"，单子底部附有缴纳罚款二维码，苗苗立刻扫码缴纳了罚款。（ B ）（考查范围：信息甄别与评价）

A. 正确　　　　　　　　　　　B. 错误

【例题5】

2023年"全国高职高专院校信息素养大赛"真题（单选题）

数据处理能力是当代大学生必备的能力之一。如果给你一张记录了全年级学生姓名、学号和成绩的Excel表格，想要快速找到某个班所有学生对应的成绩，可用到的函数是（ A ）（考查范围：信息管理与利用）

A. VLOOKUP函数　　　　　　　B. SUM函数

C. AVERAGE函数　　　　　　　D. NOW函数

【例题6】

2022年"全国高职高专院校信息素养大赛"真题（多选题）

某同学想查找近五年发表的关于"城市轨道交通检测技术"的期刊论文，从这一检索需求中可以获得的信息包括（ AD ）（考查范围：信息意识）

A. 时间范围　　B. 刊名　　C. 标题　　D. 文献类型

【例题7】

2022年"全国高职高专院校信息素养大赛"真题（单选题）

以下哪一项更适合作为评价信息可信度的考虑因素？（ A ）（考查范围：信息伦理）

A. 信息发布者　　　　　　　　　　B. 信息传播的次数

C. 信息发布的时间　　　　　　　　D. 是否熟人转发

2. 通晓知识点分布。客观题题目涵盖的知识点包括检索技术（例题8）、标准文献、统计数据、图书分类与检索、查找特定事实（例题9）、文献资源检索、政策文件、法律法规及信息伦理、专利、商标、常用检索工具、查找公司企业信息、科技报告与成果、标志及商标、医疗相关检索、免费文化教育资源。

【例题8】

2022年"全国高职高专院校信息素养大赛"真题（单选题）

想要获取中国政府机构网站上发布的高职高专就业政策相关消息，在百度搜索引擎输入哪个检索式，检索结果较为准确？（　A　）（考查范围：检索技术）

A. site：gov.cn 高职高专就业政策　　B. site：edu.cn 高职高专就业政策

C. 官方消息高职高专就业政策　　　　D. 高职高专就业政策中国政府

【例题9】

2020年"全国高职高专院校信息素养大赛"真题（多选题）

2020年11月19日，国家主席习近平在北京以视频方式出席亚太经合组织工商领导人对话会并发表题为《构建新发展格局实现互利共赢》的主旨演讲。讲话中主要包括下面哪几方面？（　BCD　）（考查知识点：查找特定事实）

A. 我们将坚持深化伙伴关系，携手应对共同挑战

B. 我们将扭住扩大内需战略基点，畅通国民经济循环

C. 我们将持续深化改革，充分激发市场活力

D. 我们将大力推动科技创新，打造经济发展新动能

3. 准确选取信息源。参赛者在竞赛时，根据题目内容，首先要判断出需要检索哪一类的信息，从而可以准确地选择信息源网站，通俗讲就是知道运用哪个检索途径，到哪里去检索。下面列举了在历届大赛中会常用到的一些信息源网站，供读者们参考。网站包括：商业数据库（如知网、万方等）、国家或各省市统计局官网、中国最高人民法院、国家法律法规数据库、教育部等政府网站、国家卫健委、国家知识产权局、国家药品监督管理局、国家企业信用信息公示系统、国家图书馆、国家科技报告服务系统、国家智慧教育公共服务平台、国家职业教育智慧教育平台、中国大学MOOC、中国执行信息公开网、国家标准全文公开系统、全国标准信息公共服务平台、中国商标网等。

4. 熟练掌握检索方法。参赛者在检索具体题目时，要了解并熟练运用一些检索方法。一是根据信息的三要素："时间""人物""地点"，选取有效的检索词。选择正确的检索词，可以避免在检索过程中少走弯路，提高检索效率。二是熟练运用布尔逻辑运算符，深入理解"与""或""非"的概念，从而确定各关键词之间的逻辑关系，提高检索的查全率或查准率。同时，也要掌握布尔逻辑检索在不同的平台及生活中的运用。三是掌握截词检索的概念，培养用截词检索提高查全率的意识。在撰写文献调研报告时，如果用到了外文数据库，那么可以增加截词检索的方法。四是了解各信息源网站的检索字段，如知网、万方等，并牢记每种文献类型所包含的检索字段。在实际检索过程中，要能够灵活运用，从而提高检索的查准率。五是掌握精确、模糊匹配检索的含义，何时用"精确"，何时用"模糊"，要根据检索需求而定。例如，你要在中国知网检索来自北京大学的期刊论文。在

知网"高级检索"功能中检索时,就需要选择模糊检索。熟悉文献特点的读者应该知道,来自北京大学的作者,其作者单位可能是"北京大学",也可能是"北京大学 XXX 学院"。参赛者在备赛时,要尤其注意这一点。六是掌握各个检索指令的含义、书写格式,要会区分运用各个检索指令。常用的检索指令包括"site""filetype""intitle""inurl"。近几届大赛中,考查较多的是"site""filetype""intitle"三个检索指令,如上述例题 8 就是关于"site"检索指令的题目。

5. 认真审题,精准提取关键词。参赛者在检索题目前,首先要认真审题,其次要找出题目中的关键信息,最后要提炼关键词信息。如何快速准确地找出关键词,可以从以下几个方面着手。

(1) 提取关于检索范围的关键信息:大赛题型的一个显著特点,就是会在题目内容中提示出关于检索范围的信息。参赛者要能够根据日常的知识储备,找出这些关键信息。比如,上述的例题 6 中,"近五年""关于""期刊论文"都是表达检索范围的关键信息。

(2) 确定关于信息源的关键信息:在提取出关于检索范围的信息后,下一步确定的就是信息源,也就是去哪里检索。例如,参赛者看到"学位论文",就可以考虑去知网、万方检索;看到"标准",就知道去国家标准全文公开系统、全国标准信息公共服务平台检索;看到"数据",就知道去国家统计局官网检索。"学位论文""标准""数据"诸如此类的词语就是确定信息源的关键信息。

(3) 提炼检索过程中需要的关键词:当确定检索范围、信息源后,就需要提炼出在信息源检索时需用到的关键词。选取精准的关键词,可以提高检索效率,达到事半功倍的效果。需要特别强调的是,有些关键词并不能直接从题目中提取。需要参赛者对题目进行分析后,凝练出所需要的关键词。例如,上述例题 1 中,如果用"理发""洗发水"或者"头发",都不能检索出该题目所需要的标准。这个时候就需要参赛者凝练出可以检索到答案的关键词。具体的解答过程,会在本章第二节中详细讲解。

6. 善于调整检索策略。当参赛者根据题目的检索范围,确定出信息源后,可能会遇到一条信息有多个信息源的情况。例如,检索数据相关的信息,可以去国家统计局网站查询,也可以考虑去省级统计局或者市级统计局网站进行查询。那么,在实际检索过程中,如果选择的信息源不能检索出答案,就需要及时更换检索策略,不要一条路走到黑。既浪费了时间,又不一定能检索出准确的答案。参赛者在备赛过程中,要多去积累一些信息源网站,丰富个人的知识储备。

二、主观题

(一) 题型介绍

主观题的考查方式是围绕某一特定的主题,根据相关的检索情况,写一份完整的文献调研报告。比赛时间 120 分钟,总分 100 分。文献调研报告的目的是围绕某领域已发表的文献进行检索并系统的回顾,从而为解决当前问题或作出预测提供理论依据。其内容主要包括:对研究课题的分析;检索相关文献的过程;整理、汇总客观结果;分析客观结果,作出主观结论;报告最后的参考文献部分。本章第三节将对文献调研报告的构成及撰写展开详细地讲解。这里先为读者们列出 2019－2024 年历届大赛的主观题题目,供大家参考。

从历届的主观题题目可以看出，题目内容从第一届、第二届大赛中单一的特定方向，开始朝近几届多维度的考查方向发展。

【例题 10】

2019 年学生个人赛决赛主观题

题目：云计算中的数据隐私。围绕这个主题在中文学术期刊库展开信息调研并提交 1500 字以内的调研报告，介绍该主题的研究现状，需包括检索过程及主要依据。

【例题 11】

2020 年学生个人赛决赛主观题

题目：大数据时代个人信息保护。撰写要求：围绕这一主题进行网络学术文献调研，在此基础上形成 1200—1500 字左右的调研报告，介绍该主题的研究现状及你的合理见解，需包括检索过程及主要依据。

【例题 12】

2021 年学生个人赛决赛主观题

电动汽车走进生后已经形成趋势，但是电动汽车在"智慧交通""里程焦虑"上也呈现出多发热点。请使用至少两个中文学术数据库，对近五年的有关文献进行收集，尝试通过对电动汽车在"智慧交通""里程焦虑"两方面的研究，对电动汽车在未来发展的特征与趋势进行分析，并撰写调研报告。

【例题 13】

2022 年学生个人赛决赛主观题

以下两道题选择一题作答（以抽签的形式决定）：

题目 1：假如你计划在家乡的省会城市创业，主营业务是与所学专业相关的某类商品或服务（自定）。为做好创业准备，请你针对该区域（省或市）的市场规模、市场特点、主要竞争者情况、政策环境等展开信息调研，在此基础上完成一份市场调研报告。

题目 2：根据教育部数据显示，2023 届高校毕业生的规模预计 1158 万人，同比增加 82 万人，面临较大的就业压力。高校学生应未雨绸缪，及早进行个人职业规划。请了解你所学专业有哪些就业方向，并选择自己有就业意向的一两个方向，针对其行业现状和发展前景等做信息调研，形成一份调研报告。

【例题 14】

2023 年学生个人赛决赛主观题

以下两道题选择一题作答（以抽签的形式决定）：

题目 1：近年来，电信诈骗事件频繁发生，给人民群众造成了精神上和财产上的巨大损失。2022 年 4 月，中共中央办公厅、国务院办公厅印发《关于加强打击治理电信网络诈骗违法犯罪工作的意见》，对加强打击治理电信网络诈骗违法犯罪工作作出安排部署。请针对电信诈骗的含义、常见类型、特点、影响、防范措施和治理方案等方面展开信息调研，在此基础上形成一份调研报告。

题目 2：人工智能（Artificial Intelligence，简称 AI）是一门研究和开发用于模拟、延伸和扩展人的智能的理论、方法、技术以及应用系统的技术科学，是新一轮科技革命和产业变革的重要驱动力量。目前，AI 在很多领域都得到了广泛应用，如自动驾驶、医疗诊断、金融分析，等等。AI 的发展不仅改变了我们的生产生活方式，也为社会带来了各种挑战。请结合自己的兴趣和所学专业，全面调研AI的应用现状、发展趋势、伦理安全等内容，在此基础上形成一份调研报告。

(二) 题型解析

一篇完整的文献调研报告，其整体性要符合大赛的相关要求，可参考从以下几个方面着手撰写。

1. 符合报告整体的规范要求。

（1）报告字数及名称符合规范：大赛时，文献调研报告是有字数要求的。根据前五届的经验，通常要求字数控制在1500字以内，1200字左右为最佳。报告中的图片、表格、参考文献不计入字数。另外，报告文件的命名要符合比赛的要求。例如：报告名称＋作者姓名＋所在院校名称。

（2）主题信息的需求分析正确：其一，围绕主观题的题目内容，对题目主题的分析要符合所考查的方向，观点要清晰及明确，不能出现反动等违反政策的言论。其二，对检索信息的需求分析，不能偏离题目主题。在近两届大赛中，出现了很多参赛者写跑题的现象。究其原因，就是参赛者对题目主题、需求信息分析不正确而造成的。比赛时，当参赛者拿到主观题题目后，一定要认真分析，再着手开始撰写。

2. 体现检索过程的策略变化。

（1）制定合理的检索式：选取的关键词要准确，表达要合理，尤其要注意检索字段及代码的运用。另外，采取的检索技术要能满足检索需求，避免在检索结果中出现大量的冗余信息。当检索完成后，获得的结果出现偏差时，要及时调整检索式，进行第二次检索。

（2）选取合适的检索工具：检索工具包括专业数据库、搜索引擎、信息源网站等。比赛时，建议挑选三个以上检索工具进行检索。在选取检索工具时要注意以下几点：一是选取的检索工具要符合检索需求，如检索数据的相关信息可采用国家统计局网站。二是选取的检索工具要具有一定的权威性。例如，专业数据库可以考虑采用知网、万方等，搜索引擎可以考虑采用百度等，信息源网站可以考虑采用相关职能部门的官方网站等。三是在运用检索工具进行检索时，要选取适合的检索字段，从而提高检索结果的查准率或查全率。

（3）检索过程分析合理，逻辑性强：选用某种检索工具，完成一次检索后，要对检索结果有明确的合理的分析判断，总结出优势和劣势，提取有用的信息。另外，根据检索的过程和结果，及时调整分析思路，更换检索途径，获取更多有用的信息。

综上所述，"检索过程的策略变化"这一部分体现了参赛者信息思维、信息筛选的能力，是整篇文献调研报告的核心部分。参赛者在备赛期间，要加强这部分内容的训练。

3. 总结获取信息的客观结果。

在运用检索工具获取到有用的信息后，要将获取的信息重新进行整理汇总，总结出客观结果。在总结客观结果时，应遵循以下几个原则。一是参考价值要高。尽量选取近几年的信息，一些较久远的信息，建议不予采用，从而保证信息一定程度上的时效性。二是要注重权威性和重要性。多选取一些官方渠道的信息，涉及个人观点的信息建议不予采用。三是与主题相关度要高。选取的信息要紧紧围绕所要论述的主题，且数量要控制在合理可用的范围内。四是报告中引用的文献、数据内容，要以规范的形式标注来源。

4. 分析客观结果，得出主观结论。

在总结出客观结果后，要对其进行合理恰当的分析，最终形成个人的观点结论。这一过程同样要遵循以下两个原则：一是充分利用检索过程中所获得的信息。在实际撰写过程中，要根据所得到的检索结果进行分析，确保整篇文献调研报告的逻辑连贯性。根据往届的参赛情况，有些参赛者在分析客观结果时，往往会出现采用的相关结果并没有在检索过程中体现，造成了报告的前后内容无法呼应。二是结论观点明确，符合调研主题的分析。根据客观结果总结出的个人观点，内容要明确，条理要清晰，逻辑要合理。最终形式的报告要切实能为所调研的主题提出理论依据或实践方法。阐述观点时要简明扼要，不要过多赘述。

第二节　往届客观题演练与解答

本节内容将围绕第一节总结出的知识点：检索技术（例题8）、标准文献、统计数据、图书分类与检索、查找特定事实（例题9）、文献资源检索、政策文件、法律法规及信息伦理、专利、商标、常用检索工具、查找公司企业信息、科技报告与成果、标志及商标、医疗相关检索、免费文化教育资源，选取所对应的历届真题案例，为读者详细讲解其解答过程。

一、检索技术相关案例解答

【案例分析1】

2019年"全国高职高专院校信息素养大赛"真题（单选题）

查找"关于天津交通管制"的资料，"天津"和"交通管制"这两个检索词之间应使用（　　）连接。

A. or　　　　　B. of　　　　　C. not　　　　　D. and

解答：D。题目中的"天津"和"交通管制"两个关键词，在检索时存在的是并列关系。选项A、C、D表达的均是布尔逻辑运算符。其中，"and"表达的是并列关系。

【案例分析2】

参考文献"王奥. 河南省高校图书馆面向科研人员开放获取服务研究［D］. 郑州：郑州大学，2019"，可以判断上述文献是一篇（　　）。

A. 会议论文　　B. 期刊论文　　C. 学位论文　　D. 标准文献

解答：C。根据参考文献著录规则，A选项的参考文献类型标识码是"C"，B选项的参考文献类型标识码是"J"，C选项的参考文献类型标识码是"D"，D选项的参考文献类型标识码"S"。按照上述规则，题目中的参考文献类型应该是学位论文。

【案例分析3】

在检索论文时，有一类论文的检索项包括"学位授予单位"，这类论文是（　　）。

A. 期刊论文　　B. 学位论文　　C. 焦点论文　　D. 会议论文

解答：B。题目中的"检索项"指的就是检索字段。学位论文文献类型的检索字段包括"导师""学位授予单位"等。

【案例分析 4】

在百度的搜索框输入：心脑血管疾病－广告，请问我的检索意图是(　　)。

A. 结果中必须出现心脑血管疾病这个词

B. 结果中不能出现广告这个词

C. 结果中不能出现心脑血管疾病这个词

D. 结果中必须出现广告这个词

解答：AB。运用布尔逻辑"非"在百度中进行检索时，其检索表达式为："关键词"＋空格＋"－"＋关键词。"－"后面是要排除的关键词内容。故本题目的检索需求是，检索关于"心脑血管疾病"的内容，其中排除广告类的信息。

【案例分析 5】

在百度网站中搜索"信息素养"方面的 PPT 课件资料，比较准确的检索表达式是(　　)。

A. filetype：ppt 信息素养

B. filetype：ppt site：baidu 信息素养

C. 信息素养 filetype：ppt site：baidu.com

D. intitle：信息素养 filetype：doc

解答：C。"filetype"检索指令是检索某一类型的文件，如本题目中的检索需求是 PPT 相关的资料，故检索表达式为"filetype：ppt"。"site"检索指令是限制在某网站内进行检索。根据题目中给出的信息，检索表达式为"site：baidu.com"。需要注意的是，在输写完整的检索表达式时，几个关键信息之间要加空格。

【案例分析 6】

2022 年"全国高职高专院校信息素养大赛"真题（多选题）

某同学想查找近五年发表的关于"城市轨道交通检测技术"的期刊论文，从这一检索需求中可以获得的信息包括(　　)。

A. 时间范围　　　B. 刊名　　　C. 标题　　　D. 文献类型

解答：AD。根据对题目的分析，可以获得的信息有时间范围："近五年"，主题："城市轨道交通检测技术"；文献类型："期刊论文"。题目中并不包含刊名和标题的相关信息。

【案例分析 7】

2023 年"全国高职高专院校信息素养大赛"真题（单选题）

小明想在国家图书馆的馆藏目录中查找一本关于 Python 的当年新书，他不清楚准确书名，只知道该书由清华大学出版社出版，作者姓吕。他可以有效利用的检索点有几个？

A. 5　　　　　B. 4　　　　　C. 3　　　　　D. 2

解答：B。根据对题目的分析，可以利用的检索点有主题："Python"；时间范围："当年"；出版社："清华大学出版社"；作者："姓吕"。

二、标准文献相关案例解答

【案例分析 8】

2020 年"全国高职高专院校信息素养大赛"真题（判断题）

为确保收集个人信息的合法性，对个人信息控制者的要求包括不应以欺诈、诈骗、误

导的方式收集个人信息等。上述要求是国家标准（标准号：GB/T 35273—2020）中明确规定的。（　　）

  A. 正确　　　　　　B. 错误

  解答：A。进入国家标准全文公开系统官网，在首页检索框内输入"GB/T 35273—2020"。检索后，进入该标准文献的页面，点击"在线预览"，即可查看文献的全文。其中，"5.1 收集个人信息的合法性"部分，阐述了对个人信息控制者的要求，包括"不应以欺诈、诱骗、误导的方式收集个人信息"。

【案例分析 9】

2022 年"全国高职高专院校信息素养大赛"真题（单选题）

  人们在理发店理发时，一般需要先用洗发水将头发洗净，而洗发水中的二甲基硅氧烷等化学成分会影响头皮健康。根据湖南省相关规定，理发时洗发水在头上停留的时间一般不能超过多少分钟？（　　）

  A. 15 分钟　　　B. 20 分钟　　　C. 5 分钟　　　D. 10 分钟

  解答：A。进入全国标准信息公共服务平台官网。在首页"地方标准化"栏目中，点击湖南省。在湖南省标准界面的查询框内，输入"美容美发"。查询后，点击最新的"美容美发质量要求（DB43/T 206—2022）"标准文献。在该标准文献界面，点击上方的 PDF 图标，下载后，即可看到全文内容。其中，"5.1 理发 5.1.1"部分规定："洗发水在头上停留一般不超过 15 min"。

【案例分析 10】

2022 年"全国高职高专院校信息素养大赛"真题（单选题）

  2022 年 8 月 22 日，公安部交通管理科学研究所就引爆网络的"红绿灯乌龙"事件正式辟谣，称现行红绿灯方面的国家标准是 2017 年 7 月 1 日开始实施的《道路交通信号灯设置与安装规范》，不存在 2022 年实施的"新国标"。关于这项国家标准，以下信息正确的是（　　）。

  A. 它的标准号为：GB 14886—2017

  B. 它是一项强制性国家标准

  C. 它的发布单位是中华人民共和国公安部

  D. 它在 2021 年根据需要进行过修订

  解答：B。进入国家标准全文公开系统官网，在首页检索框内，输入"道路交通信号灯设置与安装规范"。检索后发现，该标准是一项强制性国家标准，标准编号 GB 14886—2016，发布单位：中华人民共和国国家质量监督检验检疫总局、中国国家标准化管理委员会。其在 2021 年没有发布过修订的版本。

【案例分析 11】

2023 年"全国高职高专院校信息素养大赛"真题（单选题）

  当下我国新能源车保有量迅速增长，其安全性也备受消费者关注。根据国标《电动汽车安全要求》中的"整车防水"部分，电动汽车的涉水深度应至少满足（　　）。

  A. 100 mm　　　B. 150 mm　　　C. 200 mm　　　D. 250 mm

  解答：A。根据题目中的关键信息"国标"，可以判断出该题目需要检索的是标准文献。进入国家标准全文公开系统官网，在首页检索框内，输入"电动汽车安全要求"。检索后，进入该标准文献的页面，点击"在线预览"，即可查看文献的全文。在"6.3.2 模拟涉水"部分，查询后即可确定答案。

【案例分析 12】

2023 年"全国高职高专院校信息素养大赛"真题（单选题）

《数字经济及其核心产业统计分类（2021）》已经于 2021 年 5 月 14 日国家统计局第十次常务会议通过。该分类是基于以下哪个标准的同质性原则，对国民经济行业分类中符合数字经济产业特征的和以提供数字产品（货物或服务）为目的的相关行业类别活动进行再分类？（　　）

A. GB/T 4754—2002　　　　　　　　B. GB/T 4754—2017
C. GB/T 4754—1994　　　　　　　　D. GB/T 39180—2020

解答：B。进入国家标准全文公开系统官网，依次对四个选项的标准文献进行检索。其中，A 选项的标准文献已经废止，C 选项的标准文献不存在，D 选项不属于国民经济行业分类的标准文献。B 选项的 GB/T 4754—2017 标准文献中，"3.1 划分行业的原则"的内容符合题目中提到的"同质性原则"。

三、统计数据相关案例解答

【案例分析 13】

2020 年"全国高职高专院校信息素养大赛"真题（单选题）

通过我国某政府网站可检索到 2020 年 10 月全国财政收支情况，以下选项不正确的是（　　）。

A. 企业所得税 35543 亿元，同比下降 2.2%
B. 个人所得税 9545 亿元，同比下降 8.8%
C. 国内消费税 11446 亿元，同比下降 5.6%
D. 国内增值税 48155 亿元，同比下降 11.4%

解答：B。根据对题目内容的分析，需要检索的是全国财政收支相关情况，故可以选取财政部的官方网站进行检索。进入中华人民共和国财政部官网，在首页上方的检索框内，输入"2020 年 10 月全国财政收支情况"。检索后，可以查询到个人所得税是同比增长 8.8%。

【案例分析 14】

2021 年"全国高职高专院校信息素养大赛"真题（单选题）

2021 年 8 月 30 日，教育部（http://www.moe.gov.cn/）发布高等教育学校（机构）数，其中高职（专科）院校（Higher Vocational Colleges）是（　　）所。

A. 1270　　　　　B. 1470　　　　　C. 1468　　　　　D. 2738

解答：C。根据对题目内容的分析，可以选取教育部的官方网站进行检索。进入中华人民共和国教育部官网，在一级栏目"文献"中，点击"教育统计数据"。进入后，可以看到往年的教育统计数据，再对应题目中的"2021 年 8 月 30 日"，可以发现需要查询的是"2020 年教育统计数据"。点击"2020 年教育统计数据"中的"全国基本情况"，即可确定答案。

【案例分析 15】

2021 年"全国高职高专院校信息素养大赛"真题（多选题）

2021 年 10 月，国家统计局发布前三季度国民经济总体保持恢复态势，主要宏观指标总体处于合理区间，就业形势基本稳定，居民收入继续增加，国际收支保持平衡，经济结构调整优化，质量效益稳步提升，社会大局和谐稳定。下列表述正确的是（　　）。

　　A. 前三季度，全国规模以上工业增加值同比增长 11.8%，两年平均增长 6.4%

　　B. 初步核算，前三季度国内生产总值 82313 亿元

　　C. 前三季度，农业（种植业）增加值同比增长 3.4%，两年平均增长 3.6%

　　D. 前三季度，社会消费品零售总额 318057 亿元，同比增长 16.4%，两年平均增长 3.9%

　　解答：ACD。进入国家统计局官网，点击一级栏目"数据"中的"数据发布"。下一步，按照题目中国家统计局所发布的时间，查询到 2021 年 10 月发布的"前三季度国民经济总体保持恢复态势"，即可确定答案。B 选项的前三季度国内生产总值应该是 823131 亿元。

【案例分析 16】

2022 年"全国高职高专院校信息素养大赛"真题（单选题）

某同学在 2022 年 8 月时，希望了解北京市 2022 年 1—6 月经济运行情况，他应该怎么做？（　　）

　　A. 与身边对此话题感兴趣的朋友交流

　　B. 在中国知网等数据库查找该领域的文献综述

　　C. 去北京市统计局网站查询

　　D. 在百度查询"2021 北京经济数据"

　　解答：C。根据对题目的分析，提取关键信息"北京市"，故推断出需要检索北京市的相关统计数据。检索某地市的统计数据，可以选取该地市的统计局网站进行查询。

【案例分析 17】

2022 年"全国高职高专院校信息素养大赛"真题（单选题）

根据国家统计局网站的数据，我国 2021 年年末总人口数与乡村人口数分别是多少？

　　A. 141260 万，49835 万　　　　　　　B. 144350 万，62309 万

　　C. 150039 万，65212 万　　　　　　　D. 141212 万，50992 万

　　解答：A。进入国家统计局官网，点击"数据查询"栏目中的"年度数据"，在左侧指标中找到"总人口"。点击后，在右侧即可看到近些年的人口相关数据。其中，2021 年年末总人口数是 141260 万人，乡村人口数是 49835 万人。

【案例分析 18】

2023 年"全国高职高专院校信息素养大赛"真题（单选题）

实现农业现代化是中国农业发展的目标之一，农业规模经营一直得到中国农业政策领域的高度关注。据第三次农业普查主要数据公报显示，湖南省作为农业大省，其规模农业经营户的数量是（　　）。

　　A. 13.56 万　　　　B. 12.21 万　　　　C. 24.07 万　　　　D. 13.68 万

　　解答：B。进入国家统计局官网，点击一级栏目"数据"中的"普查数据"，再点击

其中的"第三次农业普查",即可查询到湖南省相关的农业主要数据。

四、图书分类与检索相关案例解答

【案例分析19】

2021年"全国高职高专院校信息素养大赛"真题(判断题)

在《中国图书馆分类法》的学科分类体系结构中,TP8代表远动技术。(　　)。

A. 正确　　B. 错误

解答:A。熟悉了解《中国图书馆分类法》。T代表工业技术,TP代表自动化技术、计算机技术,TP8代表远动技术。在百度中直接检索"中国图书馆分类法",只能看到大致的分类。采用"filetype"指令检索方法,检索文件的格式可选定为PDF,即可检索到详细的《中国图书馆分类法》全文。

【案例分析20】

2022年"全国高职高专院校信息素养大赛"真题(单选题)

在中国国家数字图书馆中可以找到的曲阜地方志有(　　)。

A. 清康熙十二年的《曲阜县志》　　B. 新中国成立后的《曲阜游览指南》
C. 民国二十三年的《曲阜县志》　　D. 清乾隆三十九年的《曲阜林庙展调记》

解答:A。进入中国国家数字图书馆官网。点击首页中的"古籍特藏"栏目,再点击其中的"数字方志"。进入后,在检索框内输入"曲阜",即可检索到清康熙十二年的《曲阜县志》、清乾隆三十九年的《曲阜县志》、民国二十三年的《续修曲阜县志》和《曲阜林庙展调记》、民国间(1912—1949)的《曲阜游览指南》。B、C、D选项都存在时间与地方志不对应的情况。

【案例分析21】

2022年"全国高职高专院校信息素养大赛"真题(多选题)

根据《中国图书馆分类法》,以下哪几本图书属于同一类?(　　)。

A. 《一个人的朝圣》

B. 《云边有个小卖部》

C. 《像读悬疑小说一样读懂会计学》

D. 《禅与摩托车维修艺术》

解答:ABD。进入中国国家数字图书馆官网,在首页检索框内依次对四个选项中的图书进行检索。检索后,在每种图书的资源详情界面,即可看到分类的相关信息。其中,《一个人的朝圣》《云边有个小卖部》《禅与摩托车维修艺术》都属于I类,《像读悬疑小说一样读懂会计学》属于F类。

【案例分析22】

通过国家图书馆特色资源可以查到民国十八年出版的《康德生活》一书,其目次不包括(　　)。

A. 康德的著述生活

B. 康德对于教育上的格律

C. 康德的名誉观

D. 康德的大学讲师生活

解答：B。进入国家图书馆官网。选择首页检索框左侧的检索字段为"特色资源"，然后在检索框内输入"康德生活"。检索后，即可看到民国十八年的《康德生活》。点击书名，进入该图书的资源详情界面，再点击"目录"，即可看到《康德生活》的详细目录。

【案例分析23】

2023年"全国高职高专院校信息素养大赛"真题（单选题）

根据图书的分类组织管理方法，以下哪本图书与其他图书不属于同一类？（　　）。

A.《社会性动物》　　　　　　　　B.《动物农场》

C.《公共人的衰落》　　　　　　　D.《乌合之众》

解答：B。进入中国国家数字图书馆官网。在首页检索框内依次对四个选项中的图书进行检索，会发现按照《中国图书馆分类法》，其中《社会性动物》《公共人的衰落》《乌合之众》都属于C类，《动物农场》属于I类。

五、查找特定事实相关案例解答

【案例分析24】

2020年"全国高职高专院校信息素养大赛"真题（单选题）

《习近平致2020中国5G＋工业互联网大会的贺信》中，中共中央总书记、国家主席、中央军委主席习近平提到希望与会代表围绕（　　）主题，深入交流，凝聚共识，增进合作，更好赋能实体、服务社会、造福人民。

A."发展机遇，凝聚共识"　　　　B."智联万物、共建未来"

C."携手并进，合作共赢"　　　　D."智联万物、融创未来"

解答：D。进入中华人民共和国中央人民政府网站，在首页搜索框内输入"习近平致2020中国5G＋工业互联网大会的贺信"，即可在检索结果中确定答案。

【案例分析25】

2021年"全国高职高专院校信息素养大赛"真题（单选题）

2021年10月16日0时23分，搭载神舟十三号载人飞船的长征二号F遥十三运载火箭，在酒泉卫星发射中心按照预定时间精准点火发射，约582秒后，神舟十三号载人飞船与火箭成功分离，进入预定轨道，顺利将翟志刚、王亚平、叶光富3名航天员送入太空，飞行乘组状态良好，发射取得圆满成功。三名航天员中的王亚平曾在2013年乘坐神舟十号进入太空，完成了（　　）。

A. 土壤勘探　　　B. 太空授课　　　C. 空气质量监测　　　D. 月球探测

解答：B。首先对题目内容进行分析，提取关键信息"王亚平""2013年"。其次在百度搜索引擎中输入"王亚平"，搜索后，在"王亚平"的百度百科内容中，即可确定答案。

【案例分析26】

2022年"全国高职高专院校信息素养大赛"真题（单选题）

《扫黑风暴》是一部根据真实事件改编的当代涉案剧，其中孙兴这个人物的原型一度引发全社会高度关注。请问"孙兴"这个角色的原型人物所涉案件的主审法官是以下哪位？（　　）

A. 柴继红　　　B. 后锋　　　C. 罗智勇　　　D. 史松玖

解答：A。在百度搜索引擎中输入"孙兴原型人物"，检索后，得到的结果是"孙小果"。第二步运用布尔逻辑"与",在百度中输入"孙小果主审法官",即可在检索结果中确定答案。

【案例分析 27】

2022年"全国高职高专院校信息素养大赛"真题(判断题)

王二是某招标代理公司的工作人员,在某高校的图书招标过程中需要核实投标方所提供的电子工业出版社馆配授权书的真伪,他可以通过在电子工业出版社官网查询授权书证书编号或者扫描证书上的二维码等方式进行核实。(   )。

A. 正确　　　　　　B. 错误

解答:A。进入电子工业出版社官网,点击一级栏目"联系我们"下方的"授权书查询"。进入后,点击页面中间位置的"查询",就可以看到各经销商的证书编号、名称、证书类型、证书原文。点击某个经销商右侧的"查看证书",即可看到证书右下角有二维码。故该判断题是正确的。

【案例分析 28】

2023年"全国高职高专院校信息素养大赛"真题(判断题)

2023年8月24日,日本政府不顾国内外反对,一意孤行,开始向太平洋排放核废水。(   )

A. 正确　　　　　　B. 错误

解答:B。在百度搜索引擎,运用布尔逻辑"与",输入"2023年8月24日,日本政府"。检索后,会发现2023年8月24日,日本政府排放的是核污染水,不是核废水。核废水和核污染水在意思的表达方面有明显的区别。

六、文献资源检索相关案例解答

【案例分析 29】

2019年"全国高职高专院校信息素养大赛"真题(单选题)

老师让你找一篇名为《地方高校教师信息素养研究》的学位论文,这篇论文作者所在的院校是(   )。

A. 山东师范大学　　B. 云南师范大学　　C. 江西师范大学　　D. 北京师范大学

解答:A。进入中国知网首页,在检索框左侧选择检索字段"篇名",然后在检索框内输入"地方高校教师信息素养研究"。检索后,在结果中即可查询到题目中的论文,并可确定论文的来源是山东师范大学。

【案例分析 30】

2020年"全国高职高专院校信息素养大赛"真题(多选题)

当前人工智能技术迅猛发展,世界各大国都将人工智能视为未来国际竞争的新焦点。在万方平台收录的《论人工智能创作物著作权法保护》包括下列哪些参考文献?(   )

A. 罗祥,张国安. 著作权法视角下人工智能创作物保护[J]. 河南财经政法大学学报,2017(6).

B. 北京互联网法院(2018)京0491民初239号民事判决书

C. 王伯鲁:《马克思技术决定论思想辨析》,《自然辩证法通讯》2017年第9期

D. 刘影. 人工智能生成物的著作权法保护初探[J]. 知识产权,2017(9).

解答：ABD。进入万方数据知识服务平台，在首页的检索框内输入"论人工智能创作物著作权法保护"。检索后，在检索结果中找到上述论文，点击进入后，可以看到这篇论文的参考文献，但是在这里看到的参考文献并不是上述论文全部的参考文献，需要参赛者下载论文全文。在全文的最后部分，即可看到全部的参考文献内容。

【案例分析 31】

2020 年"全国高职高专院校信息素养大赛"真题（多选题）

万方数据知识服务平台上，根据硕士论文《高职院校学生思想政治教育中生命教育的反思与路径选择》，以下说法正确的是（　　）。

A. 根据本文描述国外研究现状认为，生命教育研究萌芽于古埃及时期。

B. 本文提及习近平总书记在北师大座谈会提到的"教育就是要培养德智体美全面发展的社会主义建设者和接班人"。

C. 根据本文描述国内研究现状认为，生命教育最早出现在台湾地区。

D. 本文研究的现实意义包括：有利于矫正高职院校学生的部分失范行为。

解答：BCD。进入万方数据知识服务平台，在首页检索框内输入"高职院校学生思想政治教育中生命教育的反思与路径选择"。检索后，下载该硕士论文全文，对四个选项内容依次进行验证。其中，生命教育研究萌芽于古希腊时期。

【案例分析 32】

2021 年"全国高职高专院校信息素养大赛"真题（单选题）

从 CNKI 平台检索的发表在《情报理论与实践》上的《情报学若干问题辨析》文章，这篇文章的作者是谁？（　　）

A. 曹树金　　　　B. 王雅琪　　　　C. 叶鹰　　　　D. 梁战平

解答：D。进入中国知网数据库，在首页检索框内，输入"情报学若干问题辨析"。检索后，找到该文章，即可确定答案。

【案例分析 33】

关于杂志《机械设计与制造》，下列表述错误的是（　　）。

A. 作者杨兆建在该杂志共发表文章数量为 40 篇。

B. 向该杂志投稿的作者可以是科研企事业单位硕士学位初级以上职称技术人员。

C. 该杂志研究的学术热点最多的是机械工业。

D. 该杂志的出版地是辽宁省沈阳市。

解答：B。查询某个杂志的相关信息，可以借助杂志的官网、知网、维普进行查询。A 选项内容可在维普网上查询到，B 选项内容可在杂志官网中投稿指南栏目中查询到，C、D 选项内容可在中国知网中查询到。

七、政策文件相关案例解答

【案例分析 34】

2019 年"全国高职高专院校信息素养大赛"真题（单选题）

《国家职业教育改革实施方案》的具体指标：到 2022 年，职业院校教学条件基本达标，一大批普通本科高等学校向应用型转变，建设（　　）所高水平高等职业学校和（　　）个骨干专业（群）。

A. 50，50　　　　　B. 150，50　　　　　C. 100，150　　　　　D. 50，150】

解答：D。进入中华人民共和国教育部官网，在首页上方的检索框内输入"国家职业教育改革实施方案全文"，即可在检索结果中确定答案。

【案例分析 35】

2020 年"全国高职高专院校信息素养大赛"真题（多选题）

根据我国《新能源汽车产业发展规划（2021—2035 年）》，其发展愿景包括：到 2025 年，（　　），充换电服务便利性显著提高。

A. 燃料电池汽车实现商业化应用

B. 高度自动驾驶汽车实现限定区域和特定场景商业化应用

C. 新能源汽车新车销售量达到汽车新车销售总量的 20% 左右

D. 纯电动乘用车新车平均电耗降至 12.0 千瓦时/百公里

解答：BCD。进入中华人民共和国中央人民政府官网，在首页搜索框内输入"新能源汽车产业发展规划（2021—2035 年）"，检索后找到"新能源汽车产业发展规划（2021—2035 年）"全文，在全文页面运用网页搜索快捷方式"Ctrl＋F"，在搜索框内输入"2025"进行检索，即可确定答案。其中，A 选项内容是到 2035 年的规划。

【案例分析 36】

2022 年"全国高职高专院校信息素养大赛"真题（多选题）

2021 年 4 月，教育部发布《高等职业教育专科信息技术课程标准（2021 年版）》，标准中提到该类课程学科核心素养包括哪几个方面？（　　）

A. 信息意识　　　　　　　　　　B. 计算思维

C. 数字化创新与发展　　　　　　D. 信息社会责任

解答：ABCD。进入中华人民共和国教育部官网，在首页搜索框内输入"高等职业教育专科信息技术课程标准（2021 年版）"，检索后找到"教育部办公厅关于印发《高等职业教育专科英语、信息技术课程标准（2021 年版）》的通知"，点击其中的附件"2. 高等职业教育专科信息技术课程标准（2021 版）"。在该标准中，找到"二、学科核心素养与课程目标（一）学科核心素养"部分，即可确定答案。

【案例分析 37】

2023 年"全国高职高专院校信息素养大赛"真题（单选题）

教育部《本科层次职业教育专业设置管理办法（试行）》规定，本科层次职业教育人才培养方案的实践教学课时占总课时的比例不低于（　　），实验实训项目（任务）开出率达到（　　）。

A. 50%，50%　　　B. 50%，100%　　　C. 55%，100%　　　D. 55%，50%

解答：B。进入中华人民共和国教育部官网，在首页搜索框内输入"本科层次职业教育专业设置管理办法（试行）"，检索后找到"教育部办公厅关于印发《本科层次职业教育专业设置管理办法（试行）》的通知"，点击进入后，在其页面运用网页搜索快捷方式"Ctrl＋F"，在搜索框内输入"人才培养方案"进行检索，即可确定答案。

【案例分析 38】

2023 年"全国高职高专院校信息素养大赛"真题（单选题）

2020 年《教育部办公厅关于公布新农科研究与改革实践项目的通知》认定了多少个

新农科研究与改革实践项目？（　　）

A. 406　　　　　　B. 407　　　　　　C. 408　　　　　　D. 409

解答：B。进入中华人民共和国教育部官网，在首页搜索框内输入"教育部办公厅关于公布新农科研究与改革实践项目的通知"，检索后找到《教育部办公厅关于公布新农科研究与改革实践项目的通知》，点击进入后，在其页面运用网页搜索快捷方式"Ctrl＋F"，在搜索框内输入"新农科研究与改革实践项目"进行检索，即可确定答案。

八、法律法规及信息伦理相关案例解答

【案例分析 39】

2019 年"全国高职高专院校信息素养大赛"真题（多选题）

按照著作权法规定，侵犯著作权应承担的民事责任有（　　）。

A. 消除影响　　　　B. 停止侵害　　　　C. 赔偿损失　　　　D. 公开赔礼道歉

解答：ABCD。进入国家法律法规数据库，在首页检索框内，输入"中华人民共和国著作权法"，检索后，找到该法律法规。在其全文页面中，运用网页搜索快捷方式"Ctrl＋F"，在搜索框内输入"民事责任"，即可确定答案。

【案例分析 40】

2020 年"全国高职高专院校信息素养大赛"真题（单选题）

根据最高人民法院、最高人民检察院"法释〔2019〕15 号"文件规定，哪一项不属于违反刑法的"致使违法信息大量传播"行为？（　　）

A. 致使违法信息实际被点击数达到五万以上的

B. 致使向两千个以上用户账号传播违法信息的

C. 致使传播违法视频文件以外的其他违法信息五百个以上的

D. 致使传播违法视频文件二百个以上的

解答：C。第一步进入北大法宝数据库，在首页检索框内，选择左侧的检索字段"发文字号"，输入题目中的法律文号。检索后，确定该法律文号对应的法律文件是《最高人民法院、最高人民检察院关于办理非法利用信息网络、帮助信息网络犯罪活动等刑事案件适用法律若干问题的解释》。第二步，进入国家法律法规数据库，检索上述法律法规。在其第三条内容中，即可确定答案。致使传播违法视频文件以外的其他违法信息，应该是两千个以上。

【案例分析 41】

2021 年"全国高职高专院校信息素养大赛"真题（单选题）

教育部对于学术不端行为一贯的鲜明态度，就是零容忍，绝对不能允许出现无视学术规矩、破坏学术规范、损害教育公平的行为。下列哪项不属于学术不端行为？（　　）

A. 湖北省某中心医院某作者发表的论文，存在买卖数据、编造研究过程的行为。

B. 北京市某医院某作者发表的论文中，引用了某个真实案例和某些专家教授的观点时加了脚注。

C. 山东省某医院侯某发表的论文，存在论文买卖的行为。

D. 江苏省某妇幼保健院丁某为第一作者发表的论文，存在委托第三方代写、代投的行为。

解答：B。在撰写论文过程中，如果引用了他人的案例或者观点时，要添加脚注，用以说明。A、C、D选项内容中的行为都可以判定为学术不端。

【案例分析42】

2022年"全国高职高专院校信息素养大赛"真题（单选题）

以下哪一项更适合作为评价信息可信度的考虑因素？（　　）

　　A. 信息发布者　　B. 信息传播的次数　　C. 信息发布的时间　　D. 是否熟人转发

解答：A。四个选项内容中，只有信息的发布者，可以判定一条信息是否真实可靠。例如，同样一条信息，在中央人民政府网站发布要远比在百度中发布更为可靠。

【案例分析43】

2022年"全国高职高专院校信息素养大赛"真题（单选题）

关于引用与抄袭的区别，下面哪个说法正确？（　　）

　　A. 为防止被认定为抄袭，需要尽量避免在自己文章中引用其他文献。

　　B. 引用只是少量使用其他文献中的观点和论据，大段落的引用一定是抄袭。

　　C. 使用其他文献内容时，改改关键词、调换一下语言的顺序，就不算抄袭。

　　D. 抄袭是把别人的结论当作自己文章的结论，引用是把别人的研究成果当作是已知的知识

解答：D。引用是借用别人的写作理论来表达自己的观点，剽窃是把别人的话作为自己的观点，加入自己的作品中的过程。引用必须指明被引用作品的作者姓名和作品名称，通过文中道明或用脚注、尾注的方式进行标注。

【案例分析44】

2023年"全国高职高专院校信息素养大赛"真题（多选题）

近年来，各大互联网平台上的网暴现象明显增多，为依法惩治网络暴力违法犯罪活动，有效维护公民人格权益和正常网络秩序，最高人民法院、最高人民检察院、公安部在2023年起草了《关于依法惩治网络暴力违法犯罪的指导意见（征求意见稿）》，该文件提到，实施网络暴力违法犯罪，具有下列哪些情形之一的，应当从重处罚？（　　）

　　A. 针对未成年人、残疾人实施的。

　　B. 利用"深度合成"技术发布违法或者不良信息，违背公序良俗\伦理道德的；

　　C. 网络服务提供者发起或组织的。

　　D. 组织"水军""打手"实施的。

解答：ABCD。进入中华人民共和国最高人民法院官网，在首页搜索框内输入"关于依法惩治网络暴力违法犯罪的指导意见"。检索后，在该指导意见全文界面，运用网页搜索快捷方式"Ctrl+F"，在搜索框内输入"从重处罚"，即可确定答案。

九、专利相关案例解答

【案例分析45】

2020年"全国高职高专院校信息素养大赛"真题（判断题）

查找关于"基于互联网的智慧校园图书馆管理系统"且授权公告日为2019年7月16日的一项中国专利，这是一项实用新型专利。（　　）

　　A. 正确　　　　B. 错误

解答：B。进入国家知识产权局官网，点击首页中间位置的"专利公布公告"栏目。进入后，在查询框内输入"基于互联网的智慧校园图书馆管理系统"，查询后即可看到该专利是一项发明专利。

【案例分析46】

2021年"全国高职高专院校信息素养大赛"真题（单选题）

在万方数据知识服务平台上，关于申请的专利号为CN202020826925.2的实用新型，以下说法错误的是（　　）。

A. 此实用新型用于口罩生产

B. 公开或公告号：CN212493723U

C. 代理人：洪美纱

D. 发明人有多个实用新型专利

解答：C。进入万方数据知识服务平台。在首页检索框左侧，选择"专利"。然后在搜索框内输入"CN202020826925.2"，检索后，即可看到该专利的导航界面。其中，代理人应该是陈晓蕾。

【案例分析47】

2022年"全国高职高专院校信息素养大赛"真题（单选题）

某同学研究了一项新技术，计划申请中国专利，请问他需要向哪个部门提出申请呢？（　　）

A. 专利代办处　　B. 国家知识产权局　C. 市知识产权局　　D. 省知识产权局

解答：B。掌握专利的相关常识，在中国境内申请专利，都需从国家知识产权局进行申请。

【案例分析48】

2023年"全国高职高专院校信息素养大赛"真题（单选题）

据报道，深职院学生团队"粮食卫士"研发出国内第一款360°米粒外观品质检测一体机，可同时检测米粒的7种缺陷。该团队申请了多项专利，其中一项"一种米粒检测设备（CN115608636A）"的申请人为（　　）。

A. 深圳市麦稻智联科技有限公司

B. 杨金峰

C. 郭盼盼

D. 深圳思谋信息科技有限公司

解答：D。进入国家知识产权局官网，点击首页中间位置的"专利公布公告"栏目。进入后，在查询框内输入"CN115608636A"，查询后即可看到该专利的申请人信息。

十、标志及商标相关案例解答

【案例分析49】

2022年"全国高职高专院校信息素养大赛"真题（单选题）

2022年3月，国家知识产权局核准了"上海2022年世界技能大赛徽标"等4件特殊标志登记，该标志的有效期限的截止日为（　　）。

A. 2026年2月28日　　　　　　　　B. 2025年2月28日

C. 2023 年 2 月 28 日　　　　　　　　　　D. 2024 年 2 月 28 日

解答：A。进入国家知识产权局官网，在首页上方的搜索框内输入"上海 2022 年世界技能大赛徽标"。检索后，点击"国家知识产权局关于核准'上海 2022 年世界技能大赛徽标'等 4 件特殊标志登记的公告"，再点击公告中的附件，即可看到上述特殊标志的有效期限。

【案例分析 50】
2022 年"全国高职高专院校信息素养大赛"真题（单选题）
比亚迪股份有限公司注册号为 27706260 的商标"比亚迪云徽"，属于国际商标分类中的哪一类？（　　）
A. 36　　　　　B. 42　　　　　C. 38　　　　　D. 35

解答：C。进入国家知识产权局官网，点击"政务服务"栏目中的"商标查询"，进入后再点击其中的"商标综合查询"，在其界面的"申请/注册号"一栏里输入题目中的注册号，点击下方的查询，即可看到"比亚迪云徽"的国际分类。

【案例分析 51】
2023 年"全国高职高专院校信息素养大赛"真题（单选题）
2023 年 9 月 23 日，第 19 届亚运会在中国浙江杭州隆重开幕。此前，国家知识产权局对第 19 届亚运会组委会提交的"杭州亚运会赛时宣传标志"和第 4 届亚残运会组委会提交的"杭州亚残运会赛时宣传标志"等 2 件特殊标志登记申请予以核准，请问上述标志的有效期限的截止日为（　　）。
A. 2027 年 8 月 10 日　　　　　　　　B. 2027 年 8 月 20 日
C. 2028 年 7 月 20 日　　　　　　　　D. 2028 年 7 月 21 日

解答：B。进入国家知识产权局官网，在首页上方的搜索框内输入"杭州亚运会"。检索后，点击"国家知识产权局关于核准'杭州亚运会赛时宣传标志'等 2 件特殊标志登记的公告（第 543 号）"，再点击公告中的附件，即可看到上述特殊标志的有效期限。

【案例分析 52】
2023 年"全国高职高专院校信息素养大赛"真题（多选题）
经国家知识产权局审查，企业的地理标志专用标志被取消的有（　　）。
A. 火山粉葛　　B. 柞水黑木耳　　C. 东坡腊肉　　D. 许昌腐竹

解答：AD。进入国家知识产权局官网，在首页上方的搜索框内输入"火山粉葛"。检索后，点击"关于注销曲江区马坝镇曹溪大米加工一厂等 6 家企业地理标志专用标志使用注册登记的公告（第 541 号）"，即可根据该公告内容确定答案。

【案例分析 53】
2023 年"全国高职高专院校信息素养大赛"真题（判断题）
地理标志也是一种知识产权，并且可以申请为地理标志商标，南山荔枝、潼关肉夹馍都属于地理标志商标。（　　）
A. 正确　　　　　B. 错误

解答：B。进入国家知识产权局官网，点击"政务服务"栏目中的"商标查询"，进入后再点击其中的"商标综合查询"，在其界面的"检索要素"一栏里分别输入"南山荔枝"和"潼关肉夹馍"，点击下方的查询，即可看到名称所对应的商标，但都属于无效商标,故该判断题是错误的。

十一、常用检索工具相关案例解答

【案例分析 54】

2020 年"全国高职高专院校信息素养大赛"真题(判断题)

如今微信"搜一搜"已成为 10 亿用户与微信生态中海量内容和服务连接的纽带。根据《数字技术与应用》杂志 2020 年发表的《微信搜索引擎优化策略的研究》一文,影响微信搜索排序的核心因素主要是账号权威、内容优质、用户行为。(   )

A. 正确　　　　　　B. 错误

解答:A。本题目可以运用中国知网数据库,进行检索验证。进入中国知网数据库首页,在检索框内输入"微信搜索引擎优化策略的研究",找到该文章后并下载全文。根据文章的第四部分内容,即可判断出答案。

【案例分析 55】

2021 年"全国高职高专院校信息素养大赛"真题(多选题)

万方数据知识服务平台,作者李继凯在《中国高校社会科学》2021 年第 3 期发表了一篇文章,按照这篇文章所述,以下说法正确的是(   )。

A. 文献标识码:B
B. 文章提到习近平《在河北省阜平县考察扶贫开发工作时的讲话》内容
C. 作者是陕西师范大学文学院教授
D. 关键词包括:《山海情》

解答:BCD。在万方数据知识服务平台首页,进入检索框右侧的高级检索,进入后,第一步选择文献类型"学位论文";第二步,在下方第一个检索框内输入"李继凯",选择左侧检索字段"作者",选择右侧"精确";第三步,在第二个检索框内,选择检索字段"期刊—刊名",在检索框内输入"中国高校社会科学",选择右侧"精确"。以上三步完成后,即可检索出文章《论〈山海情〉对延安文艺精神的传承与创新》。进入该文章的界面,可判定 B、C、D 选项内容是正确的。A 选项内容,需要下载该文章全文进行判断。该文章的文献标识码是 A。

【案例分析 56】

2022 年"全国高职高专院校信息素养大赛"真题(判断题)

当在万方数据库里搜到的期刊论文比较少时,可以通过论文详情页面的"参考文献""引证文献"等,获得更多相关文献。(   )

A. 正确　　　　　　B. 错误

解答:A。每一篇期刊论文都会有相关的参考文献和引证文献,其也可以作为检索工具的一种,检索到更多的相关、类似的文献。

【案例分析 57】

2023 年"全国高职高专院校信息素养大赛"真题(单选题)

"2022 智慧规划与设计"学术论坛论文集里《人工智能时代计算机网络信息安全与防护研究》一文的作者是谁?(   )

A. 李晓林　　　B. 李玮　　　C. 刘仪　　　D. 陈向效

解答：D。检索某学术会议论文，可考虑选取万方数据知识服务平台进行检索。在首页检索框内，输入"人工智能时代计算机网络信息安全与防护研究"。检索后，会发现有同名的文章，找到文章来源是《"2022智慧规划与管理"学术论坛论文集》，其作者就是本题目的答案。

【案例分析58】

2023年"全国高职高专院校信息素养大赛"真题（多选题）

下列情境中，更能发挥搜索引擎优势的是（　　）。

A. 查找关于某个主题的论文

B. 了解一个陌生问题的背景知识

C. 查找一张新闻图片

D. 查找一篇论文的被引用情况

解答：BC。搜索引擎有利于检索无单向性、范围广的信息。A、D选项内容更适合在学术数据库中进行检索。

十二、查找公司企业信息相关案例解答

【案例分析59】

2023年"全国高职高专院校信息素养大赛"真题（单选题）

"北京东方易美装饰有限公司"在2018年曾被认定为失信被执行人，关于该案件的相关信息中错误的是（　　）。

A. 该公司的法定代表人或者负责人姓名为陈象强

B. 失信被执行人行为具体情形为有履行能力而拒不履行生效法律文书确定义务

C. 执行法院为北京市海淀区人民法院

D. 被执行人的履行情况为不完全履行

解答：D。进入中国执行信息公开网，点击首页中的"综合查询被执行人"，在"被执行人姓名、名称"一栏中输入"北京东方易美装饰有限公司"。查询后，即可确定答案。"北京东方易美装饰有限公司"的履行情况应该是"全部未履行"。

【案例分析60】

2023年"全国高职高专院校信息素养大赛"真题（判断题）

小王同学毕业在即，在网上看到一则"合肥江航飞机装备股份有限公司"的招聘信息很符合自己的求职需求，经过查询了解到该公司是一家在营、开业、在册的公司，成立于2007年2月28日，其前身是航宇救生装备（合肥）有限公司。（　　）

A. 正确　　　　B. 错误

解答：B。进入国家企业信用信息公示系统，在首页查询框输入"合肥江航飞机装备股份有限公司"，查看该公司相关信息，即可确定答案。该公司的成立时间应该是2007年12月28日。

十三、科技报告与成果相关案例解答

【案例分析61】

科技报告《基于人工智能的农村垃圾智能分类系统研究》的作者单位是（　　）。

A. 西安邮电大学　　B. 北京大学　　　C. 武汉大学　　　　D. 郑州大学

解答：A。进入国家科技报告服务系统，在首页检索框内输入"基于人工智能的农村垃圾智能分类系统研究"，检索后，即可确定答案。

【案例分析 62】

2023 年"全国高职高专院校信息素养大赛"真题（多选题）

科技成果"人工智能上下样移液机械臂"的项目创新点包括（　　　）。

A. 集成自主研发的深度 AI 视觉识别技术、先进机电一体化集成技术

B. 从现有检测机构的"人—机"交互模式转变成"机—人工智能—机"交互模式

C. 大幅度降低整个检测过程的成本并大幅度提升整个检测的业务效率

D. 研发了基于机器人集群的智能调度技术

解答：ABC。进入中国知网数据库，先选择检索框下方的成果数据库，然后在检索框内输入"人工智能上下样移液机械臂"。检索后，在成果简介内容中，即可确定答案。

十四、医疗检索相关案例解答

【案例分析 63】

2019 年"全国高职高专院校信息素养大赛"真题（多选题）

如果想查一个医生的资质，可以去国家卫生健康委员会的网站查询，查询时需要输入或者选择（　　　）。

A. 医生身份证号码　B. 医生姓名　　　C. 省份　　　　　D. 所在医疗机构

解答：BCD。进入国家卫生健康委员会官网，找到"服务"栏目中的"信息查询"，点击"医卫人员"中的"执业医师"。在"医生执业注册信息查询"界面查询相关信息后，即可确定答案。

【案例分析 64】

2022 年"全国高职高专院校信息素养大赛"真题（单选题）

在国家卫健委的网站查询医院执业登记，以下关于"北京德胜门中医院"的信息正确的是（　　　）。

A. 该院级别为二级医院　　　　　　B. 该院为三级甲等医院

C. 该院的执业许可已过期　　　　　D. 该院级别为一级医院

解答：D。进入国家卫生健康委员会官网，找到"服务"栏目中的"名单查询"，点击"医院执业登记"，在"所在省份"一栏中选择北京市，"医疗机构名称"一栏中输入"北京德胜门中医院"，点击查询后，即可确定答案。

【案例分析 65】

2023 年"全国高职高专院校信息素养大赛"真题（单选题）

小明家在河北，有亲属想寻找医院进行肾脏移植手术，据国家卫健委官网，河北省具有人体器官移植执业资格的医疗机构有几所？（　　　）

A. 2　　　　　　　　B. 3　　　　　　　　C. 4　　　　　　　　D. 5

解答：B。进入国家卫生健康委员会官网，找到"服务"栏目中的"名单查询"，点击"器官移植机构"，进入后，点击"具有人体器官移植执业资格的医疗机构名单"，即可看到河北省的相关医疗机构数量。

十五、免费文化教育资源相关案例解答

【案例分析 66】
2021 年"全国高职高专院校信息素养大赛"真题（多选题）
在中国大学慕课 MOOC 上，我们可以检索到以下哪几门课程？（　　）
A. 文献管理与信息分析，罗昭锋
B. 信息素养通识教程：数字化生存的必修课，潘燕桃等
C. 信息素养：效率提升与终身学习的新引擎，周建芳等
D. 信息检索，黄如花

解答：ABCD。进入中国大学慕课 MOOC 官网，在首页搜索框内，依次输入四个选项内容中的课程，即可确定答案。

【案例分析 67】
2022 年"全国高职高专院校信息素养大赛"真题（单选题）
论文《我国政府数据开放共享标准体系构建》的作者讲授的一门课程被评为国家精品 MOOC 课程，这门课程是（　　）。
A. "文献信息检索"　　　　　　　B. "互联网学术信息检索"
C. "信息检索与利用"　　　　　　D. "信息检索"

解答：D。第一步，进入中国知网数据库，在首页检索框内，输入"我国政府数据开放共享标准体系构建"。检索后，得出该论文的作者是黄如花。第二步进入中国大学慕课 MOOC 官网，在首页搜索框内输入"黄如花"，检索后即可确定答案。

【案例分析 68】
2022 年"全国高职高专院校信息素养大赛"真题（多选题）
2020 年，教育部公布了 99 门高职类国家精品在线开放课程名单，可以去哪些平台免费上课呢？
A. 学堂在线　　　　　　　　　　B. 智慧树网
C. 爱课程　　　　　　　　　　　D. 智慧职教 MOOC 学院

解答：ABCD。四个选项内容的课程平台都可以免费看到国家精品在线开放课程。在做同类型的题目时，上述平台可以作为检索在线课程相关题目时备选的信息源网站。

【案例分析 69】
2023 年"全国高职高专院校信息素养大赛"真题（多选题）
在国家职业教育智慧教育平台的"在线精品课程"中检索课程"桥跨结构施工"，以下关于这门课程的说法中正确的有哪些？（　　）
A. 这门课的开课教师是杨转运
B. 这门课的开课院校是四川建筑职业技术学院
C. 这门课第 4.1 节讲授的是"刚构桥施工工艺"
D. 这门课是省级的在线精品课

解答：AB。进入国家职业教育智慧教育平台官网，点击"在线精品课程"栏目。进入后，在上方搜索框内输入"桥跨结构施工"，检索后即可找到这门课程。进入该课程的界面，即可确定答案。

【案例分析 70】
2023 年"全国高职高专院校信息素养大赛"真题（多选题）
作为一名大学生，想在中国大学 MOOC 上学习计算机相关知识，以下属于国家精品课程的有（　　）。
  A．"大数据算法"（哈尔滨工业大学，王宏志）
  B．"计算机网络"（华南理工大学，袁华）
  C．"计算机操作系统"（南京大学，骆斌、葛季栋）
  D．"数据结构"（厦门大学，郑旭玲、曾华琳等）
解答：AC。进入中国大学慕课 MOOC 官网，依次对四个选项内容中的课程进行检索，即可确定哪门课程属于国家精品课程。

第三节　文献调研报告的撰写

本节内容将从课题的研究分析、检索文献的策略、汇总客观结果、作出主观结论和参考文献五个部分，来详细讲解如何撰写一篇文献调研报告。下面先为读者们列出一个主观题案例，本节的一些内容将围绕该案例展开讲解。

主观题案例：

请围绕你的家乡或家乡所在的省份，选择当地的特色食品、特色农产品、特色产业中的一种，针对其行业现状和发展前景等做信息调研，形成一份调研报告。

一、课题的研究分析

文献调研报告的大体结构就是提出问题、分析问题和解决问题的过程。对课题的研究分析是整篇文献调研报告的开头部分，也就是提出问题或者方向的部分，具有提纲挈领的作用。在撰写时，该部分内容可以从课题介绍、课题背景、要研究的问题以及研究方向等方面入手，简明扼要地阐述主体思想，不要过多赘述。

下面来看一篇范文，并对主观题案例的课题进行分析。

范文 1：

我的家乡在河南省，信阳毛尖是河南省有名的特色农作物之一，也是我国传统名茶之一。"因其条索细秀、圆直有峰尖、白毫满坡而得名为'毛尖'，又因产地在信阳，故名信阳'毛尖'。"信阳毛尖早在 1915 年巴拿马万国博览会上就荣获金奖，2007 年日本世界绿茶大会荣膺最高金奖。其素来以"细、圆、光、直、多白毫、香高、味浓、色绿"的独特风格而饮誉中外。

此篇报告通过检索"信阳毛尖""茶文化""行业现状""发展前景"等关键词，简要分析信阳毛尖的行业现状及其发展前景。

在上述范文中，首先根据主观题案例的题目要求，点明了撰写者的家乡在哪里，从而确定要研究的对象是信阳毛尖。其次，从信阳毛尖的特点及荣誉方面介绍了其背景。最后，依然是通过选取关键词的维度，来阐述要研究的问题及方向。

上述范文只作为备赛训练时参考使用。参赛者实际撰写时，在重点把握课题介绍、课题背景、要研究的问题以及研究方向等几个维度的前提下,要根据题目的要求灵活变化,阐述的内容要合理,逻辑层次要清晰。

笔者截取了2022年、2023年学生个人赛决赛主观题比赛优秀作品中的课题分析部分,供读者们参考学习。

2022年学生个人赛决赛主观题题目1优秀作品

(具体题目内容详见本章第一节例题13)

随着国内经济的发展及互联网技术的深入应用,当前软件产业在国内正处于高速发展期。从全球来看,在美国、日本、欧洲等发达国家,软件产业已经成为国民经济的重要组成部分,而软件是新一代信息技术的灵魂,届于此,习近平总书记在中共中央政治局第三十四次集体学习时强调,"要全面推进产业化、规模化应用,重点突破关键软件,推动软件产业做大做强,提升关键软件技术创新和供给能力"。

进入新经济时代,当诞生于美国硅谷以信息技术为主要特征的新经济敲开古城的城门,古老的长沙以超越时空的智慧揽其入怀。当下,笔者地处的湖南省省会城市长沙市其软件产业也正处于快速成长期。长沙以其独特的文化、区位以及政策优势,吸引了大批软件企业落户于此。

此次调研以创业准备为背景,以软件产业为主营业务,展开主营业务在长沙市的市场规模、市场特点等创业环境的调研,并对其进一步探讨。

在这篇课题分析中,作者首先定位了要写的行业是软件产业,所在的地点是长沙市。其次,介绍了软件产业的时代背景。最后,确定了调研的方向。

2023年学生个人赛决赛主观题题目1优秀作品

(具体题目内容详见本章第一节例题14)

"由于信息技术的快速发展,网络犯罪层出不穷,其中电信诈骗是最常见的网络犯罪类型。可见电信诈骗的性质恶劣,给人民群众造成了精神上和财产上的巨大损失。习总书记指示,切实把打防管控各项措施抓细抓实抓落地,坚决遏制电信网络诈骗犯罪多发高发态势。本报告将针对电信诈骗的含义、常见类型、特点、影响、防范措施和治理方案等方面展开信息调研,并在此基础上形成报告。"

在这篇课题分析中,作者先强调了防范电信诈骗的重要性,着重选取了习近平总书记的指示内容。然后,清晰地指明了本调研报告的方向,包括:含义、类型、特点、影响、措施、治理等方面。

2023年学生个人赛决赛主观题题目2优秀作品

(具体题目内容详见本章第一节例题14)

"2022年,我国60岁及以上老年人已超过2.8亿人,占总人口比重的19.8%;65岁及以上老年人达到2.1亿人,占总人口比重的14.9%。在如此严重老龄化的时代,普通的养老机制已经无法适应广大的市场。因此,我们要借助人工智能(AI)的帮助,使其与养老进一步融合,即智慧养老。据此,我们将在智慧养老中AI的应用现状、发展趋势、伦理安全展开调研。"

在这篇课题分析中,作者先采用数据信息,强调了养老机制的重要性。然后,点明了以AI与智慧养老融合的应用现状、发展趋势和伦理安全作为本调研报告的研究方向。

二、检索文献的策略

经过对课题的分析，确定调研方向后，撰写者就需要对检索的策略进行阐述。该部分内容主要包括：确定检索词、选取检索工具、阐释检索过程。

（一）确定检索词

检索词的选取是整个检索策略的第一步，选取的准确与否直接关系后续的检索结果是否正确。如何确保检索词选取的准确性，笔者将从以下两个方面进行讲解。

1. 从课题分析部分提取检索词。在文献调研的第一部分中，笔者已经对课题进行了阐述分析。从该内容中，就可以提取一些关键信息作为基本检索词。例如，在上述范文中，可以选取"信阳毛尖""毛尖""行业现状""发展前景"作为基本检索词。2022年学生个人赛决赛主观题优秀作品《软件产业在长沙市的创业环境调研报告》中，参赛者根据主题分析，拟定关键词为"软件产业"，准确定位了基本检索词。2023年学生个人赛决赛主观题优秀作品《关于电信诈骗的调研报告》中，参赛者确定了基础检索词："电信诈骗""防范措施""专项行动"。2023年学生个人赛决赛主观题优秀作品《有关"智慧养老中AI应用现状及发展"的调研报告》中，通过对课题的分析，参赛者可初步对课题内容进行拆分，确定以下检索词："人工智能""AI""养老""现状""发展"。

2. 扩展基本检索词。当撰写者确定好检索词，进行检索后，经常会出现检索结果过少或者不符合需求的结果过多等现象。那么，这个时候就需要参赛者在基本检索词的基础上，扩展其同义词、近义词、上位词、下位词。从而，提高检索结果的查准率或查全率。下面笔者仍然以上述主观题案例和历届学生个人赛决赛主观题优秀作品为例，为读者们讲解如何扩展基本检索词。

主观题案例中的基本检索词是"信阳毛尖""毛尖""行业现状""发展前景"，如对其进行扩展：一是可以增加"信阳毛尖"的上位词"信阳茶""信阳茶叶"，再根据范文2的课题分析内容，可以继续将其扩展为"茶产业""乡村振兴"；二是可以增加"行业现状"的同义词"产业现状"；三是可以增加"发展前景"的近义词"展望""优势"等。

2022年学生个人赛决赛主观题优秀作品《软件产业在长沙市的创业环境调研报告》，"分析可知，'软件产业'的上位词为'软件业'，近义词有'软件行业'，下位词有'计算机软件'。故确定检索词为：软件业、软件产业、软件行业。"参赛者在撰写这部分内容时，同时运用了近义词、上位词、下位词的扩展方法。

2023年学生个人赛决赛主观题优秀作品《有关"智慧养老中AI应用现状及发展"的调研报告》中，参赛者运用了两种检索式："（主题：人工智能＋AI）AND（主题：养老）AND（主题：现状＋发展）AND Date：2018－*，（主题：人工智能＋人工智能技术＋AI）AND（主题：养老＋养老服务）AND（主题：现状＋发展）AND Date：2018－*"。根据上述两种检索式，笔者可以发现参赛者在撰写第二种检索式时，增加了人工智能和养老的下位词，从而提高了检索结果的查全率。

（二）选取检索工具

选择哪种途径、哪个信息源网站进行检索，始终是解答客观题题目的关键一步。而在撰写主观题时，如何选择检索途径、信息源网站，则决定了文献调研报告的方向性、准确性和全面性，参赛者在撰写时要尤其注意。例如，如果要检索2022年河南省常住人口数量,那么很多读者可能都会首先选择百度进行检索。但是,当具有一定的信息素养知识后,读者会知道百度检索出的结果经常会出现信息不匹配、不准确的现象。那么这个时候读者就可以选取官方的检索途径,即国家统计局官网,来验证之前的检索结果。上述过程正是体现参赛者在信息思维方面的能力。参赛者撰写文献调研报告时,不仅要确保检索结果的准确性,更应注重其全面性。故在选取检索工具时,应注意以下三点。一是选取的数量。在选取检索工具的数量上,适中即可,一般3—5个最佳。二是选取的种类。主流数据库可以选取1—2个,如知网、万方。政府类网站可以选取2—3个。垂直类、专业类网站可参考选用,尽量不要使用百度。三是选取的检索工具要有互补性。例如,选取一个检索工具后,发现检索出的结果缺少政策类的信息时,就可以选用政府类的相关网站进行补充。再比如,刚才提到的2022年河南省常住人口数量,就是运用政府类网站对百度检索出的结果进行了补充验证。

下面笔者接着以上述主观题案例和历届主观题题目为例,来阐述分析如何选取检索工具。

在主观题案例中,假设以范文为例,其调研主体确定为信阳毛尖。首先,信阳毛尖的相关政策、产业现状和发展前景的信息,就可以通过选取信阳市人民政府网站进行检索。其次,信阳毛尖属于农产品,故可以通过选取中国农业农村信息网进行检索。最后,可以选取搜索标准文献的网站,继而从标准文献的维度,调研信阳毛尖的相关发展状况。综上所述,主观题案例的检索工具包括中国知网数据库、信阳市人民政府网站、中国农业农村信息网网站、国家标准全文公开系统网站等。

2022年学生个人赛决赛主观题优秀作品《软件产业在长沙市的创业环境调研报告》中,参赛者先选取了较基础的检索工具。然后,考虑到所写的调研主题是关于软件产业的,故选取了工业和信息化部的官方网站。如果在此基础上,再补充一个检索工具,可参考选取哪个呢?笔者认为,如果所调研的方向中包括创业之类的信息,那么就可以选取负责创业相关工作的湖南省人力资源和社会保障厅官网,在该网站可以查询到创业相关的政策信息、发展状况等。

2022年学生个人赛决赛主观题优秀作品《软件开发的和大数据的机遇——关于软件开发和大数据应用技术的调研报告》中,参赛者选取的检索工具包括中国知网数据库中的《期刊全文数据库》、国家统计局网站、各地市的统计局网站,以及大数据分析系统方面的百度指数和CSDN专业开发者社区(专业类网站)。参赛者在上述检索工具中可以检索获得软件开发和大数据应用技术相关的较新文献,再结合检索出的数据信息和指数变化,最后补充一些专业性强的信息。可以说,该名参赛者在检索工具方面的选取还是比较全面的。

(三)阐释检索过程

经过检索词、检索工具的确定,撰写检索过程的前提条件已经具备。接下来就需要以书面的形式,并附上相关的截图,将每个检索方法的过程完整地呈现出来。

首先,笔者以主观题案例为例,先来看两篇关于检索过程的范文。

范文2:

检索工具:中国知网数据库

关键词:信阳毛尖、行业

检索字段：主题

时间范围：暂不选择

检索式：（主题：信阳毛尖）AND（主题：行业）

步骤描述：在中国知网数据库首页中选择高级检索，进入后，选择主题检索字段，分别输入"信阳毛尖""行业"。两个检索框之间的关系用布尔逻辑"与"连接。

检索结果（条）：13

检索分析：检索结果数量较少，查全率较低，不利于进行可视化分析，需要调整检索策略重新检索。

将上述关键词"行业"更换为"产业"，检索式调整为（主题：信阳毛尖）AND（主题：产业），重新进行检索。调整后检索结果为201条。

范文3：

检索工具：信阳市人民政府网站

关键词：毛尖

查询范围：标题

排序位置：时间

时间范围：暂不选择

步骤描述：进入信阳市人民政府网站，点击首页右上方的"搜索"，进入"高级搜索"界面，在"包含以下完整关键词"内输入"毛尖"，"查询范围"为标题，"排序位置"为时间。

检索结果（条）：79

检索分析：检索结果数量适中，选取相关度较高的文件，了解信阳毛尖的行业发展现状和政策环境。

在上述范文2中，针对检索方法的过程，笔者仍然是从检索工具、关键词、检索字段、时间范围、检索式、步骤描述、检索结果、检索分析等维度来进行阐述。不同的是，在检索分析后，又将如何调整检索策略进行了描述。参赛者在撰写时，可根据实际情况参考使用。在范文3中，选取的检索工具是信阳市人民政府网站，利用该网站内的高级搜索功能，检索出了79条关于信阳毛尖的资讯或政策文件，基本满足了检索需求。

对检索过程的阐释，是整篇文献调研报告的核心部分。其内容体现了参赛者在选取检索词、检索工具时的准确性，在描述检索步骤时的逻辑性，以及在分析检索结果时的合理性。大赛备赛期间，参赛者一定要加强这部分内容的训练。

三、汇总客观结果

通过每个检索方法进行检索后，就需要参赛者将获得的结果汇总提炼，总结出有用的信息。下述范文4是围绕主观题案例的客观结论，参赛者可作为模板以供参考使用，但在实际撰写时，要根据题目的具体内容，灵活转变思路。

范文4：

根据检索结果可以得出：由于2003年3月国家工商行政管理总局正式批准信阳毛尖证明商标，信阳毛尖产业自此开始飞速发展。随着中国茶文化的传播和推广，越来越多的人开始认识和喜爱信阳毛尖。在国内外市场上，信阳毛尖的销量逐年增长，尤其是近年来,中国茶叶市场的发展迅猛,茶文化的普及度不断提高,信阳毛尖也受到了更多茶爱好者的青睐。

信阳毛尖是信阳农民实现乡村振兴的特色生态富民产业。茶文化产业的发展,不仅带动了当地茶叶的销售,增加了茶农的经济收入,促进了就业,提升了当地经济水平,更为我国文化产业的发展拓宽了渠道。目前,由于销售市场难以突破河南省的范围和发展过程中出现市场份额有逐渐萎缩的趋势,信阳毛尖的生存环境及市场发展面临着严重挑战。为应对上述问题,相关政府颁布了《信阳毛尖地理标志产品保护和管理办法》等相关政策文件,助推了全市茶产业和地方经济高质量发展。

四、作出主观结论

根据汇总出的客观结果,参赛者需要对调研的课题作出主观层面的结论。需要注意的是,所作出的结论不要偏离课题方向,不要出现反动、违反政策的言论。下述范文是主观题案例的主观结论部分内容,以供参考使用。

范文5:

信阳市政府及相关部门要积极推动信阳毛尖的发展,加大对茶农的培训力度,提高茶叶生产的标准和质量控制,推动"信阳毛尖"产业振兴、文化宣传与茶旅深度融合发展,推动国际交流合作,不断提升品牌引领意识、引领水平和专用标志使用质效。保障其在未来有望继续良好的发展势头,从而跻身国内外茶叶市场的高端品牌行列。

五、参考文献

参赛者在撰写参考文献这一部分时,要注意书写的格式,并在文中进行标注。在内容方面,尽量参考多种类型的文献。在数量方面,因为比赛时对文献调研报告有查重的审核,所以建议不宜过多参考,5—10篇即可。

小结:以上就是一篇文献调研报告所包含的全部内容。撰写一篇文献调研报告,是对信息素养综合能力的考查。当参赛者拿到一个课题时,能够立刻想到用哪些检索途径去查找及怎样运用相关检索技能。这正是锻炼信息意识和信息技能的好方法。如果需要运用多种途径进行检索,那么就需要对检索出的信息进行分析、整理、筛选,在这个过程中就提升了参赛者信息思维、信息筛选的能力。一篇完整的文献调研报告,正是利用了信息的可再生性,达到了信息创新的目的,而这些不仅是满足比赛的需要,而且是信息素养教育中的重中之重。

第四节 实操演练与技巧总结

本节内容将从历届大赛客观题的重难点角度出发,通过探究任务的实操演练,总结其中的答题技巧或注意事项。

一、布尔逻辑运算符

【探究任务1】

小明要订一张火车票回家，他在网络上购票时选择了以下几个条件。1. 选择车票时间：10月1日。2. 选择目的地：北京。3. 选择火车类型：高铁。在选择上述三个条件的过程中，运用了布尔逻辑的哪个运算思维？（　　）

A. "与"　　　　B. "或"　　　　C. "非"　　　　D. "与"和"非"

解答：A。小明在购票时，所选择的几个条件是必须要同时满足的，其中的逻辑思维正是布尔逻辑中的运算思维"与"。

【探究任务2】

在中国知网数据库中文总库中，选定检索字段"主题"，查询2019年除去公共图书馆内容的图书馆相关文献量大约共计多少条结果？（　　）

A. 15000左右　　B. 35000左右　　C. 42000左右　　D. 61000左右

解答：A。进入中国知网"高级检索"功能，在第一个检索框内选择检索字段"主题"，输入"图书馆"。在第二个检索框内左侧选择布尔逻辑运算符NOT，选择检索字段"主题"，输入"公共图书馆"。在下方输入题干中要求的时间，点击检索即可。

总结一：布尔逻辑运算符是在检索过程中较常用到的一种检索技术，也是历届大赛中会考查的一个方向。参赛者在备赛训练时，除了要掌握布尔逻辑运算符的基本概念，还要注重在检索时的实际运用。在本章第二节的案例分析4中，就是布尔逻辑运算符在百度中的实际运用。例如，以"信息素养"和"信息意识"两个关键词为例，"与"的关系＝信息素养＋空格＋信息意识；"或"的关系＝信息素养＋空格＋"｜"＋空格＋信息意识；"非"的关系＝信息素养＋空格＋"－"＋信息意识。在上述探究任务1和探究任务2中，正是布尔逻辑运算符在知网高级检索功能中的实际运用。参赛者要先弄清楚几个检索条件之间的关系，才可以较准确地运用布尔逻辑运算符。

二、检索字段

【探究任务3】

小福贵想要检索由中国城市规划学会城市规划新技术应用学术委员会主办的"2022年中国城市规划信息化年会"的相关会议论文集情况。在书写上述检索过程的表达式时，会用到下列哪些检索字段代码？（　　）

A. LY　　　　B. SU　　　　C. CV　　　　D. HAF

解答：ACD。提取出题目中的相关检索字段信息，会议主办单位、会议名称、会议论文集名称。其中，LY＝论文集名称，CV＝会议名称，HAF＝主办单位。

【探究任务4】

小福贵在中国农业科学院工作，他近期发表了一篇关于土地管理的文章。该文章中引用了同类型专家的学术文献《土地管理的政策与调整》其中的内容。那么在检索小福贵的这篇文章时，可能会用到下列哪些检索字段？（　　）

A. 作者　　　B. 作者单位　　　C. 主题　　　D. 参考文献

解答：ABCD。提取出关键信息，作者＝小福贵，作者单位＝中国农业科学院，主题

＝土地管理，参考文献＝相关学术文献，即可确定答案。

总结二：参赛者要熟悉常见文献类型的检索字段及代码。常见的文献类型包括期刊论文、学位论文、会议、报纸、年鉴、图书等。每一种文献类型所包含的检索字段都有所区别，参赛者可以借助知网或者万方数据库对其进行了解和学习。

三、检索指令

【探究任务5】

小福贵想要在教育类的网站中，检索内容标题中包含"王立群"的文章，可以运用下列哪些检索指令？（　　）

A. link　　　　　　B. filetype　　　　　　C. intitle　　　　　　D. site

解答：CD。限制在教育类的网站检索，可以使用site检索指令。检索的结果内容标题中包含关键词"王立群"，可以运用intitle检索指令。故正确的检索式应该是：site：edu.cn intitle：王立群。另外，要多去了解各类网站的专属域名后缀，如edu＝教育类，gov＝政府类等。

【探究任务6】

在百度中查找关于"信息素养教育"的Word文件，可输入检索式（　　）。

A. filetype：xls 信息素养教育

B. filetype：doc 信息素养教育

C. define：xls 信息素养教育

D. define：doc 信息素养教育

解答：B。限制的检索结果是Word类型的文件，应该选取filetype检索指令进行检索。另外，要知道Word类型的文件后缀是doc。

总结三：在实际检索过程中，可以用到的检索指令有很多种，历届大赛中考查最多的有site、filetype、intitle三种检索指令。其含义及书写格式如下：

site检索指令是将检索结果限制在某个或者某类网站中，书写格式＝"关键词＋空格＋site：域名"或者"site：域名＋空格＋关键词"（其中的冒号为英文冒号）。

filetype检索指令是限制检索某种类型的文件，书写格式＝"关键词＋空格＋filetype＋英文冒号＋所需文件的后缀格式"。

intitle检索指令是限制检索结果中的标题含有某关键词信息，书写格式＝"intitle＋英文冒号＋关键词"。

四、知网、万方的高级检索功能

【探究任务7】

在中国知网期刊数据中查找2022年发表的来自武汉大学的CSSCI论文。发文数量最多的作者是（　　）。

A. 项久雨　　　　B. 吴丹　　　　C. 李钢　　　　D. 贺雪峰

解答：D。进入中国知网的高级检索功能界面，按照题目的要求，首先要选择期刊数据库，其次选择作者单位检索字段，输入"武汉大学"，需要注意的是，右侧要选择"模糊检索"，因为作者单位中会包括武汉大学xxx学院。点击检索后，在检索结果界面左侧,找到"作者"的维度,即可确定答案。

【探究任务 8】

在中国知网高级检索功能中,选择检索字段"主题",可以有精确和模糊两种选择。( )

A. 正确　　　　　　B. 错误

解答:B。在中国知网的高级检索功能中,检索字段是主题时,是无法选择精确或者模糊的。参赛者要尤其注意这一点。

总结四:知网、万方数据库的高级检索功能一直是历届大赛中的一个难点。参赛者需要熟悉并掌握高级检索界面中的每一个功能,并做到灵活运用。下面对高级检索界面中的相关功能及注意事项,简单介绍如下。

1. 文献类型的选取。进入高级检索界面后,先按照题目的要求,选择对应的文献类型数据库。需要注意的是,在知网的高级检索界面中,选择学位论文库时,还会有硕士学位论文和博士学位论文的区分。

2. 检索字段的选取。根据题目中给出的信息,选取对应的检索字段即可。需要注意的是,不同的文献类型有着不同的检索字段,选取时要理解检索字段所表达的含义。

3. 精确和模糊的选取。在高级检索中的检索框右侧,有精确和模糊的选取区分。精确是指不会增减、拆分关键词的内容;模糊是指可以增减、拆分关键词的内容。例如,在上述探究任务 7 中,输入"武汉大学"后,如果选择精确,那么检索出来的文章的作者单位就只能是"武汉大学";如果选择模糊,那么检索出来的文章的作者单位会是"武汉大学",也会是"武汉大学 xxx 学院"。

4. 布尔逻辑运算符的选取。在选取题目中的关键信息后,参赛者一定要观察每个信息之间的关系,正确选取"AND"、"OR"或"NOT"。

5. 时间范围、来源类别的选取。例如,题目中提到了时间范围和来源类别的相关信息,参赛者在高级检索界面输入或选取相关信息时,不要出现漏项的情况。

参赛者在做这一类型的题目时,不要急于去检索,一定要先准确提取关键信息,信息提取的准确与否,直接关系最后的检索结果。例如,本章第二节中的案例分析 33 在当年的比赛中,参赛者的正确率都很低。究其原因,就是参赛者在选取信息时不够准确。

五、学术文献的全文检索

【探究任务 9】

在《长江师范学院学报》上发表的文章《红船精神在大学精神中的融入路径探究》的参考文献部分中,排在第一位的参考文献类型为( )。

A. 报纸　　　　B. 期刊论文　　　　C. 图书　　　　D. 学位论文

解答:A。运用中国知网数据库查询到题目中的文章后,进行全文下载,查看文章最后的参考文献部分,即可确定答案。需要注意的是,期刊论文或者学位论文的文献知网界面,显示的参考文献内容的排序与实际文章中参考文献内容的排序是不一样的。

【探究任务 10】

2021 年 9 月,载人航天精神被纳入第一批中国共产党人精神谱系的伟大精神。《航天精神融入航空航天工程专业课程的价值探索与实践》这篇文章中探索了在专业课堂中融入航天精神思政的方式有( )。

A. 通过理论学习、研讨，提高专业课程思政的理论素养和水平。

B. 在课程中融合切身航天型号工程经历。

C. 结合航天工程实际，将唯物辩证思维贯穿整个教学过程。

D. 引入航天案例实施思政教学。

解答：BCD。运用中国知网数据库，查询到题目中的文章后，下载全文进行检索。在文章2.2部分内容中，即可确定答案。

总结五：全文下载检索是历届比赛中难度较高的一个考查点。参赛者要先掌握在知网或万方数据库中能够熟练下载文章。然后，要熟悉期刊论文或学位论文界面的相关内容，便于在检索时可以快速找到答案。除上述两个探究任务外，本章第二节中的案例分析30、案例分析31也属于全文检索的题目，参赛者可实际操作检索，提升熟练度。

六、报纸、会议相关信息的检索

【探究任务11】

2021年9月16日《中国青年报》第01版要闻有（ ）文章。

A.《未来可期大湾区大市场加速融合》

B.《解放思想改革创新再接再厉谱写陕西高质量发展新篇章》

C.《寻找创业梦想＋》

D.《青春身影向险而行》

解答：BC。进入《中国青年报》的官网，在首页中找到"往期回顾"，点击进入后，按照题目中的要求，输入对应的时间，再点击右侧"第01版：要闻"，即可看到该版面的所有文章。

【探究任务12】

关于2023年举办的"智慧城市与轨道交通峰会"，下列描述正确的是( )。

A. 该次会议的主办单位是中国城市科学研究会

B. 会议的具体时间是8月1日

C. 该次会议的级别属于国际会议

D. 该次会议的地点是在北京

解答：AD。本题目可借助万方数据知识服务平台数据库进行检索，选择检索字段"会议名称"，输入题目中的会议名称。检索后，点击会议论文下方的会议名称，即可看到会议的相关信息。其中，会议的具体时间是7月1日，属于国内会议。

总结六：在检索这一类型的题目时，可以借助知网或万方数据库进行检索，也可以选取所对应的官网进行检索。需要注意的是，当运用知网或万方检索不到答案时，就需要及时更换检索策略。例如，在探究任务11中，就需要运用《中国青年报》的官网进行检索查询。

七、文件内容的检索

【探究任务13】

2023年6月，国家知识产权局发布了2022年中国知识产权保护状况的白皮书。在此

白皮书中，介绍了几个典型案例？（ ）

　　A. 4　　　　　　B. 5　　　　　　C. 6　　　　　　D. 7

　　解答：C。该题目可以选取百度搜索引擎或者国家知识产权局的官网进行查询。查询到对应的白皮书后，在全文中找到专栏，其内容就是典型案例。共计有6个专栏，也就是有6个典型案例。

【探究任务14】

《2022年提升全民数字素养与技能工作要点》明确指出，到2022年底，提升全民数字素养与技能工作取得积极进展，系统推进工作格局完全建立。（ ）

　　A. 正确　　　　　　B. 错误

　　解答：B。检索出题目中的文件后，在"工作目标"内容中即可确定答案，文件原文提到的是"系统推进工作格局基本建立"，故该判断题是错误的。

总结七：政策性文件相关内容的检索，一般运用百度搜索引擎或在所发布文件的部门官网中都可以查询到。但需要注意的是，百度中的信息经常会出现更新不及时、不全面的现象，故建议参赛者在检索这类题目时，优先选择官方渠道进行检索。另外，在检索文件内容时，一定要认真核准信息，精确到每一个词语。例如，在上述探究任务14和本章第二节案例分析28中，均是对这方面能力的考查。

八、标准文献的检索

【探究任务15】

小福贵负责的度假区，每年适合度假的时间为4个月，度假区面积为$3\ km^2$，年游客规模达到25万人天。根据最新的旅游度假区等级标准划分，上述度假区可以评定为下列哪个级别？（ ）

　　A. 县级旅游度假区　　　　　　B. 市级旅游度假区
　　C. 省级旅游度假区　　　　　　D. 国家级旅游度假区

　　解答：C。进入国家标准全文公开系统网站，在首页检索框内输入"旅游度假区等级"，经检索后，找到标准文献《旅游度假区等级划分》（GB/T 26358—2022），再点击该标准文献界面中的"在线预览"，即可查看全文内容。按照其附录A的表A中要求的条件，题目中的度假区可以评定为"省级旅游度假区"。

【探究任务16】

YJ开头的标准文献，属于有色金属行业类的标准文献。（ ）

　　A. 正确　　　　　　B. 错误

　　解答：B。进入全国标准信息公共服务平台，在首页"行业标准化"中，可以查询到行业标准的开头字母。其中，YJ开头的行业标准属于减灾救灾与综合性应急管理类的标准文献。

总结八：标准文献的检索是近两届大赛中，高频出现的考查方向，需要参赛者重点掌握。在检索该类型的题目时，着重要注意三点：一是熟练运用"国家标准全文公开系统"和"全国标准信息公共服务平台"两个网站。前者侧重检索国家类的标准文献，后者侧重检索地方类、行业类的标准文献。参赛者在检索时，要根据题目的具体要求选择对应的网站。二是准确地提取关键信息。在上述探究任务15中，就是准确提取了关键信息"旅游度假区等级",从而能够快速地找到对应的标准文献。三是善于利用标准文献的目录。在每一个标准文献中都会有目录部分,参赛者可以按照检索的需求,先找到对应的目录内容页码,继而可以快速地查询到答案。

九、统计数据的检索

【探究任务 17】

2024年3月,下列哪个省份的住宅商品房销售情况最好?(　　)

A. 福建省　　　　B. 四川省　　　　C. 山东省　　　　D. 江苏省

解答:D。进入国家统计局官网的"数据查询"栏目,再点击"地区数据"栏目中的"分省年度数据",找到左侧"房地产"指标中的"商品住宅销售额",点击后,依次查询四个省份的销售额,即可确定答案。

【探究任务 18】

国家统计局在整理森林火灾的次数时,会把这一类的数据划归到"公共管理、社会保障及其他"指标。(　　)

A. 正确　　　　　B. 错误

解答:B。进入国家统计局网站,在年度数据栏目中,可在左侧的指标里看到森林火灾属于"资源和环境"方面的指标。

总结九:统计数据的查询,也是历年几届大赛中较重要的一个考查方向。国家统计局官网中的"数据查询"栏目,包含了国家、各省的年度、季度、月度数据。参赛者要着重了解该栏目中的各项指标,以便在检索时可以快速地获取相关数据信息。例如,上述探究任务18就是对数据指标的考查。除上述内容外,参赛者还要尽可能了解国家统计局官网中其他的栏目内容。例如,在本章第二节的案例分析18中,就是运用了国家统计局官网中的一级栏目"数据"中的"普查数据",检索出了答案。

十、专利、商标、标志的检索

【探究任务 19】

弗兰克林詹姆斯·文森特发明了一项实用新型专利:防瞌睡蓝牙耳机。该实用新型内容包括下列哪些部分?(　　)

A. 震动马达　　　B. 震动耳机线　　　C. 水银开关　　　D. LED灯

解答:ACD。进入国家知识产权局的官网,找到"专利公布公告"栏目,在查询框内输入题目中的专利名称,检索后,找到对应的专利。根据其说明书中的实用新型内容即可确定答案。

【探究任务 20】

世界五大知识产权局包括:欧洲专利局、日本特许厅、韩国特许厅、中国国家知识产权局、美国专利商标局。上述五局2022年的发明专利申请总量较前一年增长了多少?(　　)

A. 1.4%　　　　B. 2.2%　　　　C. 3.5%　　　　D. 4%

解答:A。进入国家知识产权局官网,点击"数据"栏目中的"世界五大知识产权局年度统计报告",找到"执行概要"部分的内容,即可确定答案。

【探究任务 21】

国家知识产权局发布的相关标志公告第 575 号中，注销了生产东陂腊味的企业共计（　　）家？

A. 1　　　　　　B. 2　　　　　　C. 3　　　　　　D. 4

解答：B。进入国家知识产权局中的"地理标志和官方标志公告"栏目，找到第 575 号文，查看其内容中的附件，即可确定答案。

【探究任务 22】

中国计算机行业协会在 2023 年 10 月 7 日申请的关于信息技术产品供应链成熟度的商标处于等待实质审查阶段。（　　）

A. 正确　　　　　　B. 错误

解答：A。进入中国商标网的"商标网上查询"栏目，进入后，再点击"商标综合查询"，在"申请人名称"一栏，输入"中国计算机行业协会"，查询会发现关于信息技术产品供应链成熟度的商标都处在等待实质审查阶段。另外，读者朋友们请注意，该题目因为时间性，其答案可能会产生变化，只要掌握其中的检索方法即可。

总结十：本类型的题目，需要参赛者重点掌握几个网站栏目的运用。一是国家知识产权局官网中的"专利公布公告"栏目。该栏目可以查询到国内发明专利、实用新型专利和外观设计专利的全文内容。二是国家知识产权局官网中的一级栏目"数据"。该栏目可以查询到相关的统计报告和统计分析成果。三是国家知识产权局官网中的"地理标志和官方标志公告"栏目。该栏目可以查询到国内相关标志的信息内容。四是中国商标网的"商标网上查询"栏目。该栏目可以查询到国内某商标的相关信息。

十一、医疗信息的检索

【探究任务 23】

关于药品"宣肺止嗽合剂"，下列描述正确的是（　　）。

A. 该药品是 2019 年批准的

B. 该药品属于中药类别

C. 该药品的批准文号是 Z20050288

D. 该药品的生产单位是甘肃普安制药股份有限公司

解答：ABCD。登录国家药品监督管理局网站，进入药品查询栏目，输入题干中的药品名称，即可确定答案。

【探究任务 24】

河南省人民医院的地址，都包含有哪些？（　　）

A. 郑州市纬五路 7 号　　　　B. 郑州市纬五路 5 号

C. 郑州市经三路 8 号　　　　D. 新乡市平原城乡一体化示范区淮河路 6 号

解答：ABD。进入国家卫生健康委员会的官网，点击"服务"栏目中的"医院执业登记"，输入对应的省份"河南省"和医疗机构名称"河南省人民医院"。查询后，即可看到该医院的所有地址信息。

总结十一：历届大赛中，主要运用国家药品监督管理局、国家卫生健康委员会两个网站检索医疗信息的相关内容。国家药品监督管理局官网中，重点掌握其一级栏目"药品"

内的"药品查询"。该查询途径基本可以查询到国内市面上的所有药品。国家卫生健康委员会官网中，重点掌握"服务"栏目内的各个查询维度。例如，医院或医师相关信息的查询。

十二、在线课程的检索

【探究任务 25】

北京大学傅刚教授的在线课程"先秦文学文献学"第 2 课中提到了下列哪些古代经典书籍？（　　）

A.《韩非子》　　　B.《左传》　　　C.《春秋》　　　D.《吕氏春秋》

解答：BC。运用中国大学 MOOC 网站，搜索到题目中的课程，在下方的课程大纲中即可确定答案。

【探究任务 26】

福建船政交通职业学院的在线课程"数字电子技术基础"中，提到了哪些方面的安装与调试？（　　）

A. 三人表决器　　　B. 数字秒表　　　C. 防盗报警器　　　D. 逻辑状态测试笔

解答：ABCD。进入国家职业教育智慧教育平台，在首页检索框内输入"数字电子技术基础"。检索后，在该课程的目录中即可确定答案。

总结十二：在线课程、国家精品课程可以辅助学生进行专业课的学习，故该内容的考查是近几届大赛中必出的题目。目前，常用的网站有国家智慧教育公共服务平台、国家职业教育智慧教育平台、中国大学 MOOC。需要注意的是，并不是每一个课程在上述三个网站中都可以查询到。如果题目中没有明确给出在哪个网站平台查询，那么就需要参赛者依次在三个网站中进行检索。

十三、国家图书馆

【探究任务 27】

中国国家图书馆的民国图书数字化资源库中收录的开明书店出版社出版的《童话论集》，其包含的有关童话的著译论文有（　　）。

A.《研究童话的途径》　　　　　　B.《神话与民间故事》
C.《西游记在民俗学上之价值》　　D.《安徒生评传》

解答：ABCD。进入国家图书馆官网后，可运用两种途径进行检索。第一种，在首页检索框左侧先选择"特色资源"，再输入"童话论集"。检索后，就可看到 1929 年开明书店的《童话论集》。点击后，在"摘要"内容的部分，即可确定答案。第二种，在首页找到栏目"近代图书"，进入后，在检索框内输入"童话论集"。检索后，即可看到 1929 年开明书店的《童话论集》。需要注意的是，在首页检索框内，左侧选择"文津搜索"，然后输入"童话论集"，也可以检索到这本书。但是在摘要部分显示的内容不完整，会直接影响对本题目答案的判断。

【探究任务 28】

国家图书馆公开课"诗经二十讲"的主讲人来自哪个学校？（　　）

A. 北京大学　　　B. 清华大学　　　C. 北京师范大学　　　D. 河南大学

解答：C。在国家图书馆官网首页下方，找到"国图公开课"栏目，进入后即可看到"诗经十二讲"的窗口，点击后，可了解该课程的相关内容，再点击右侧的作者图片，即可看到该作者来自哪所大学。

总结十三：关于国家图书馆的官网，历届大赛中考查的方向有如下几个。一是运用国家图书馆官网查询图书的相关分类信息。例如，在本章第二节的案例分析 21 和案例分析 23 中，运用的就是这种检索方法。二是官网首页数字资源中相关栏目的运用。例如，探究任务 27、探究任务 28 和本章第二节中的案例分析 20，选取的检索途径分别是"古籍特藏"、"近代图书"和"国图公开课"三个栏目。

十四、官网的运用

【探究任务 29】

下列高校中，学校总面积最大的是（　　）。

A. 无锡职业技术学院　　　　　　B. 广东职业技术学院
C. 河南经贸职业学院　　　　　　D. 日照职业技术学院

解答：B。学校的一些基本信息，通常都可以在其官网中的"学校简介"或"学校概况"栏目中检索到。依次进入四个学校官网中上述的相关栏目，即可查询到每个学校的占地面积。

【探究任务 30】

河南迈校圈供应链有限公司是一家网络餐饮方面的公司。2023 年 9 月份该公司在河南省市场监督管理局进行了备案。（　　）

A. 正确　　　　　B. 错误

解答：A。进入河南省市场监督管理局的官网，找到"公告通告"栏目。按照题目中给出的时间条件，查询到河南省市场监督管理局在 2023 年 9 月 12 日发布了《关于网络餐饮服务第三方平台备案信息的公告》。该公告显示河南迈校圈供应链有限公司已注册备案。

总结十四：每届大赛的客观题都会有一些没有明确给出检索途径的题目。当遇到这类题目时，参赛者要培养选取相关官方途径检索的意识。在信息化时代，当参赛者需要检索官方渠道的信息时，官网就是最优的检索途径。参赛者无论是在备赛时，还是在日常学习生活中，都应该培养这方面的信息意识。

十五、指标的运用

【探究任务 31】

小福贵撰写了一篇学术论文，想要投稿在学术水平比较高、研究成果影响力比较大的杂志。那么他应该优先考虑杂志哪个方面的内容？（　　）

A. 出版周期　　B. 主办单位　　C. 出版文献量　　D. 影响因子

解答：D。一种刊物的影响因子越高，即其刊载的文献被引用率越高，一方面说明这些文献报道的研究成果影响力大，另一方面也反映该刊物的学术水平高。一般来说，学术期刊中的文章被引用得越多，影响因子通常就越高。

【探究任务 32】

小福贵在中国知网数据库检索关于华为手机的文献后，想要了解大众学者们关注的重

点或方向在哪里，该如何去做？（　　）

A. 检索后，查看研究层次的纬度。

B. 按被引量进行降序，查看排名靠前的文章。

C. 按发表时间进行排序，查看排名靠前的文章。

D. 检索后，查看文献的来源类别情况。

解答：B。一篇文章的被引量越高，说明有更多的学者关注该篇文章的内容。同时，也就知道了学者们关注的重点或方向在哪里。

【探究任务33】

在百度中输入：北京大学－广告，该检索式降低了本次检索结果的查全率。（　　）

A. 正确　　　　　　　　B. 错误

解答：A。因为题目中的检索式运用的是布尔逻辑"非"，检索的结果是减少的，所以降低了查全率。

总结十五：在信息素养的知识中，有几个常用且重要的指标：查全率、查准率、影响因子和被引量。其中，查全率与查准率是互逆关系，是评价检索效果的核心指标。影响因子是评价一种期刊的重要指标。被引量反映了一篇文章的学术水平。同时，参赛者还要从深层次去理解上述指标的引申含义，发掘出数据背后的信息思维。

课后习题

1.（单选题）在百度搜索引擎中，搜索有关冬奥会或残奥会的资料，运用布尔逻辑运算符，正确的检索式应该是？（　　）

A. 冬奥会－残奥会　　　　　　B. 冬奥会％残奥会

C. 冬奥会残奥会　　　　　　　D. 冬奥会｜残奥会

2.（多选题）小富贵创建了一个网络餐饮服务平台，根据餐饮业反食品浪费的相关标准规定，应做到以下哪些要求？（　　）

A. 应公布向反食品浪费监管部门投诉举报的联系人。

B. 应及时制止饭量挑战、暴饮暴食等食品浪费行为。

C. 应制定未送达餐品的处置要求。

D. 应建立网络订餐反浪费引导制度，以显著方式提示消费者按需、适量点餐。

3.（判断题）武汉大学黄如花教授的国家精品课程"信息检索"中，提到了布尔逻辑检索和字段限制检索。（　　）

A. 正确　　　　　　　　B. 错误

课后习题参考答案

1. D

2. BCD

3. A

第八章 原文传递

学习目标：
1. 了解原文传递的检索方法和技巧。
2. 掌握原文传递赛相关的基本理论和基础知识。
3. 具有参加原文传递赛的实操能力。
4. 能够按大赛要求完成实际操作并获取相关文献原文。

导入情景：

李老师为了调研课题背景，想要借阅与课题相关的图书和论文。他咨询了所在学校的图书馆，图书馆的工作人员查找馆藏后告知他目前馆里没有相关文献，但隔壁院校图书馆有，需要李老师按图书馆要求提交原文传递申请，图书馆会在接受申请后3个工作日内将获取结果发至他的邮箱。李老师想进一步了解原文传递，他从图书馆官网查找了原文传递的服务流程，又按要求进行了申请。

请思考：

原文传递是什么？原文传递需要如何操作？怎样才能利用图书馆服务获取原文？

第一节 竞赛介绍

一、发展历程

原文传递赛是依托于全国信息素养大赛，为了更好地助力全国高职院校文献检索课程的发展，同时促进全国高职院校间资源协作服务，由国家科技图书文献中心（National Science and Technology Library，NSTL）和中国高等教育文献保障系统（China Academic Library & Information System，CALIS）联合开展的独立赛段。

原文传递是基于互联网环境发展的背景下由馆际互借和文献传递服务衍生出的电子文献传递服务，目的是解决图书馆文献资源获取来源单一及传递方式复杂等相关问题。资本再雄厚的图书馆也无法只依靠自身的采购就能获取到无限的馆藏，自然而然也就无法满足其读者广泛的需求，可是通过馆际互借，图书馆之间不仅可以交换馆藏书目，以联盟合作的形式丰富文献资源的获取来源，还可以进行资源共享，促进馆际间文献资源的有效传递。传统的馆际互借服务主要是指图书馆通过印刷型联合公共目录或电联来互通馆藏书目，再利用邮寄或传真等方式传递给对方借阅的文献资源，这样传递的方式耗时久、成本高，因而传统的馆际互借服务在我国高校图书馆的开展率并不算高。在互联网环境发展下，电子文献传递服务——原文传递是用户利用线上联合公共目录（Online Public

Access Catalog，OPAC）查找文献，找到所需文献后向收藏馆发出申请，收藏馆会通过文献传递接收软件或电子邮箱将数字化的原文文献进行传递，用户可以在软件或邮箱下载、打印全文，以此完成"用户（图书馆 A）—图书馆 A—收藏馆/文献系统—图书馆 A—用户（图书馆 A）""用户—收藏馆/文献系统—用户"间的文献资源传递服务。显然，这样线上的传递方式比传统的传递方式更加便捷。

然而，原文传递在方便文献资源获取的同时，提高了对用户和图书馆工作人员实践操作的要求。其一，提出需求的用户需要对原文传递的服务流程有一定的了解，并且能按服务流程的要求提交申请和下载全文。其二，从事原文传递服务的工作人员要熟悉不同馆际的 OPAC 系统或文献传递系统，同时掌握一定的文献检索技巧，才能在面对复杂的用户需求时提供出清晰且可解决问题的完整方案。

NSTL 和 CALIS 是目前全国高职院校合作较多的原文传递文献系统，也是原文传递赛段的主办单位。原文传递赛的开展有利于高职院校在校学生了解和使用 NSTL 和 CALIS 提供的原文传递服务，也进一步促进高职院校图书馆工作人员在文献传递方面的业务学习和精进。

二、竞赛目的

原文传递赛发起的初衷是为了更好地促进全国高职院校文献检索课的发展，充分发挥 NSTL 面向全国高职院校提供的公益且普惠的科技文献信息服务的功能，助力高职院校间的资源协作服务，提高我国高职院校图书馆科技文献资源保障能力。

在传统教学中，社会对于职业院校的定位在于实践，因而弱化了对高职院校学生的学术写作能力的培养。然而，在新时代发展的背景下，《国家职业教育改革实施方案》对职业人才的需求不再局限于专业技术的能力，还强调了高素质综合素养，其中就包括以信息素养为轴心延伸出的信息获取能力、信息处理能力、信息利用能力、信息评价能力和标准化文本写作能力。这与文献检索课的教授内容及原文传递赛的考查内容毫无二致。

因此，原文传递赛依托于具有广泛影响力的全国高职高专信息素养大赛，目的在于提高高职学生的信息素养，培养学生在信息化社会应用所学知识获取、利用相关信息并解决实际问题的综合能力，激发学生的创新思维、自主学习思维，培养学生团队合作精神，增进各高职院校之间的交流与合作，推动高等教育教学信息化改革，积极促进高等教育质量的提高。

三、竞赛价值

（一）教育价值

原文传递赛对高职学生具有明显的教育价值，主要包括技能教育和心理教育。学生不但能在备赛中学习到信息素养的基本知识，而且能通过多次的培训、反复的练习掌握检索技能，形成独属自己的检索思维和策略。此外，竞赛这种模式赋予了学生强烈的参与感，帮助他们树立正确的竞争意识、促进学习内驱力增长的同时，更锻炼了强压下的心理素质及相互配合的团队协作精神。

（二）交流价值

多年参与大赛的经历让越来越多的高职院校因为同一个目标走到了一起。各校负责赛事的机构大多是图书馆，赛事辅导多由各馆馆员负责，以往各馆之间缺少互相交流的平台，但是大赛提供了这样的机会，馆员们结合大赛的开展路径、培训方式、实践效果等方面各抒己见，分享成功经验和心得，取长补短达到共同进步的目的。

（三）改革价值

大赛已成为全面提升师生信息素养、促进高等教育信息化改革的一个有效途径。参赛过后，学生的综合素质、教师的数字化教学能力、图书馆的信息服务质量都有了显著提升。大赛与文检课教学互相结合、行业协会与企业系统互相合作、个人学习与团队协作互相配合，对促进图书馆"第二课堂"建设，引领高职院校教育信息化改革，具有重要的改革价值。

四、参赛情况

原文传递赛是从 2021 年第三届全国高职高专院校信息素养大赛开始举办的独立赛段，到目前已连续开展三届。这三届全国及河南省高职高专院校参赛及获奖的情况如下：

2021 年全国共 24 个省（直辖市、自治区）239 所高职高专院校报名参赛，108 支队伍提交答案，第一届大赛评选出全国一等奖 1 个，二等奖 4 个，三等奖 6 个，参与奖 97 个，河南省共有 5 所院校参加且均获得参与奖，分别是河南林业职业学院、漯河医学高等专科学校、郑州卫生健康职业学院、河南水利与环境职业学院、河南工业职业技术学院；2022 年全国共 26 个省（直辖市、自治区）126 所高职高专院校报名参赛，276 支队伍提交答案，评选出全国一等奖 1 个，二等奖 12 个，三等奖 14 个，河南省共有 5 所院校参加，斩获全国三等奖 2 个，均为河南测绘职业学院代表队；2023 年，全国共 24 个省（直辖市、自治区）151 所高职高专院校报名参赛，257 支队伍提交答案，大赛评选出全国一等奖 1 个，二等奖 3 个，三等奖 6 个，河南省共有 5 所院校 10 支队伍参加比赛，荣获全国二等奖 1 个，为河南测绘职业学院代表队。原文传递赛段举办三届以来，全国有越来越多的高职高专院校选择参加比赛，但是赛段的奖励总数却在逐年递减，这意味着赛段的含金量在逐年上升。

五、竞赛题型

原文传递赛的竞赛题型基本分为两大类，每类均有 1 道大题，每道大题下均设定多道小题。2021—2022 年均为"实操题"和"情景应用题"两大类题型，2023 年改为"文献检索题"和"主题检索题"。原文传递赛段满分设定为 100 分，其中实操题（文献检索题）占比 30%（即 30 分），情景应用题（主题检索题）占比 70%（即 70 分）。

六、报名事宜

（一）报名方式

原文传递赛段要求每所院校以团队形式参赛，参赛的团队需要登录大赛指定的竞赛平台，然后选择相对应的"原文传递赛"来进行注册报名。

（二）报名要求

注册报名时需要填写每个团队参赛的人员信息，包括参赛学生和指导教师。每届比赛对每个团队参赛的学生数量、指导教师数量要求不一，如 2021 年要求每个团队参赛学生

1—5人，指导教师 1—5 人；2022 年要求每个团队参赛学生 3—5 人，指导教师 1—3 人；2023 年要求每个团队参赛学生 3—5 人，指导教师 1—3 人，同一指导教师指导队伍数量不得超过 5 支，每所学校参赛队伍不得超过 10 支。报名成功后，NSTL 的联络员将联系团队的指导教师加入比赛官方的 QQ 群，主办方将在 QQ 群发布赛事的相关讯息，NSTL 的联络员也会在 QQ 群对竞赛的相关内容进行答疑。

七、评分标准

原文传递赛段的比赛题目是由主办方在指定的竞赛平台发布，报名的团队需要登录指定的竞赛平台查看题目并且在规定时间内作答，每个团队提交一份答案，重复提交以规定时间内最后一次提交的答案为准。原文传递赛段要求参赛者文献检索和原文传递的过程中要使用 NSTL 平台（https://www.nstl.gov.cn/）和 CALIS 文献获取平台"e 得"（http://www.yide.calis.edu.cn/），同时在答案中标明 CALIS 事务号和 NSTL 索书号，未注明者视为未作答。

经大赛裁判组审核，在规定时间内完成请求发起、获得原文、成果整理、提交答案的参赛团队被视为完成任务。大赛主办方裁判组依据各类题型的评分标准对参赛团队所提交的答案进行赋分，并按分数高低进行排序，取相关名次获得奖项。表 8-1 和表 8-2 是 2023 年大赛针对不同的比赛题型给予的评分标准：

（一）文献检索题

表 8-1　　　　　　　　　　文献检索题评分标准

1. 明确文献信息，确定文献来源。答案中有包含题目的关键信息。	20%
2. 制定检索方式和检索源，找到目标准确信息。 （1）制定合理的检索策略； （2）采用关键词及检索式恰当； （3）提取题目信息准确。	30% 10% 10% 10%
3. 明确检索途径和准确的检索结果，找到可以有的馆藏资源。 （1）描述检索过程条理清晰； （2）按照题目要求列出要素。 文献清单要求：以著录参考文献格式标准著录文献、备注 CALIS 事务号和 NSTL 索书号。	30% 10% 20%
4. 判断和查找并申请文献结果。 （1）选取文献合理，包括选取文献发文时间较新、选取文献被引量居前、选取义献阅读量和下载量居前，或符合题目中文献选取要求； （2）过程描述清晰，逻辑性强。	20% 15% 5%

（二）主题检索题

表 8-2　　　　　　　　　　主题检索题评分标准

1. 对主题的理解和分析正确，有明确合理的分析判断。	5％
2. 制定合理的检索策略。	10％
（1）过程描述清晰，逻辑性强；	5％
（2）根据检索过程调整调研方式方法。	5％
3. 采用关键词及检索式恰当。	5％
4. 获取的文献准确，符合题目要求。	80％
（1）获取文献以著录参考文献格式标准著录文献、备注 CALIS 事务号和 NSTL 索书号；	40％
（2）通过获取文献内容，得出客观结论，答案准确。	40％

八、竞赛展望

三年来，原文传递赛通过不断地自我革新，在提升素养、促进交流、推动教改等方面都实现了新的突破。展望未来，大赛将立足当下，扎根高职院校信息素养教育的实践探索，进一步完善各项功能，向上生长，发挥其在高职信息素养教育发展及推广中更加积极和重要的作用。

第二节　NSTL 与 CALIS 的文献检索与获取

原文传递赛的备赛需要先学习并掌握一些大赛涉及的基础知识，主要是 NSTL 与 CALIS 文献传递平台的文献检索与获取。

一、NSTL 平台

（一）平台概述

国家科技图书文献中心（National Science and Technology Library，NSTL，https：//www.nstl.gov.cn/）是经中华人民共和国国务院批准，于 2000 年 6 月由科技部联合财政部等六部门成立的一个基于网络环境的科技文献信息资源服务体系，面向全国提供公益的、普惠的科技文献信息服务。

（二）平台的检索方法

NSTL 支持基本检索、高级检索和专业检索。

1. 基本检索。在 NSTL 主页，基本检索提供对期刊、会议、学位论文、报告、图书、文集、标准、计量规程、专利等各类文献的一框式跨库检索（见图 8-1）。在搜索框输入检索词，点击右边"检索"按键即可进行基本检索。

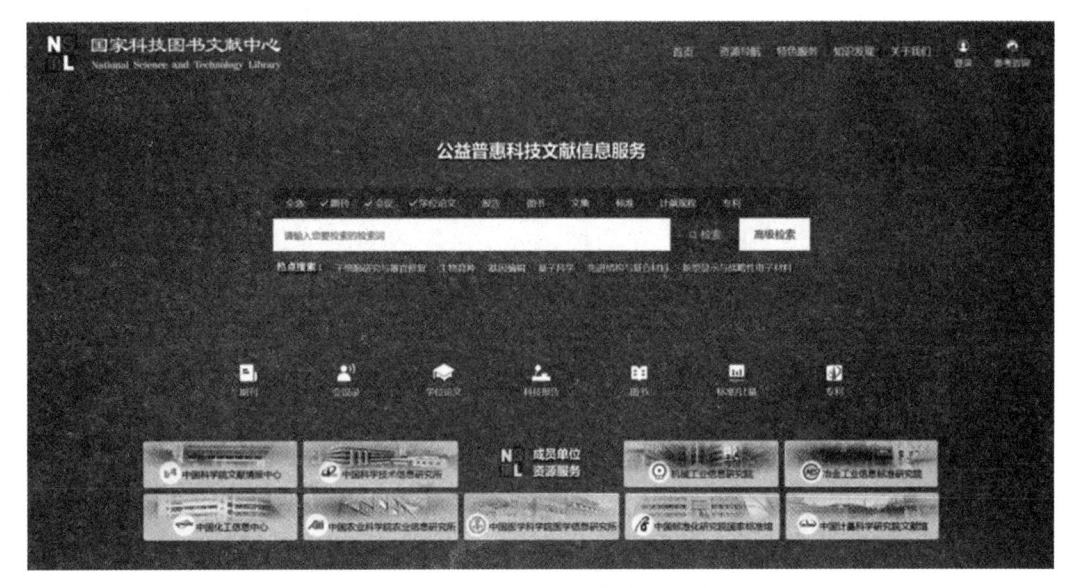

图 8-1　NSTL 主页基本检索页面

2.高级检索。单击主页的"高级检索"可进入高级检索页面（见图 8-2）。与基本检索相同，高级检索同样也支持多种类型的文献的跨库检索。此外，高级检索还可以通过设定多条检索条件以及筛选条件来精准检索的结果。

图 8-2　NSTL 高级检索页面

NSTL 高级检索的检索途径有"题名""作者""机构""关键词""主题词""摘要"六种，均支持精确检索，多条检索条件以布尔逻辑关系"AND""OR""NOT"连接。与此同时，NSTL 高级检索也支持对"语种""馆藏""年""查询范围""获取方式"等条件的筛选。

3. 专业检索。单击"高级检索"右侧的"专业检索"即可进入专业检索页面（见图 8-3）。专业检索是输入检索语句的检索方式，多为图情专业人员检索使用。检索语句由检索字段、符号、逻辑关系共同组成。

图 8-3 NSTL 专业检索页面

NSTL 专业检索支持的检索字段有"题名""出处""作者""机构""关键词""NSTL 主题词""摘要""ISSN""EISSN""ISBN""EISBN""出版年"。除此之外，针对一些特定的文献类型还会有专属的检索字段，如会议论文的"会议名称"，学位论文的"学位""院校""专业""研究课题""导师"，专利的"申请人""专利申请号""公开号""公告号""专利申请日期""公开日期"等。

专业检索用符号代表特定的含义，NSTL 专业检索多使用的检索符号如下："（　）"用于构成子查询；"^"控制相关度检索；"［　］"包含范围检索；"｛　｝"不包含范围检索。

专业检索用"AND""OR""NOT"表达多条件间的"并列""选择""排除"逻辑关系。构建好检索语句后，单击"检索"按钮，即可进行文献检索。

（三）平台的检索结果

NSTL 支持跨库检索的统一显示，汇集了各库包含各种文献类型的检索结果。同时，NSTL 的结果页面支持二级检索功能，用户可以在页面上方的一框式栏输入筛选条件，从检索结果中进行再一次筛选。以检索"信息"为例，NSTL 检索结果页面见图 8-4 所示。

第八章　原文传递

图 8-4　NSTL 检索结果页面

NSTL 检索结果页面主要由三部分组成，左侧是类聚信息、中部是检索结果列表、右侧是分析和可视化功能。类聚信息显示有"文献类型""出处""年份""语种""作者""机构""关键词""馆藏"，选择不同的聚类信息会影响结果列表的显示。检索结果列表可分为外文文献和中文文献两个分库显示，每个分库的显示页面除了显示搜索结果的总量外，还可以进行四种获取方式的筛选：在线阅读、全文链接、文献传递、科学数据，均支持收藏和导出功能以及多种方式排序。例如，"相关度""时间（新到旧）""时间（旧到新）""被引量""NSTLMetric""多因子"排序方式，用户可按自我需求选择适合的功能和排序方式。分析和可视化功能支持以图表形式表达主题词、研究趋势、文献类型、重点领域、出处、作者、机构、年代热词等分布。

单击文献题名可进入文献详细页（见图 8-5）。文献详细页显示文献的类型、题名、作者、机构、语种、分类号、关键词、摘要、馆藏、馆藏号、年卷期、起始结束页、ISSN 等著录信息。在文献著录信息的下方还有"相关推荐"和"参考文献"分栏。

图 8-5 NSTL 文献详细页

二、CALIS "e 得"文献获取平台

（一）平台概述

CALIS "e 得"（以下简称"e 得"）（http://www.yide.calis.edu.cn/）文献获取平台旨在为读者提供"一个账号、全国获取""可查可得、一查即得"一站式原文文献获取服务，隶属于 CALIS 成员馆的用户均可使用此平台所提供的文献获取服务。

（二）平台的检索方法

CALIS "e 得"虽然是文献获取平台，但它同样也支持高级检索。"e 得"的首页设有文献类型分类、检索条件搜索框来限定检索途径、检索词以及组配关系等（见图 8-6）。

在"e 得"首页进行检索时，用户首先需要勾选要检索的文献类型。"e 得"默认勾选"期刊""会议""学位论文"三种文献类型，除此之外，它还提供关于"报告""专利""文集汇编""图书""标准文献""计量规程"六种文献类型的检索。平台支持跨库检索，用户可根据自身实际需要来进行调整。其次，"e 得"在检索条件中设置了"题名""作者""机构""关键词""主题词""摘要"六种检索途径，用户根据检索词的属性选择检索途径，然后在检索框中输入检索词，单击"检索"即可。此外，如果一条检索条件无法完全满足检索范畴的限制，"e 得"还支持最多五条检索条件设置，多条检索条件使用布尔逻辑"AND""NOT""OR"进行组配连接，设置完成后单击"检索"可进入检索结果页面。例如，检索"题名"为"高等教育信息素养框架"的期刊、会议、学位论文，检索结果页面见图 8-7。

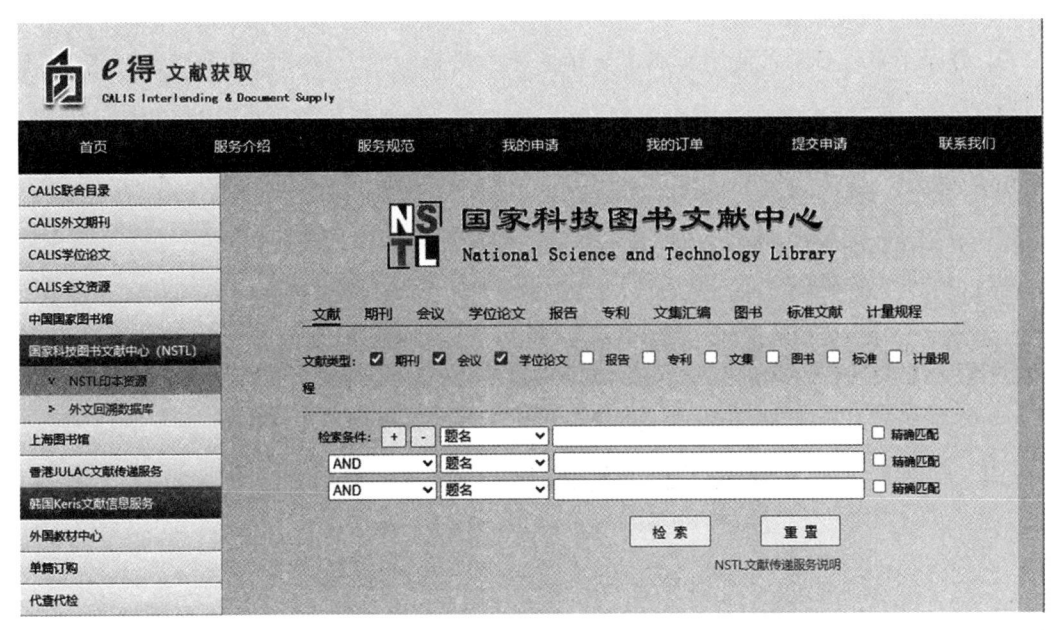

图 8-6　CALIS "e 得" 平台首页

图 8-7　CALIS "e 得" 检索结果页面

（三）平台的文献获取过程

1. 登录平台。日常可使用所属成员馆的账号进行登录，参赛团队则必须要用 NSTL 给的特定账号登录。

2. 在检索结果页面中找到所需文献，单击文章名称后可进入此文献的详细信息页面（见图 8-8）。

图 8-8 CALIS "e 得"文献详细信息页面

3. 单击下方"文献传递"按钮，选择提交馆后跳转到"馆际互借与文献传递系统"的"提交请求"页面。日常使用可选择所属的成员馆，参赛队伍则按照大赛统一要求选择"高职高专文献传递赛参赛馆"。

4. "馆际互借与文献传递系统"的"提交请求"页面需要填写文献信息和请求信息。文献信息必填项有"文章名称""语种"，请求信息必填项有"最高限额""姓名""Email""电话号码"（"最高限额"为获取文章的接受最高费用，参赛团队默认为"1"）。

5. 参赛团队应该在请求信息"选择服务馆"中选择"国家科技图书文献中心 NSTL"，选择其他服务馆会收取费用。

6. "提交请求"页面下方有备注栏，参赛团队可在此处获取"NSTL 索书号"。

7. "提交请求"页面上的信息填写完毕后，单击"提交"按钮弹出"请求提交成功"和"CALIS 事务号"提示（见图 8-9）。

第八章　原文传递

服务类型：	文献传递	有效时间：	2023-12-13 23:59:59
紧迫程度：	普通	最高限额：	0.1
用户姓名：	港区二队	Email:	3013384064@qq.com
电话：	18836923235	传真：	
通讯地址：		邮政编码：	
请求者注释：	索书号：NSTLID[3cc7501cbb5bbef5761679284ecb1860]		

事务号：a002688T20230383210

图 8-9　NSTL 索书号与 CALIS 事务号

8. 可以在"请求管理—我的请求"中查看请求，并且在此下载全文或取消请求。

比赛时，因为 NSTL 平台在检索方法与检索结果上有更高阶的功能，又因为大赛要求必须通过 CALIS"e 得"平台获取原文并填写"NSTL 索书号"和"CALIS 事务号"，因而参赛团队一般是先在 NSTL 平台完成文献的检索过程，再通过 CALIS"e 得"平台获取所需文献。

第三节　实战模拟

原文传递赛的题型通常可分为实操题、文献检索题、情景应用题、主题检索题四种，其中文献检索题是实操题的升级，主题检索题是情景应用题的升级。升级后的题型主要在考查形式上发生改变，但实际考查的内容并没有特别大的变化。

一、实操题/文献检索题

实操题/文献检索题通常测试参赛者能否根据题目的现有信息获取指定文献。参赛者需要通过检索文献部分的题录信息得到正确文献并完成原文传递，主要考查寻找检索词、灵活运用文献检索平台的能力。

（一）答题技巧

1. 团队合作。原文传递赛是团队赛，参赛团队可以首先将任务进行划分，其次由团队成员单独负责分任务，最后进行汇总。需要特别注意的是，团队里要指定一人负责答案的复审、整理及排版。

2. 确定问题。作答最重要的是看清楚题目的要求，然后根据要求按点答题。例如，2021 年的实操题要求找到指定文献，以及"以参考文献的格式著录列表信息，包括标题、刊名、年卷期，并列出检索过程"。这道题的答案就要包括检索过程和著录信息，其中著录信息还需要包括题目要求的信息点，完成要求才能得分。

3. 高级检索。作答时，使用检索平台的高级检索功能会使得检索的过程更简单，结果更准确。与此同时，参赛者有效判断题目的检索点并合理运用会使得高级检索事半功倍。例如，根据文献部分信息得知文献未知信息，"题目"＞"作者"＞"出处"＞"出版年"≥"文献类型"，上述字段检索的准确度逐一递减，如果已知文献题目，则可以先通过检索"题目"字段来获取文献，再用其他检索字段判断正确性；如果文献的题目未知，则需要使用其他字段联合定位文献，准确度越高的字段需要联合的字段的数量就越少，这有效地缩短了检索的时长。

4. 逻辑论述。答案从检索过程及检索结果两个部分分别论述会更加有逻辑性。检索过程论述需要包括检索词的选取、检索字段及组配关系的选取；检索结果论述需要按照题目要求，以表格形式分项依次呈现，这样的呈现方式清晰明了。

5. 重点排版。答案的排版不仅影响美观，更重要的是可以突出阅读的重点，达到更好的信息传递的效能。重要的部分需要使用截图和表格来进行展示，如检索页面及结果页面等，截图可以用红色提示框标注重点，列表可以加粗重点内容。

（二）答题步骤

1. 检索和判断阶段。

（1）仔细阅读题干，寻找和判断关键信息。

（2）将关键信息转化为检索词、检索字段及组配关系。

（3）在指定平台按照（2）转化的检索词、检索字段及组配关系进行限定检索。

（4）对检索出的结果进行判断，如果检索结果不全面、不准确则需要重新调整检索词、检索字段及组配关系。

（5）在检索结果里，按照题目要求确定指定文献及信息，或者利用题目给出的其他检索字段信息检验文献准确性。

2. 整理和作答阶段。

（1）使用有逻辑且简洁的语言描述检索过程，重点放在"检索词、检索字段及组配关系的选取"上。

（2）将需要作答的信息点以表格形式总结，形成检索结果列表。

（3）将指定信息填写到检索结果列表里，完成答案整理后进行格式及字体的排版。

（三）真题示例

1. 实操题。

【案例分析】

"深度学习在自动驾驶中的应用研究"是近年来学界和业界关注的热点议题。

1. 请在NSTL官网查找与该主题相关的中英文文献，分别列出检索过程及检索结果。检索过程须包括中英文检索词的选取、检索字段及组配关系的选取等，检索结果须包括所得中英文文献数量、文献类型分布、出版年分布等。请提供检索页面截图。

2. 在第1问的结果集中，请查找5篇英文会议文献，以及5篇发表在中文期刊《计算机科学》上的文献。阐明查找步骤，列出文献清单（须包含文献标题、作者、出处、馆藏单位、馆藏号等信息）。

3. 在第2问的结果集中，请任意选择一篇文献，列出您的查找过程并通过CALIS "e得"平台原文传递获取的这篇文献的全文，并列出清单。清单内容必须包含但不限于以下信息：题名、作者、年卷期，及 CALIS 事务号和 NSTL 索书号。

参考答案：

第一问：检索过程。

（1）中文文献。

1）检索词的选取：通过阅读题干，选取"深度学习""自动驾驶"为检索词；

2）检索路径的选取：登陆 NSTL 官网（https：//www.nstl.gov.cn/），进入首页－文献检索－高级检索；

3）检索字段及组配关系的选取：在"文献类型"中勾选"期刊、会议、学位论文、报告、专利、图书、标准、计量规程"，第一个检索字段选择"关键词"并输入"深度学习"，逻辑运算符选择"AND"，第二个检索字段选择"关键词"并输入"自动驾驶"，进行检索，得到 192 条相关文献；

4）检索结果的评价：因为检索出的文献数量不多，为扩大查全，返回 3，将两个检索字段"关键词"都改为"摘要"，再进行检索，得到 1987 篇相关文献，因检索结果数量充足，停止检索检索结果。

（2）外文文献。

1）检索词的选取：通过翻译，转化英文检索词"深度学习"为"deep learning"，"自动驾驶"为"Autonomous driving"；

2）检索路径的选取：登陆 NSTL 官网（https：//www.nstl.gov.cn/），进入首页－文献检索－高级检索；

3）检索字段及组配关系的选取：在"文献类型"中勾选"期刊、会议、学位论文、报告、专利、图书、标准、计量规程"，第一个检索字段选择"关键词"并输入"deep learning"，逻辑运算符选择"AND"，第二个检索字段选择"关键词"并输入"Autonomous driving"，进行检索，得到 162 条相关文献；

4）检索结果的评价：因为检索出的文献数量不多，为扩大查全，返回 3，将两个检索字段"关键词"都改为"摘要"，再进行检索，得到 1544 篇相关文献，因检索结果数量充足，停止检索检索结果。

经过认真检索，按照题目要求进行检索结果列举，具体情况如下。

（1）中文文献。

文献数量	1987 篇
类型分布	会议论文（11）、期刊论文（414）、专利（503）、学位论文（1059）
出版年分布	2009（1）、2012（1）、2014（1）、2015（5）、2016（18）、2017（65）、2018（271）、2019（250）、2020（432）、2021（634）、2022（298）
馆藏分布	中国科学技术信息研究所（1418）、中国化工信息中心（503）、中科院文献情报中心（66）

(2) 外文文献。

文献数量	1544 篇
类型分布	会议论文（1008）、期刊论文（395）、专利（103）、学位论文（38）
出版年分布	1982（1）、1985（1）、1994（1）、2014（1）、2015（4）、2016（16）、2017（65）、2018（198）、2019（303）、2020（331）、2021（413）、2022（210）
馆藏分布	中国科学技术信息研究所（1060）、机械工业信息研究院（1022）、中科院文献情报中心（421）、中国计量科学院文献馆（111）、中国化工信息中心（68）、中国农科院农业信息研究所（5）、冶金工业信息标准研究院（4）、中国医科院医学信息研究所（4）、中国标准化研究院国家标准馆（1）

检索结果过程截图见图 8-10、图 8-11、图 8-12、图 8-13。

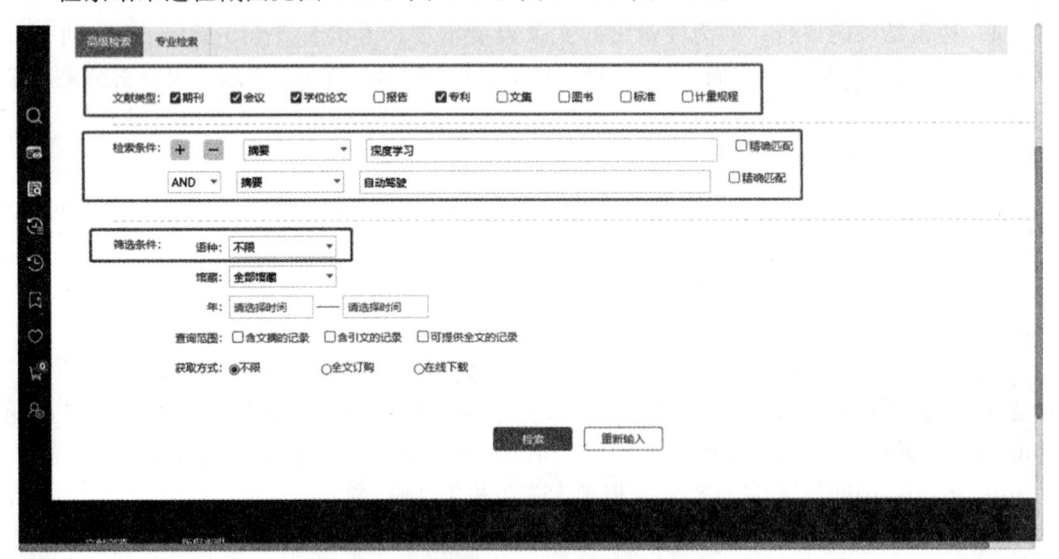

图 8-10 实操题第一问中文文献检索过程页面

图 8-11 实操题第一问中文文献检索结果页面

第八章　原文传递

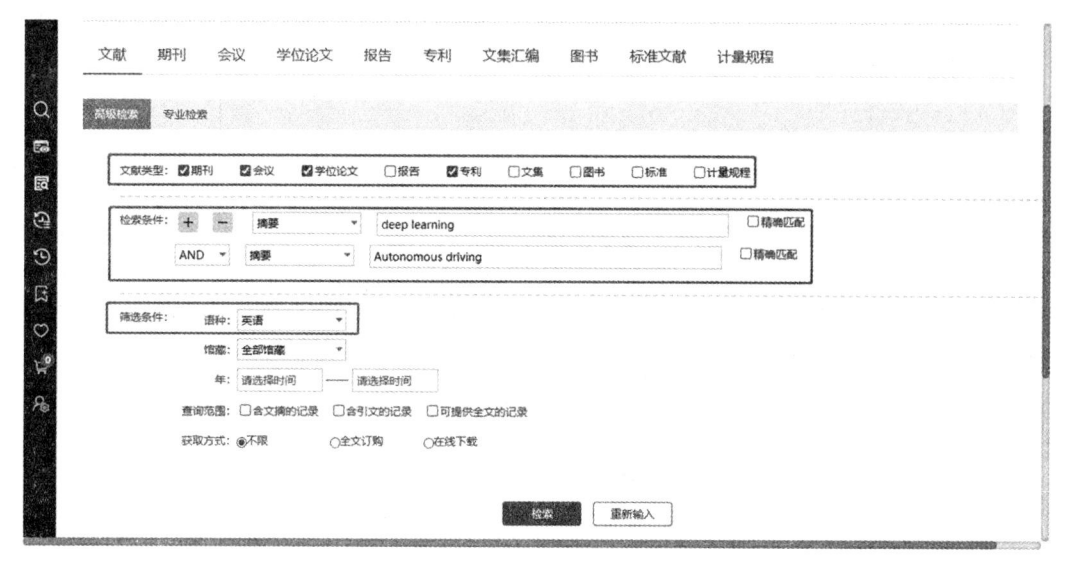

图 8-12　实操题第一问外文文献检索过程页面

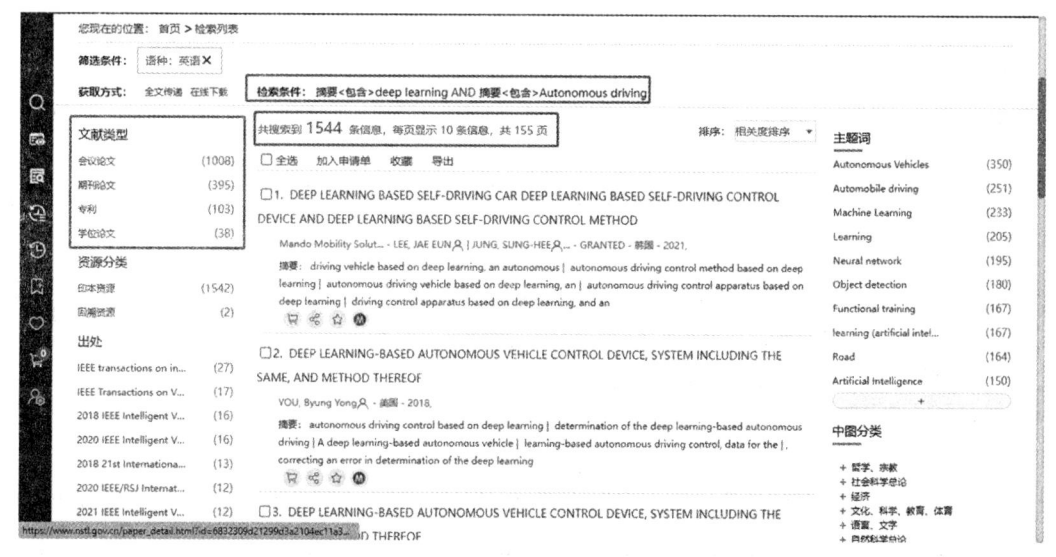

图 8-13　实操题第一问外文文献检索结果页面

第二问：查找步骤。

(1) 英文会议文献．对第 1 问已检索出的结果集，通过对左侧"文献类型"中"会议"的筛选，筛选出会议论文共计 1008 篇。按照"相关度排序"后，选择前 5 篇文献。

(2) 中文期刊《计算机科学》中的文献：对第 1 问已检索出的结果集，通过对左侧"出处"中"计算机科学"的筛选，筛选出发表在中文期刊《计算机科学》上的文献共计 13 篇。按照"相关度排序"后，选择前 5 篇文献。

按照题目要求，具体展示前 5 篇文献的查找结果。

(1) 5 篇英文会议文献。

[1] Jun-sang Yoo, Seung-won Jung. Survey on In-vehicle Datasets for Human Pose Estimation [A]. in：Institute of Electrical and Electronics Engineers. 2022 International

Conference on Electronics, Information, and Communication: International Conference on Electronics, Information, and Communication (ICEIC), 6-9 Feb. 2022, Jeju, South Korea [C]. 2022. 1-2.

……

[5] K Shalu George, A Abhiram, Amal Jose, Ajay Soorya Madhav, N Najiya, S Aswin. Steering Angle Estimation for an Autonomous Car [A]. in: Institute of Electrical and Electronics Engineers. 2022 IEEE International Conference on Signal Processing, Informatics, Communication and Energy Systems, Vol. 1: IEEE International Conference on Signal Processing, Informatics, Communication and Energy Systems (SpICES), 10-12 March 2022, Thiruvananthapuram, India [C]. 2022. 168-173.

（2）5篇发表在中文期刊《计算机科学》上的文献。

[1] 晏晓天, 黄山. 基于分组异构卷积的轻量级目标检测网络 [J]. 计算机科学, 2020, 047 (004)：108-111.

……

[5] 曾伟良, 陈潞皓, 姚若愚, 廖睿翔, 孙为军. 时空图注意力网络在交叉口车辆轨迹预测的应用 [J]. 计算机科学, 2021, 048 (0z1)：334-341.

清单：

（1）5篇英文会议文献。

标题	Survey on In-vehicle Datasets for Human Pose Estimation
作者	Jun-Sang Yoo ｜ Seung-Won Jung
出处	《2022 International Conference on Electronics, Information, and Communication: International Conference on Electronics, Information, and Communication (ICEIC), 6-9 Feb. 2022, Jeju, South Korea》
馆藏单位	中国科学技术信息研究所
馆藏号	IEL32163（9748152）

……

标题	Steering Angle Estimation for an Autonomous Car
作者	K Shalu George ｜ A Abhiram ｜ Amal Jose ｜ Ajay Soorya Madhav ｜ N Najiya ｜ S Aswin
出处	《2022 IEEE International Conference on Signal Processing, Informatics, Communication and Energy Systems, Vol. 1: IEEE International Conference on Signal Processing, Informatics, Communication and Energy Systems (SPICES), 10-12 March 2022, Thiruvananthapuram, India》
馆藏单位	中国科学技术信息研究所 ｜ 机械工业信息研究院
馆藏号	IEL32965（9773333） ｜ 343769

(2) 5 篇发表在中文期刊《计算机科学》上的文献。

标题	基于分组异构卷积的轻量级目标检测网络
作者	晏晓天 | 黄山
出处	《计算机科学》
馆藏单位	中国科学技术信息研究所
馆藏号	0120200503595905

……

标题	时空图注意力网络在交叉口车辆轨迹预测的应用
作者	曾伟良 | 陈漪皓 | 姚若愚 | 廖睿翔 | 孙为军
出处	《计算机科学》
馆藏单位	中国科学技术信息研究所
馆藏号	0120210703068679

第三问：查找过程。

(1) 选择"时空图注意力网络在交叉口车辆轨迹预测的应用"文献为检索目标，在 NSTL 官网中复制标题；

(2) 进入 CALIS "e 得"，在检索条件下粘贴标题，然后进行检索；

(3) 点击文献标题，进入文献传递，选择提交馆进行提交；

(4) 选择语种"汉语"和最高限额"1"，提交请求。

清单：

题名	时空图注意力网络在交叉口车辆轨迹预测的应用
作者	曾伟良；陈漪皓；姚若愚；廖睿翔；孙为军
年卷期	2021，048（0z1）-334～341
CALIS 事务号	此处填写 CALIS 事务号
NSTL 索书号	此处填写 NSTL 索书号

2. 文献检索题。

【案例分析】

已知 5 篇文献缺失部分信息，请根据现有信息（标题、作者、年份、出处）检索到对应的文献，分别列出检索过程及检索结果，并提供检索过程及文献详情页截图。（25 分）

(1) 加盐萃取——恒沸精馏法制取冰醋酸，刘思周，2003，65-66

(2) 氢对超磁致伸缩材料有益和有害作用的研究，崔培，2007

(3) Br?nsted Acid Catalyzed Carbocyclizations Involving Electrophilic Activation of Alkynes，Philippe Hermange，Julien Gicquiaud，2022】

(4) Low-cycle fatigue failure of reinforcing steel bars，ACI MATERIALS JOURNAL，2004，Brown，J and Kunnath，SK

(5) 石油炼制企业卫生防护距离设置的合理化探讨，蔡明锋；张晓光；周浩；王志刚，115-119

参考答案:

(1) 检索过程:进入 NSTL 官网,在首页检索栏输入"加盐萃取—恒沸精馏法制取冰醋酸",点击"检索",检索出 1 条文献,核对"作者"和"出版年",确认为所需文献。

检索结果:加盐萃取—恒沸精馏法制取冰醋酸[期刊论文]刘思周。《山西大同大学学报:社会科学版》—2003 年 000 卷 004 期。

检索过程及文献详情页截图见图 8-14、图 8-15、图 8-16。

图 8-14 文献检索题题 1 检索过程页面 1

图 8-15 文献检索题题 1 检索过程页面 2

图 8-16 文献检索题题 1 文献详情页

（2）检索过程：进入 NSTL 官网，在首页检索栏输入"氢对超磁致伸缩材料有益和有害作用的研究"，点击"检索"，检索出 1 条文献，核对"作者"和"出版年"，确认为所需文献。

检索结果：氢对超磁致伸缩材料有益和有害作用的研究［学位论文］崔培-2007 年
检索过程及文献详情页截图见图 8-17、图 8-18、图 8-19。

图 8-17 文献检索题题 2 检索过程页面 1

图 8-18　文献检索题题 2 检索过程页面 2

图 8-19　文献检索题题 2 文献详情页

（3）检索过程：因题目不完整，选择作者为检索字段展开检索。打开 NSTL 官网，点击搜索框，输入"Philippe Hermange"，点击"检索"后，发现有 25 篇文献与 Philippe Hermange 有关，在左侧"年份"一栏选取"2022"，点击"检索"后出现两篇文献，仔细阅读后发现第一篇文献符合要求。

检索结果：Bronsted Acid Catalyzed Carbocyclizations Involving Electrophilic Activation of Alkynes［期刊论文］Hermange, PhilippeGicquiaud, JulienBarbier, Morgankarnat, Alexandre Toullec, Patrick Y-《Synthesis：International Journal of Methods in Synthetic Organic Chemistry》-2022 年 54 卷 24 期。

检索过程及文献详情页截图见图 8-20、图 8-21、图 8-22、图 8-23。

图 8-20　文献检索题题 3 检索过程页面 1

图 8-21　文献检索题题 3 检索过程页面 2

图 8-22　文献检索题题 3 检索过程页面 3

图 8-23　文献检索题题 3 文献详情页

（4）检索过程：因题目不完整，选择出处为检索字段展开检索。打开 NSTL 官网"高级检索"，勾选"期刊"，在检索条件第一条选择"出处"并输入"ACI MATERIALS JOURNAL"，第二条选择"题名"并输入"fatigue failure of reinforcing steel bars"，以"AND"连接，在筛选条件时间中输入"2004－2004"，最后点击"检索"，出现两篇文献，仔细阅读后发现这两篇文献一样，符合要求。

检索结果：Low-Cycle Fatigue Failure of Reinforcing Steel Bars［期刊论文］Jeff Brown-Sashi K. Kunnath-《ACI materials journal》-2004 年 101 卷 6 期。

检索过程及文献详情页截图见图 8-24、图 8-25、图 8-26。

图 8-24　文献检索题题 4 检索过程页面 1

图 8-25　文献检索题题 4 检索过程页面 2

图 8-26 文献检索题题 4 文献详情页

（5）检索过程：打开 NSTL 官网，在首页检索栏输入"石油炼制企业卫生防护距离设置的合理化探讨"，点击"检索"后，得到一篇文献，发现是会议论文，仔细阅读后发现作者符合要求。

检索结果：石油炼制企业卫生防护距离设置的合理化探讨［会议论文］蔡明锋张晓光周浩王志刚－《中国石油工程建设协会石油工程建设健康安全环境专业委员会一届二次会员大会暨中国石油石化产业安全、健康、环保、节能与应急技术管理研讨会论文集》－2016 年。

检索过程及文献详情页截图见图 8-27、图 8-28、图 8-29。

图 8-27 文献检索题题 5 检索过程页面 1

图 8-28　文献检索题题 5 检索过程页面 2

图 8-29　文献检索题题 5 文献详情页

二、情景应用题/主题检索题

情景应用题/主题检索题通常是提供一段材料，考查参赛者对检索主题的理解和分析，包括制定合理的检索策略、采用恰当的关键词及检索式、获取题目要求的文献等。参赛者需要阅读材料，根据题目要求首先明确检索的主题，然后确定检索的语种、文献类型、年限，并制定合适的检索策略，接着整理和分析检索结果，最终获取原始文献此类题型主要测试参赛者文献调研的综合能力。

（一）答题技巧

1. 分工明确。情景应用题和主题检索题是在给定材料的基础上不断进行分析和对比的题目类型。虽然只有一道大题，但该大题由中文文献和外文文献两部分组成，每部分下又有多道小题。繁杂的任务需要明确的分工，因此团队负责人、队长及培训教师应该先做材料分析，再拆解问题，并将拆解后的小任务按能力和需求进行分配。需要注意的是，互相有联系的题目尽量由固定人员作答，最终由一个人把关、整理答案。

2. 规范格式。如果能在解题前规范答题格式，那么即便是多人完成的任务，也能在解题思路和叙述方式上形成互相融合的和谐答案。规范格式应该是按照标准对答题结构、字体字号、图片表格进行调整。

（二）答题步骤

1. 阅读文献、提取信息阶段。仔细阅读材料和题目，提取检索的关键词。

2. 检索分析阶段。一是转换已知信息，将关键信息转化为检索字段、检索词及组配关系，注意查找检索词的同义词和下位词；二是构建检索式，包括检索字段、检索词及组配关系，然后按照检索式进行限定检索；三是判断检索结果，如果检索结果不太全面、准确，需要调整检索词的同义词和下位词、检索字段及组配关系等。

3. 整理作答阶段。一是按照题目要求完成各小题实操；二是整理答案，精炼检索过程，有逻辑地按顺次作答。

（三）真题示例

1. 情景应用题。

【案例分析】

材料：C919大型客机是中国首次按照国际通行适航标准自行研制、具有自主知识产权的喷气式干线客机，于2007年立项，2017年首飞。2022年9月，C919完成全部适航审定工作后，获中国民用航空局颁发的型号合格证，首架飞机将于2022年底交付。C919大型客机研制成功，获得型号合格证，标志着中国具备自主研制世界一流大型客机能力。2022年9月30日，党和国家领导人习近平、韩正等在北京人民大会堂会见C919大型客机项目团队代表并参观项目成果展览。总书记赞扬大家是国家栋梁、英雄功臣，并强调指出，要聚焦关键核心技术，继续合力攻关；要把安全可靠性放在第一位，消除一切安全隐患。

问题：航空轴承是航空发动机的核心部件之一，其精度、性能、寿命和可靠性对航空发动机的精度、性能和可靠性起着决定性的作用。而航空发动机的设计研发水平和制造工艺则直接影响飞机的性能及可靠性。目前，国内航空轴承研究团队正在加紧对相关领域的探索，需要充分了解相关领域的研究成果和进展。请帮助他们查找相关文献。

（一）中文文献（30分）

1. 请在NSTL官网查找2010年以来航空轴承相关的中文期刊和会议论文，详细列明检索过程，包括但不限于：中文检索词的选取；检索字段的选取；检索式的组配；检索页面截图（共计10分）。

2. 请选取相关度最高的前10篇文献：（1）选择相关度最高的前10篇文献，附上显示相关度的截图；（2）以参考文献方式复制或导出这10篇文献信息（共计6分）。

3. 请在1的检索结果中查找"中国航发"及其下属机构所发表的文献，以EndNote的方式复制或导出相关信息（共计6分）。

4. 请在1的检索结果中找到1篇受基金项目资助的论文：（1）请您通过CALIS e得

平台"NSTL印本资源"板块获取该论文的原文,并列出该论文的相关信息,信息必须包含但不限于下面的项目:文章名称、作者、机构、会议名称、文章出处(会议录、期刊名称)、举办地,及CALIS事务号和NSTL索书号;(2)提供该论文中关于基金资助项目的截图(共计8分)。

(二)外文文献(40分)

1. 请在NSTL官网查找2010年以来航空轴承相关的英文期刊和会议论文,详细列明检索过程,包括但不限于:英文检索词的选取;检索字段的选取;检索式的组配;检索页面截图(共计15分)。

2. 请选取3篇SCI收录的国外论文:(1)选取3篇SCI收录的国外论文,并截图说明;(2)以参考文献方式复制或导出这3篇文献信息(共计10分)。

3. 请在1的检索结果中找到1篇受基金项目资助的论文:(1)请您通过CALIS"e得"平台"NSTL印本资源"板块获取该论文的原文,并列出该论文的相关信息,信息必须包含但不限于下面的项目:文章名称、作者、机构、会议名称、文章出处(会议录、期刊名称)、举办地,及CALIS事务号和NSTL索书号;(2)提供该论文中关于基金资助项目的截图(共计15分)。

参考答案:

(一)中文文献

1. 第一问:检索过程

(1)中文检索词:阅读题干,选择"航空轴承""航空发动机"作为检索词;

(2)检索路径:打开NSTL官网,进入高级检索,选择文献类目,文献类型选择"期刊""会议";

(3)检索字段和检索式:检索条件中,第一个检索字段选择"题名"并输入"航空轴承",点击"精确匹配",选择逻辑运算符"OR";第二个检索字段选择"关键词"并输入"航空轴承",选择逻辑运算符"OR";第三个检索字段选择"主题词"并输入"航空轴承",选择逻辑运算符"OR";第四个检索字段选择"摘要"输入"航空轴承";筛选条件中,"语种"选择"汉语","时间"选择"2010年"至"2022年",其他选项不进行勾选,点击检索,其检索出152条信息;

(4)检索页面截图见图8-30、图8-31。

图 8-30 情景应用题中文文献第一问检索过程页面

图 8-31 情景应用题中文文献第一问检索结果页面

2. 第二问：文献截图及信息

（1）相关度最高的前 10 篇文献截图见图 8-32。

图8-32　情景应用题中文文献第二问检索结果页面

（2）以参考文献方式复制或导出的10条文献信息。

[1] 张静静，公平，于庆杰，翁世席．某航空轴承保持架共振特性分析［A］．in：第九届中国轴承论坛论文集［C］．2017.00000069-00000072．

……

[10] 梁霄，宋涛，贾朝波．浅谈国产航空轴承问题［A］．in：中国航空学会第十一届发动机软科学学术研讨会论文集［C］．2011.00000150-00000156．

3. 第三问：具体操作及结果

（1）"中国航发"及其下属机构所发表的文献：在第1问的检索结果页中，通过在页头的"一框式检索"中输入"中国航发"，点击"二次检索"，得到"中国航发"及其下属机构所发表的文献，共5篇，具体如下：

[1] 翁泽文．航空燃气涡轮发动机浮环密封全工况泄漏试验研究［A］．in：第十三届发动机试验与测试技术学术会论文集［C］．2016.00000379-00000383．

……

[5] Lei CHEN，陈磊，Xiaoxi ZHANG．轴承座焊接组件检测要领［A］．in：2017第十九届中国科协年会论文集［C］．2017.00000001-00000005．

（2）参考文献相关信息（EndNote）：

（1）％0 ProceedingsPaper

％A 翁泽文

％＋中国航发湖南动力机械研究所，湖南株洲 412002

％T 航空燃气涡轮发动机浮环密封全工况泄漏试验研究

％J 第十三届发动机试验与测试技术学术会论文集

％D 2016

……

4. 第四问：受基金项目资助的文献信息及截图

经阅读，查找到文献"LIU Zhe，刘喆，CHEN Wei. 轻载航空轴承基于全膜润滑的振动特性分析［A］. in：第十七届中国科协年会论文集［C］. 2015.00000001-00000018."受到基金项目的资助。

（1）清单：

文章名称	轻载航空轴承基于全膜润滑的振动特性分析
作者	LIU Zhe，刘喆，CHEN Wei
机构	西安交通大学机械工程学院，陕西西安 710049 ｜ Xi'an Jiaotong University，Key Laboratory of Education Ministry for Modern Design and Rotor-Beari ｜ Xi'an Jiaotong University，Key Laboratory of Education Ministry for Modern Design and Rotor-Bearing System，Xi'an 710049，China
会议名称	第十七届中国科协年会
文章出处（会议录/期刊名称）	《第十七届中国科协年会论文集》
举办地	广州
CALIS事务号	此处填写请求的CALIS事务号
NSTL索书号	此处填写请求的NSTL索书号

（2）截图见图8-33。

图 8-33 情景应用题中文文献第四问基金资助项目页面

（二）外文文献

1. 第一问：检索过程

（1）英文检索词：将"航空轴承"翻译为英文，选择"Aviation bearing"作为检索词；

（2）检索路径：打开NSTL官网，进入高级检索，文献类型选择"期刊""会议"；

（3）检索字段和检索式：检索条件中，第一个检索字段选择"题名"并输入"Aviation bearing"，点击"精确匹配"，选择逻辑运算符"OR"；第二个检索字段选择"关键词"并输入"Aviation bearing"，点击"精确匹配"，选择逻辑运算符"OR"；第三个检索字段选择"主题词"并输入"Aviation bearing"，点击"精确匹配"，选择逻辑运算符"OR"；第四检索字段个段选择"摘要"并输入"Aviation bearing"；筛选条件中，"语种"选择"英语"，"时间"选择"2010 年"至"2022 年"，其他选项不进行勾选，点击检索，共检索出 265 条信息；

（4）检索页面截图见图 8-34、图 8-35。

图 8-34　情景应用题外文文献第一问检索过程页面

图 8-35　情景应用题外文文献第一问检索结果页面

2. 第二问：文献截图及信息

（1）3 篇 SCI 收录的国外论文截图见图 8-36、图 8-37、图 8-38。

· 239 ·

图 8-36　情景应用题外文文献第二问 SCI 收录国外论文 1 截图

图 8-37　情景应用题外文文献第二问 SCI 收录国外论文 2 截图

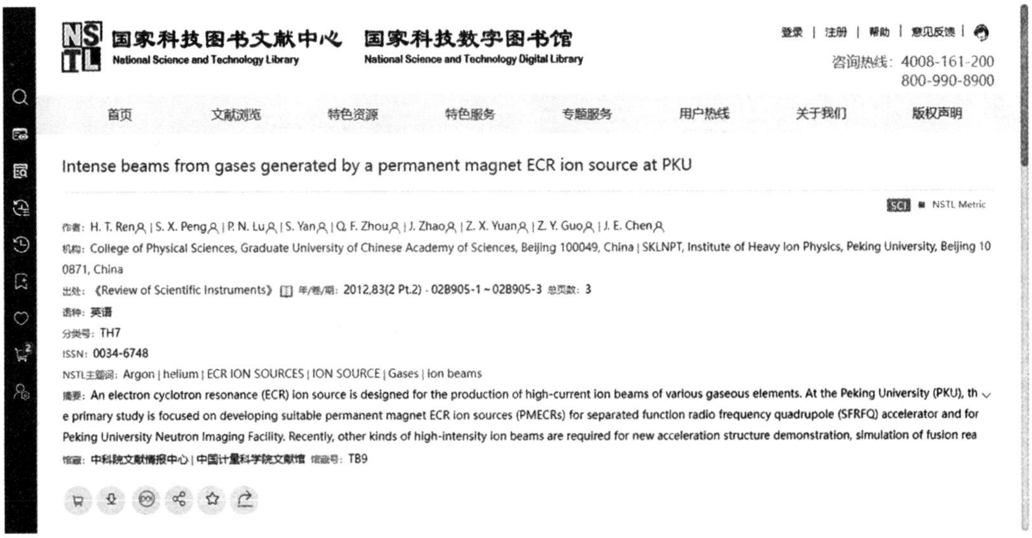

图8-38　情景应用题外文文献第二问SCI收录国外论文3截图

（2）以参考文献方式复制或导出的3条文献信息。

［1］Xie，Yunpeng，Tong，Jianbin，Fu，Yuqiang，Sheng，Zhongqi. Machining scheme of aviation bearing bracket based on additive and subtractive hybrid manufacturing［J］. Journal of Mechanical Science and Technology，2020，34（9）：3775-3790.

［2］Wang，Liqin，Li，Yunfeng. Boundary for aviation bearing accelerated life test based on quasi-dynamic analysis［J］. Tribology International，2017，116414-421.

［3］H. T. Ren, S. X. Peng, P. N. Lu, S. Yan, Q. F. Zhou, J. Zhao, Z. X. Yuan, Z. Y. Guo, J. E. Chen. Intense beams from gases generated by a permanent magnet ECR ion source at PKU［J］. Review of Scientific Instruments，2012，83（2 Pt. 2）：02B905-1-02B905-3.

3. 第三问：受基金项目资助的文献信息及截图

经阅读，查找到论文"Naturally-induced Early Aviation Bearing Fault Test and Early Bearing Fault Detection"受到基金项目的资助。

（1）清单：

文章名称	Naturally-induced Early Aviation Bearing Fault Test and Early Bearing Fault Detection
作者	Fan Feilong；Cao Ming；Liu Qian
机构	Research & Development Center AECCC ommercial Aero Engine，Shanghai，China
会议名称	Global Reliability and Prognostics and Health Management
文章出处（会议录/期刊名称）	《2021 Global Reliability and Prognostics and Health Management：PHM-Nanjing 2021，Nanjing，China，15-17 october 2021，［v. 1］》
举办地	Nanjing
CALIS事务号	此处填写请求的CALIS事务号
NSTL索书号	此处填写请求的NSTL索书号

（2）截图见图8-39。

图8-39 情景应用题外文文献第三问基金资助项目页面

2. 主题检索题

【案例分析】

材料：人工智能大模型是当前人工智能发展的重要组成部分，也是人工智能领域的一场前所未有的语言处理革命。它可以通过大量的数据训练，获取人类语言的深层次语义信息，并在各种任务中广泛的应用，从而实现智能化的目标。

问题：目前，国内正在加紧对人工智能大模型的实践探索，需要充分了解相关领域的研究成果和进展。请查找相关文献。

（一）中文文献（30分）

1. 请在NSTL官网查找2018年以来人工智能大模型相关的中文期刊论文和会议论文，详细列明检索过程，包括但不限于：中文检索词的选取；检索字段的选取；检索式的组配；检索页面截图（共计10分）。

2. 请选取相关度最高的前10篇文献：（1）选择相关度最高的前10篇文献，附上显示相关度的截图；（2）以参考文献方式复制或导出这10篇文献信息（共计6分）。

3. 请在1的检索结果中查找"国家工业信息安全发展研究中心"所发表的文献，以EndNote的方式复制或导出相关信息（共计6分）。

4. 请在1的检索结果中找到1篇《人工智能》期刊刊发的论文：（1）请您通过CALIS"e得"平台"NSTL印本资源"板块获取该论文的原文，并列出该论文的相关信息，信息必须包含但不限于下面的项目：题名、作者、机构、年卷期，及CALIS事务号和NSTL索书号；（2）提供论文中关于期刊名称的截图（共计8分）。

（二）外文文献（40分）

1. 请在NSTL官网查找2018年以来人工智能大模型相关的英文期刊论文和会议论文，详细列明检索过程，包括但不限于：英文检索词的选取；检索字段的选取；检索式的组配；检索页面截图（共计15分）。

2. 请选取最新的3篇会议论文：（1）选取最新的3篇会议论文，并截图说明；（2）

以参考文献方式复制或导出这 3 篇文献信息（共计 10 分）。

3. 请在 1 的检索结果中找到 1 篇受基金项目资助的论文：（1）请您通过 CALIS "e 得"平台"NSTL 印本资源"板块获取该论文的原文，并列出该论文的相关信息，信息必须包含但不限于下面的项目：题名、作者、机构、文章出处（会议录/期刊名称），及 CALIS 事务号和 NSTL 索书号；（2）提供该论文中关于基金资助项目的截图（共计 15 分）。

参考答案：

（一）中文文献

1. 第一问：检索过程

（1）中文检索词：根据题目可以选择"人工智能"和"大模型"作为检索词。

（2）检索字段及检索式：打开 NSTL 官网，点击高级检索，在文献类型中选择"期刊""会议"；在检索条件中，第一个检索字段选择"关键词"并输入"人工智能"，第二个检索字段选择"关键词"并输入"大模型"，组配关系为"AND"，均不选择精确匹配。然后，筛选条件中的语种设为"汉语"，年份设置为"2018 年－2023 年"，其他均为默认。最后点击"检索"，共检索出 88 条信息。

（3）检索页面截图见图 8-40。

图 8-40　主题检索题中文文献第一问检索过程页面

2. 第二问：文献截图及信息

（1）在 1 的结果集中，选择"按相关度"排序，即可得到相关度最高的前 10 篇文献。

1. ChatGPT：人工智能大模型应用的千姿百态

……

10. 生成式人工智能技术对通信行业的影响研究

截图见图 8-41。

图 8-41　主题检索题中文文献第二问检索结果页面 1

（2）选中 10 篇文献，点击导出，选择"参考文献格式"后进行复制或导出 10 文献信息。

[1] 邱惠君，张瑶. 大模型发展对人工智能安全风险治理的挑战和应对分析 [J]. 工业信息安全，2023，000（002）：64-72.

……

[10] 刘亮，张琛，杨学燕. 生成式人工智能技术对通信行业的影响研究 [J]. 邮电设计技术，2023，000（007）：1-7.

截图见图 8-42。

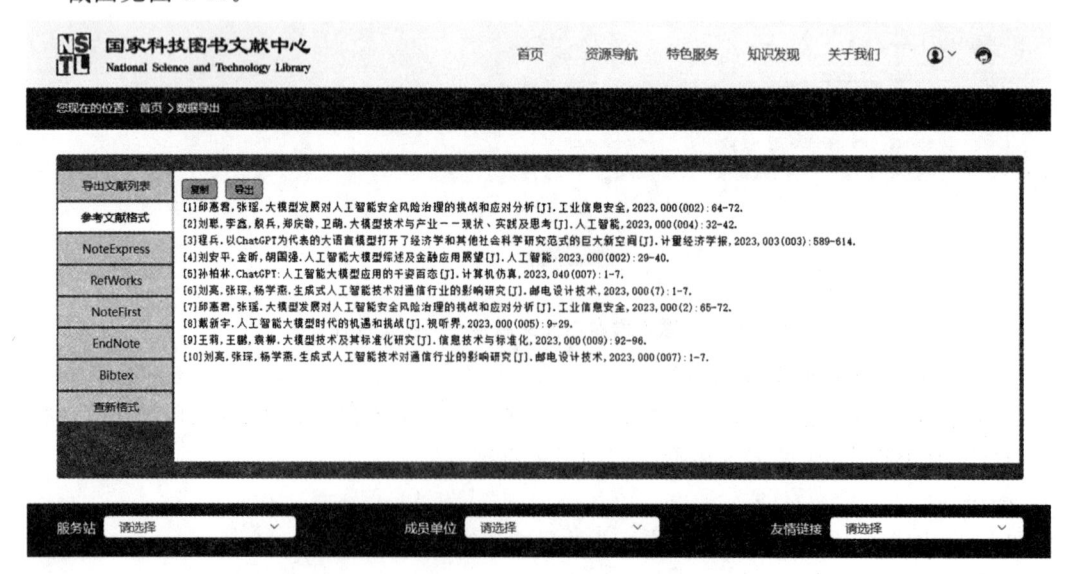

图 8-42　主题检索题中文文献第二问检索结果页面 2

3. 第三问：具体操作及结果

在 1 的检索结果中进行二次检索。选择"机构"，输入"国家工业信息安全发展研究中心"，点击"二次检索"，得到 3 条信息。经阅读，有 2 条信息重复，实为同一篇文献，以 EndNote 的方式导出。

(1) %0 Journalpaper

%A 张振乾

%A 汪澍

%A 宋琦

%A 高云龙

% ＋ 国家工业信息安全发展研究中心，北京 100040〕

%T 人工智能大模型在智慧农业领域的应用

%J 智慧农业导刊

% D2023

% V003

% N010

% K 人工智能

% K 智慧农业

% K 大模型

% K 安全风险

% K 智能决策

% X 随着 ChatGPT 等人工智能大模型引发全球关注，各行业将迎来新一轮变革。智慧农业是农业未来发展方向，人工智能大模型未来将赋能农业，进一步提高生产效率。该文介绍人工智能大模型基本原理和发展现状，分析其在农业知识查询、农业数据处理与分析、智能农机装备控制、农情诊断及农业培训教育等领域的应用前景。同时，该文对人工智能大模型应用过程中在信息安全和隐私、鲁棒性、准确性、公平性和责任界定等方面存在的风险进行分析，并提出解决措施，为我国智慧农业领域安全应用人工智能大模型提供参考。

% GZh

(2) %0 JournalPaper

%A 邱惠君

%A 张瑶

%＋国家工业信息安全发展研究中心，北京 100040

%T 大模型发展对人工智能安全风险治理的挑战和应对分析

%J 工业信息安全

% @2097－1176

% D2023

% V000

% N2

% K 人工智能

％K 大模型

％K 人工智能安全

％K 治理体系

％X 以 ChatGPT 为代表的大模型发展正在掀起新一轮全球科技革命,将会重塑产业链和价值链。当前,大模型研发竞争白热化,相关产品"以日为单位"快速更新,文本、图片、代码、视频的生成工具能力不断提升,并且快速应用至垂直行业领域。但大模型具有算法不透明、数据强依赖、易被滥用等人工智能固有的风险,与其平台性、易使用、超能力等特点相互交织,风险快速传递并极速放大。短短数月,敏感数据泄露、虚假信息生成、漏洞攻击加剧等安全风险已经泄露,给人工智能治理带来新挑战,引发热议和担忧,多个国家和地区已经着手研究和探索应对举措,全球性的大模型治理迫在眉睫。本文分析了大模型的发展现状、安全风险和治理进展,并建议当下聚焦建立责任体系、加强技术攻关、推进行业自律、强化宣传引导、参与全球治理五大维度推进安全风险治理。

％ GZh

4. 第四问：相关结果展示

在 1 的检索结果页左侧找到"出处",点击"人工智能",得到 6 条信息,随机选择 1 篇名为"人工智能大模型综述及金融应用展望"的论文。

(1) 论文的相关信息：

题名	人工智能大模型综述及金融应用展望
作者	刘安平；金昕；胡国强
机构	中国工商银行；金融科技研究院
年卷期	2023 年 000 卷 002 期 29—40 页
CALIS 事务号	此处填写请求的 CALIS 事务号
NSTL 索书号	此处填写请求的 NSTL 索书号

(2) 截图见图 8-43。

这些问题，导致了当前 AI 研发整体低效率、高成本的特点。

2017 年，谷歌提出了 Transformer，颠覆了以往的神经网络结构，利用注意力机制提高模型训练速度和语义理解能力。自此，大规模预训练语言模型也因其在机器翻译、Q&A 等多个任务上的良好表现走入人们的视野。

在大模型的演进过程中，研究人员发现，模型的性能会随着训练数据和参数的不断增大而得到相应提升，模型参数量级也从最早的亿级跃升到了百亿级、千亿级，甚至出现了万亿级大模型。随之而来的是模型在通用能力上阶跃式的提升，当模型参数超过一定阈值时，模型会"涌现"出惊人的理解、推理、学习等能力。同一模型利用少量数据进行微调或不进行微调就能完成多个场景的任务。这解决了传统机器学习、深度学习需要针对单独任务进行定制化训练的问题，模型人工智能的发展已经从"大炼模型"逐步迈向了"炼大模型"的阶段。大模型技术不仅是学术界重点关注的领域，产业领域也在期待其能够在各个场景加速落地。OpenAI、谷歌、微软、Facebook、百度、华为、阿里巴巴、腾讯等科技公司，均在布局大规模智能模型的研发，形成了 GPT 系列、PALM 系列、文心系列等千亿或万亿参数量的大模型。

图 8-43　主题检索题中文文献第四问检索结果页面

（二）外文文献

1. 第一问：检索过程

（1）英文检索词：将关键词"人工智能"和"大模型"翻译为英文，得到英文关键词"Artificial intelligence" "Large scale model"。

（2）检索字段及检索式：在检索中选择文件类型为"期刊""会议"；在检索条件中，第一个检索字段选择"摘要"并输入"Artificial intelligence"，第二个检索字段选择"摘要"并输入"Large scale model"，检索式组配为"AND"，均不选择精确匹配。然后，筛选条件中的语种设为"英语"，年份设置为"2018 年－2023 年"，其他均为默认。最后点击"检索"，共检索出 481 条信息。

（3）检索页面截图见图 8-44。

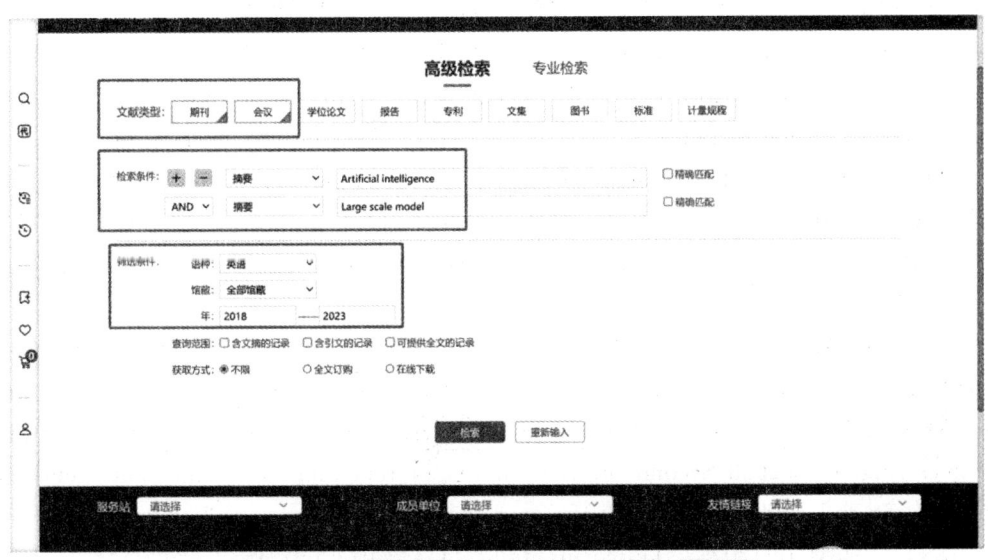

图 8-44　主题检索题外文文献第一问检索过程页面

2. 第二问：相关文献信息及截图

（1）在第一问的检索结果中，有212篇为会议论文，按照时间从新到旧排序，即可得到最新的3篇会议论文。

1. A deep reinforcement learning framework with generalization performance for the largescale capacitated vehicle routing problem

2. Role of Neural Network，Fuzzy，and IoT in Integrating Artificial Intelligence as a Cyber Security System

3. Urgency coefficient and responsibility coefficient facilitate the evolution of cooperation in multi-agent systems

截图见图8-45。

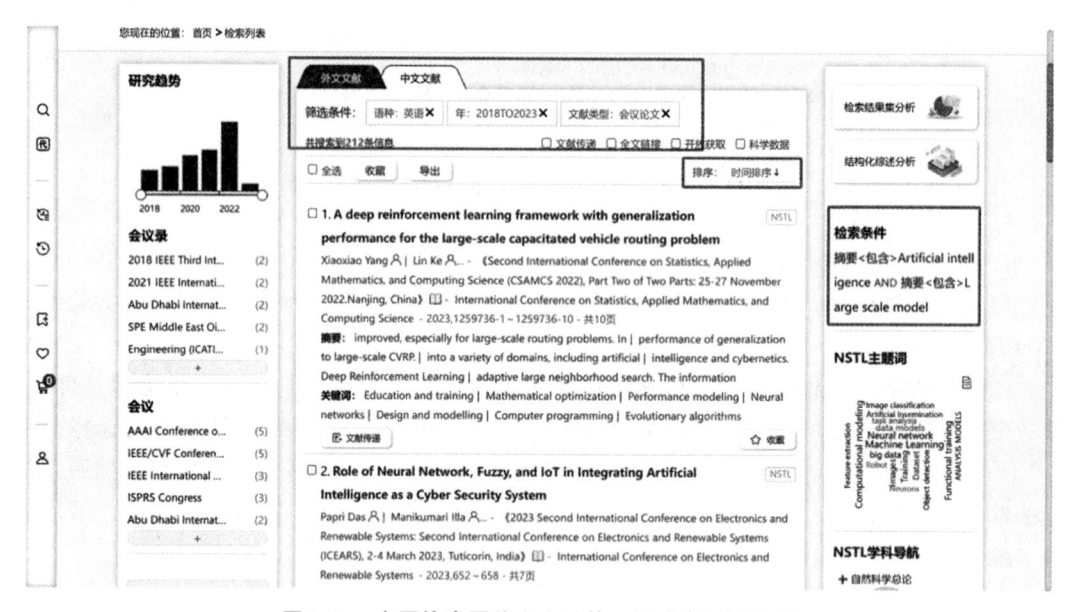

图8-45 主题检索题外文文献第二问检索结果页面

（2）选中3篇文献，点击左侧"参考文献格式"后进行复制或导出3篇文献信息。

[1] Xiaoxiao Yang，Lin Ke，Zhibin Chen. A deep reinforcement learning framework with generalization performance for the large－scale capacitated vehicle routing problem[A]. in：Society of Photo-Pptical Instrumentation Engineers. Second International Conference on Statistics，Applied Mathematics，and Computing Science（CSAMCS 2022），Part Two of Two Parts：25-27 November 2022.Nanjing，China[C]. 2023. 1259736-1-1259736-10.

[2] Papri Das，Manikumari Illa，Rajesh Pokhariyal，Akhilesh Latoria，Hemlata，Dilipkumar Jang Bahadur Saini. Role of Neural Network，Fuzzy，and IoTin Integrating Artificial Intelligence as a Cyber Security System[A]. in：Institute of Electrical and Electronics Engineers. 2023 Second International Conference on Electronics and Renewable Systems：Second International Conference on Electronics and Renewable systems（ICEARs），2-4 March 2023，Tuticorin，India[C]. 2023.652-658.

[3] Zhengwu Zhao, Chunyan Zhang, Jianlei Zhang. Urgency coefficient and responsibility coefficient facilitate the evolution of cooperation in multi-agent systems [A]. in: Society of Photo-Optical Instrumentation Engineers. Third International Conference on Artificial Intelligence and Computer Engineering (ICAICE 2022), Part Two of Two Parts: 11-13 November 2022. Wuhan, China [C]. 2023. 1261048-1-1261048-9.

3. 第三问：受基金项目资助的文献信息及截图

经原文传递，在1的检索结果中找到1篇受基金项目资助的论文"Toward Nowledge as a Service Over Networks: A Deep Learning Model Communication Paradigm"。

(1) 论文的相关信息：

题名	Toward Knowledge as a Service Over Networks: A Deep Learning Model Communication Paradigm
作者	Chen, Ziqian; Duan, Ling-Yu; Wang, Shiqi; Lou, Yihang; Huang, Tiejun; Wu, Dapeng Oliver; Gao, Wen
机构	Peking Univ, Sch Elect Engn & Comp Sci, Natl Engn Lab Video Technol, Beijing 100871, Peoples RChina ǀ Peng Cheng Lab, Shenzhen 518055, Peoples R China; Univ Florida, Dept Elect & Comp Engn, Gainesville, FL 32611 USA; Peking Univ, Sch Elect Engn & Comp Sci, Natl Engn Lab Video Technol, Beijing 100871, Peoples R China; City Univ Hong Kong, Dept Comp Sci, Hong Kong, Peoples R China
文章出处（会议录/期刊名称）	《IEEE Journal on Selected Areas in Communications》
CALIS事务号	此处填写请求的CALIS事务号
NSTL索书号	此处填写请求的NSTL索书号

(2) 截图见图8-46。

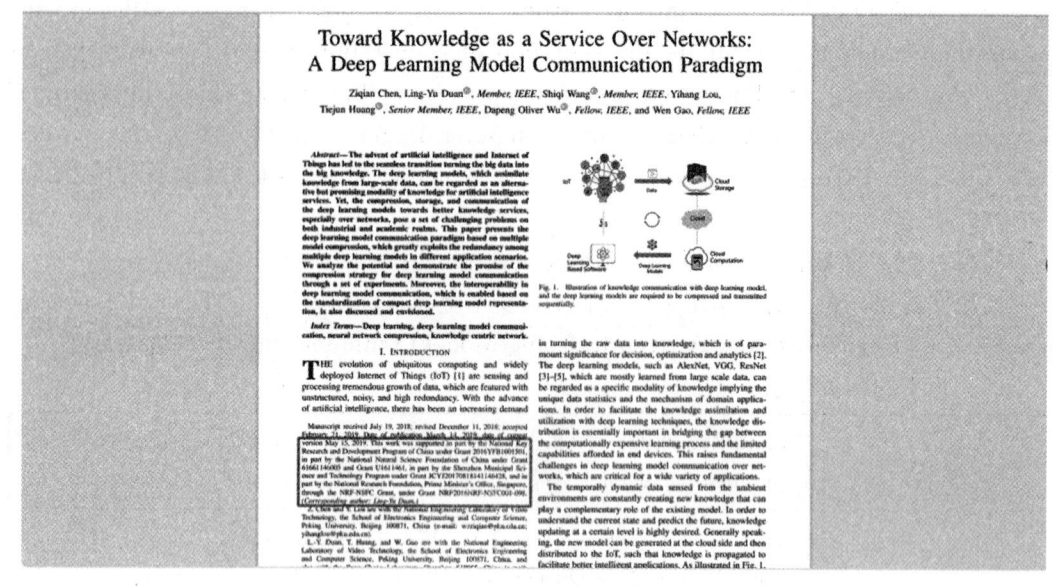

图 8-46　主题检索题外文文献第三问基金资助项目页面

注：部分答案来自高分队伍的答案。

课后习题

1. 小明同学在国家科技图书文献中心（NSTL）平台查找文献"Lectures are such an effective teaching method because they exploit evolved human psychology to improve learning"。请问他可以在以下哪个馆通过文献传递获取文献全文？（　　）

　　A. 冶金工业信息标准研究院　　　　B. 中国医科院医学信息研究所
　　C. 机械工业信息研究院　　　　　　D. 中科院文献情报中心

2. 国家科技图书文献中心（NSTL）平台支持以几种格式导出文献？（　　）

　　A. 7 种　　　　B. 5 种　　　　C. 8 种　　　　D. 9 种

3. CALIS 与国家科技图书文献中心（NSTL）达成合作意向，高校读者通过部署在本校的 CALIS 馆际互借系统，利用本校的图书馆用户账号，即可享受 NSTL 拥有的文献资源，享受 CALIS 项目经费提供的费用补贴。请问"NSTL 文献传递服务（高校版）"何时正式开通？（　　）

　　A. 1998 年 8 月　　B. 2000 年 6 月　　C. 2012 年 3 月　　D. 2015 年 7 月

课后习题参考答案

1. B
2. A
3. C